中国公共财政支出结构优化的经济效应研究

童健　著

The Economic Effect of Structure Optimization of Finance Expenditure in China

中国财经出版传媒集团
经济科学出版社
Economic Science Press

图书在版编目（CIP）数据

中国公共财政支出结构优化的经济效应研究/童健著.
—北京：经济科学出版社，2021.8
ISBN 978-7-5218-2614-2

Ⅰ.①中… Ⅱ.①童… Ⅲ.①公共财政-财政支出-研究-中国 Ⅳ.①F812.45

中国版本图书馆 CIP 数据核字（2021）第 113255 号

责任编辑：于 源
责任校对：王肖楠
责任印制：范 艳 张佳裕

中国公共财政支出结构优化的经济效应研究
童 健 著
经济科学出版社出版、发行 新华书店经销
社址：北京市海淀区阜成路甲 28 号 邮编：100142
总编部电话：010-88191217 发行部电话：010-88191522
网址：www.esp.com.cn
电子邮箱：esp@esp.com.cn
天猫网店：经济科学出版社旗舰店
网址：http：//jjkxcbs.tmall.com
北京季蜂印刷有限公司印装
710×1000 16 开 12.5 印张 230000 字
2021 年 8 月第 1 版 2021 年 8 月第 1 次印刷
ISBN 978-7-5218-2614-2 定价：50.00 元
（图书出现印装问题，本社负责调换。电话：010-88191510）

前　言

1994 年分税制改革以来，中国公共财政支出结构已出现明显经济偏向、城市偏向和政府偏向，且公共财政支出结构偏向呈现出固化和系统性特征，对经济长期发展的危害作用增强。同时，中国公共财政支出结构呈现出一些新的特征。一是经济建设支出占比过高。在经济发展初期，以经济建设支出为主的公共财政支出结构，可以适应经济基础较差的阶段性特征，提高私人部门投资回报率，为经济的高速增长提供保障。当经济发展到一定阶段时，经济建设支出的投资效率会锐减，公共财政支出的“公平性”需求将逐步显现。二是公共消费支出占比不足。经济建设支出的过度投资会扭曲生产要素间的资源配置效率和价格形成机制，造成政府间“错位”“缺位”和“越位”现象，引发创新能力不足、经济发展失衡、收入不平等扩大等问题。公共消费支出占比的增加有助于缓解经济建设支出过高带来的资源配置效率下降。三是绿色财政支出体系缺乏。中国粗放式经济增长模式引发了严重的环境污染问题，而当前中国环境规制政策标准低、范围窄、执行力弱，无法起到环境治理的效果。政府需采用市场化手段，完善绿色财税体系，缓解环境税的扭曲效应，提高资源配置效率，加速转变环境污染的公共治理模式，实现经济增长与环境治理的协调发展。

受分权竞争和地方政府行为的影响，中国公共财政支出结构偏向不会在经济发展进程中进行自我纠正，且这一系统性偏向对地方经济发展和体制转轨的危害凸显：首先，为增长而竞争的行为迫使地方政府透支财政资金，累积财政风险，加剧债务危机；其次，公共财政支出结构偏向在一定程度上导致了中国经济增长的区域失衡（李永友，2010）；最后，公共财政支出结构的系统性偏向严重阻碍了政府职能由经济建设向公共服务的转变。转型经济的非均衡状态决定了公共财政支出结构优化呈现出动态渐进演变特征。在经济增长初期，财政资金相对稀缺，政府需调整财政支出结构来配置公共财政资源以契合当时的约束条件。随着经济进一步发展，社会经济状态发生改变，政府需进一步调整财政支出结构来匹配此时的经济发展水平和制度结构。一旦公共财政支出结构与经济发展或制度结构发生错配，公共财政支出结构就将陷入长期固化状态，并呈现出长期的路径依赖。为达到财政支出结构配置效率最优，政府需再次调整公共财政资金的配置结构和配置路径。因此，在转型经济过程中，公共财政支出结构优化是一个具有路径依赖特征的动态过程。

针对当前公共财政支出结构中存在的经济建设支出占比过高、部分补贴行业产能过剩、公共消费支出占比不足、绿色财政支出体系缺乏等问题，本书分别从经济发展进程中的基础设施投资结构变迁、创新激励目标下的政策性补贴结构优化、收入不平等演化进程中的公共消费支出结构变迁、污染累积路径上的绿色财政支出结构优化等角度展开研究。

本书的主要内容：

(1) 经济发展进程中的基础设施投资结构变迁。本书研究了经济发展进程不同阶段下的基础设施投资结构与经济增长和自主创新间的动态关系。理论研究表明，在经济增长水平较低时，一般性基础设施投资比重的上升更有利于经济增长，但对自主创新演变影响较弱；随着经济增长水平的提高，科技型基础设施投资比重的上升对经济增长的促进作用更强，且加速了自主创新演变。同时，基础设施投资结构变迁的时机选择显著影响着经济增长和自主创新演变。实证结果显示，1998 ~ 2005 年间一般性基础设施投资的经济刺激效应更强，但 2006 ~ 2013 年间的科技型基础设施投资更能刺激经济增长。而科技型基础设施投资的创新激励效应始终强于一般性基础设施投资。因此，政府在制定基础设施投资结构变迁政策时需同时兼顾自主创新目标和经济增长目标，根据两类基础设施投资边际效应的相对大小恰当地实施基础设施投资结构变迁，以最大限度地释放经济增长潜力。

(2) 创新激励目标下的政策性补贴结构优化。本书构建了政策性补贴与经济增长间动态关系的理论模型。研究发现，政策性补贴与稳态经济增长之间呈倒 U 型关系，但不同类型的政策性补贴效果存在明显差异性；稳态上最优政策性补贴组合的效果优于单一补贴政策，但稳态上最优政策性补贴组合并非经济增长路径上最优的补贴结构；加速渐进式的优化政策性补贴结构有助于释放经济增长潜力，而转变时机取决于经济增长的长短期目标权衡。实证结果验证了这一结论。因此，政府在制定补贴政策时，需要结合经济发展阶段和补贴对象的差异性，权衡经济增长的长短期目标，及时变迁政策性补贴结构，以最大化释放创新激励和经济增长的潜力。

（3）收入不平等演化进程中的公共消费支出结构变迁。本书从静态不平等与动态不平等间的动态演绎关系出发，构建公共消费支出结构与收入不平等演化进程的OLG模型。研究发现，在不存在政策干预的情况下，受动态不平等的影响，静态不平等呈现出严格单调递增的状态，且其对经济增长的影响呈现倒U型关系，而扭转静态不平等对经济增长的抑制作用的根源在于改善动态不平等程度，但不同的公共财政政策的效果差异较大，实证结果验证了这一结论。因此，政府在制定公共财政政策结构变迁时，需在效率与公平间进行权衡。在经济增长初期，静态不平等程度在不断恶化，公共财政应偏向社会保障支出，在促进经济增长的同时保持较低的静态不平等；当经济增长到一定阶段，公共财政政策应尽快增加公共教育支出占比，通过改善社会流动性来降低动态不平等，在实现维持经济高增长的同时降低静态不平等。

（4）污染累积路径上的绿色财政支出结构优化。本书从工业行业的异质性角度出发，考虑要素投入结构差异对异质性工业行业间环境规制政策效果的影响，构建环境财税政策对经济增长和环境治理影响的理论模型。研究发现，单一绿色财政支出政策主导支撑的环境税收政策在低税率情形下难以规避税制陷阱，以绿色研发补贴为导向的环境税收政策存在“增长陷阱”，以生产者绿色价格补贴为导向的环境税收政策存在“污染陷阱”，以消费者绿色价格补贴为导向的环境税收政策存在“增长陷阱”。不同绿色财政政策组合下能破除低环境保护税税率情形下的税制陷阱，尤其是在绿色财政支出结构处于0.2~0.4之间时，环境税收政策对经济增长和环境治理协调发展的促进作用最强，且实证结论验证了这一问题的存在性。因此，绿色财政支出结构的优化配置对当前中国环境治理和环境规制政策的设计至关重要。

本书的学术创新：

（1）本书构建了经济发展进程中基础设施投资结构变迁的动态评估机制。在经济发展进程中研究基础设施投资结构变迁对经济增长和自主创新的动态影响路径的理论文献相对较少。本书在两阶段OLG模型基础上，增加了模仿创新部门和自主创新部门，同时考虑了基础设施投资的外部性和模仿创新知识积累的“知识溢出效应”，构建了包含经济发展进程与基础设施投资结构变迁的理论模型，并在经济发展进程的不同阶段下研究基础设施投资结构变迁与经济增长和自主创新的动态作用机制，既有助于分析中国基础设施投资结构中一般性基础设施投资占比较高的原因，明晰现行基础设施投资结构对促进经济增长、加快创新发展的历史贡献，也能分析当前一般性基础设施投资占比过高的基础设施投资结构出现投资过度、投资回报率降低的隐患，明确中国基础设施投资结构改革的方向。

（2）本书构建了经济发展进程中政策性补贴结构调整的动态优化机制。在创新激励目标下的政策性补贴结构优化研究中，基于宏观理论模型从政策性补贴视角研究部分补贴行业产能过剩问题在现有文献中较为少见。近年来中国光伏产业等战略新兴产业“产能过剩问题”不断凸显，引发了社会各界对中国是否需要产业政策，以及如何设计和实施产业政策的关注和思考。为研究政策性补贴与经济增长间的动态关系，本书在两阶段 OLG（Overlapping Generation）模型框架下，通过引入低技术密度和高技术密度两类创新部门来刻画补贴对象的差异性，并引入金融中介等融资部门，来构建政策性补贴与经济发展间动态关系的理论模型，研究经济发展进程中政策性补贴的差异化影响，以及补贴结构优化变迁和时点选择。

（3）本书从公共消费支出结构动态变迁视角出发，设计研究了经济增长与收入不平等间的动态演绎机制。在收入不平等演化进程中的公共消费支出结构变迁研究里，基于宏观理论模型从社会流动性角度分析静态不平等与动态不平等的演绎关系较为少见，过往文献往往仅关注静态不平等的影响。现实经济中，中国收入不平等呈现出持续扩大，且对经济增长的影响呈现倒 U 型机制，与库兹涅茨曲线相差较大。该现象出现的理论根源，以及中国能否等待库兹涅茨拐点的自然出现等问题在现有文献中并没有得到解答。本书构建公共财政、社会流动性与长期经济增长的理论模型，将静态不平等、动态不平等与经济增长同时内生在模型中，研究经济增长与收入不平等间的动态演进关系，对比在不同公共财政政策变迁下经济发展进程中静态不平等与动态不平等间的动态演绎关系，这不仅能准确揭示收入不平等与经济增长间的内在关系，也可以为公共财政支出结构变迁政策的合理制定提供切实可行的政策建议。

（4）本书从环境税实施过程中的“税制陷阱”出发，设计研究了绿色财政支出的动态熨平机制。在污染累积路径上的绿色财政支出结构优化研究中，现有研究充分肯定了征收环境税对污染治理的必要性，但对环境税收政策实施过程中的“政策陷阱”关注不足。环境税是约束企业污染排放行为的重要手段，但在短期内可能抑制经济活力，不当的政策补贴甚至可能增加污染排放。本书构建了包含绿色财税体系、污染累积与长期经济增长的理论框架，模拟不同类型环境财税政策的经济收益和生态收益，并评估不同环境财税政策组合的政策效果差异，以期优化绿色财政支出结构来实现经济增长与环境治理协调发展。低环境税率情形下，当绿色财政支出结构处于 0.2 ~ 0.4 之间时，环境税收政策对经济增长和环境治理协调发展的促进作用最强，但纯环境税和单一补贴导向的环境税的经济效应和环境效应分析发现：低税率下环境税收政策的“增长陷阱”和“污染陷阱”依然存在。环境税制陷阱和绿色财政的熨平机制分析，不仅扫清了对环境税收政策迟迟难以出台的顾虑，有助于中国未来环境规制政策的设计，还丰富了绿色财政支出结构理论体系。

目　录

第 1 章　引言 …… 1

1.1　研究背景 …… 1

1.2　研究意义 …… 4

1.3　研究方法与研究特色 …… 7

1.4　研究内容 …… 9

第 2 章　公共品供求结构的演变分析与国际经验借鉴 …… 12

2.1　公共品需求结构演进及其影响因素分析 …… 12

2.2　中国公共品供给结构的演变历程 …… 15

2.3　公共财政支出结构变迁的国际经验借鉴 …… 18

2.4　本章小结 …… 22

第 3 章　中国公共财政支出结构的优化方向 …… 24

3.1　公共财政支出结构的定义及其演进规律 …… 24

3.2　中国公共财政支出结构的问题分析及优化方向 …… 26

3.3　公共财政支出结构的研究动态 …… 30

3.4　本章小结 …… 36

第 4 章　经济发展进程中的基础设施投资结构变迁 …… 38

4.1　基础设施投资与经济增长 …… 39

4.2　经济发展进程与基础设施投资结构变迁的理论模型构建 …… 41

4.3　基础设施投资结构变迁对经济增长与自主创新影响的理论分析 …… 49

4.4　基础设施投资结构变迁对经济增长与自主创新影响的实证检验 …… 58

4.5　本章小结 …… 68

第 5 章 创新激励目标下的政策性补贴结构优化 …… 69
5.1 创新激励与补贴政策的制定与实施 …… 70
5.2 政策性补贴与经济增长的理论模型构建 …… 72
5.3 政策性补贴结构与经济增长动态关系的模拟分析 …… 77
5.4 政策性补贴与经济增长关系的实证检验 …… 83
5.5 本章小结 …… 89

第 6 章 收入不平等演化进程中的公共消费支出结构变迁 …… 91
6.1 收入不平等与经济增长关系概述 …… 92
6.2 公共消费支出结构与收入不平等演化进程的理论框架构建 …… 95
6.3 经济增长与收入不平等的动态演进关系分析 …… 100
6.4 收入不平等演化进程中的公共消费支出结构优化选择 …… 103
6.5 收入不平等演化进程中公共消费支出结构优化效应的实证检验 …… 107
6.6 本章小结 …… 119

第 7 章 污染累积路径上的绿色财政支出结构优化 …… 121
7.1 文献综述 …… 122
7.2 绿色财政与经济增长的理论框架构建 …… 124
7.3 绿色财政支出的经济效应和环境效应分析 …… 135
7.4 绿色财政支出结构的优化组合分析 …… 145
7.5 中国环境规制政策的经济效应和环境效应的实证检验 …… 148
7.6 本章小结 …… 158

第 8 章 中国公共财政支出结构优化的政策启示 …… 160
8.1 中国公共财政支出结构优化研究结论 …… 160
8.2 中国公共财政支出结构优化的政策启示 …… 165

参考文献 …… 168

第1章　引　言

1.1　研究背景

自1978年党的十一届三中全会开始，中国财政领域的改革从未间断，中国传统的财政体制机制和财政运行实践也逐步回归到公共性轨道中来。20世纪90年代以前，中国社会各界对公共财政的内涵及其潜在影响力认识不足。20世纪90年代以后，受经济转轨带来的财政压力的影响，财政收入占国内生产总值的比重持续下降，学术界希望通过压缩财政支出规模、调整财政支出结构来消除政府在财政支出政策中的“缺位”“越位”和“错位”的问题（安体富、高培勇，1993；叶振鹏，1993）。在这一阶段，公共财政仅被当作压缩财政支出规模、调整财政支出结构，缓解财政收支压力的政策手段。1994年分税制改革后，公共财政逐步出现在分析税制改革的相关文献中。直至1998年全国财政工作会议的召开，中国公共财政体系框架构建才正式被确立为财政改革目标。2003年《关于完善社会主义市场经济体制若干问题的决定》的颁布标志着中国公共财政体系框架初步落成。2007年党的十七大后，公共财政被融入新时期中国的经济、社会、政治、文化建设中，自此进入了一个新的发展阶段。

有关公共财政问题的研究可以归纳成三个层面：一是公共财政支出规模；二是公共财政支出结构；三是公共财政体制机制。其中公共财政支出结构是公共财政理论研究中的经典话题。这是因为，在经济发展的不同阶段，公共财政支出结构存在明显差异，随着经济增长水平的不断提升，经济类财政支出占比逐步降低，公共服务类财政支出占比逐步提高（Musgrave，1969）。当社会、经济环境相同时，不同的公共财政支出结构会产生不同的公共财政支出规模；当公共财政支出规模相同时，不同的公共财政支出结构会产生不同的经济效果。公共财政体制机制决定公共财政支出的主要方向及其占比。在传统的“二元”公共财政体制下，公共财政支出以生产建设支出为主，公共服务型财政支出规模较小，且具有明显的城市偏向和国有制偏向。换言之，公共财政体制机制的“公共性”或“非公共性”特征主要是由公共财政支出结构中财政支出类型的组合方式和相对比重决定，且公共财政体制机制的变化将直接体现在公共财政的覆盖范围上。因此，公共财政支出结构是有关公共财政问题研究三个方面的核心，将直接影响市场与政府间的关系，以及社会经济的协调发展。

公共财政支出结构是政府资源配置的一种形态，直接决定政府资源配置效率，并影响经济的可持续发展。公共财政支出结构会对一国社会经济的各方面产生间接或直接影响，诸如供需结构、经济增长、产业结构、技术创新、社会事务等。中国经济转轨期间，资源配置效率发生较大转变，政府职能也在发生变化，所以公共财政支出结构也需随之调整。近年来，为追求政绩最大化，中国各级政府为增长而竞争，加大经济建设支出，减少科教文卫相关支出，公共财政支出结构存在明显的偏向。更为严重的是，1994 年分税制改革以来，公共财政支出结构偏向呈现出较为严重的固化特征。中国公共财政支出结构的偏向呈现系统性，且不随着经济发展而修正，对经济的危害逐渐凸显。中国当前各区域失衡的发展状态在一定程度上是公共财政体制机制和财政支出政策的内生演化结果。因此，公共财政支出结构的偏向与失衡不仅危害经济长期发展，还会阻碍政府由经济建设向公共服务转型。

目前中国公共财政政策的目标逐步由经济增长转向社会民生，但如果不能明确公共财政支出结构中存在的问题，该目标将难以实现。通过对公共财政支出结构的演变历史进行分析，本书发现中国公共财政支出结构呈现出以下几方面的新特征：

第一，经济建设支出占比过高。经济建设支出占公共财政支出的比重虽然由 1980 年的 58.2% 下降至 2007 年的 26.7%，但受金融危机影响，2007 年起经济建设支出占比开始回升，于 2009 年达到 42%，恢复到 20 世纪 90 年代的水平①。可见，经济建设支出仍是中国公共财政支出占比最高的项目，远超发达国家的相应比重，如美国、德国、日本的经济建设支出占比分别为 4.9%、4.1% 和 18.4%②。一般而言，经济建设支出的经济效率体现为资源配置效率的提升，直观表现就是生产的正外部性。在经济发展初期，以经济建设支出为主的公共财政支出结构，可以适应经济基础较差的阶段性特征，提高私人部门投资回报率，为中国经济的高

①② 数据来源于《中国统计年鉴 2018》，中国统计出版社 2018 年版。

速增长提供了保障。当经济发展到一定阶段，经济建设支出的投资效率锐减，同时市场失灵开始出现，经济社会各项矛盾突出，公共财政支出的“公平性”需求逐步显现。这就表现出发展中国家的公共财政支出结构以经济建设支出为主，发达国家的公共财政支出结构以公共服务为主的社会现实。随着经济发展水平的不断提高，公共财政支出的主体由经济建设支出转向公共服务支出的财政体系改革，是一种客观必然的演进趋势。随着中国经济的快速发展，经济社会体制逐步完善，基础设施建设日益完备，公共财政支出的“生产属性”开始减弱或消失，现行的以经济建设支出为主的公共财政支出结构的有效性需重新评估。

第二，公共消费支出占比不足。1980 年以来，中国社会文化、教育支出占比一直稳步提升，但增速远低于行政管理支出占比的增速，尤其是在 2008 年以后。目前中国财政性教育支出占 GDP 的比重平均约为 3.2%，低于发达国家的 5%。当前科技教育相关投入并不能满足中国实施创新驱动发展战略的需要，更不能适应中国当前的经济增长水平。同样，社会保障支出和环境保护支出相对过低，这在一定程度上阻碍了中国改革的进程。1997 年，社会保障支出金额增长较快，但社会保障支出的占比却在下降。需要注意的是，社会保障支出的增长与 1997 年后社会保障补助支出被纳入财政支出相关，若剔除该项，公共财政资金中的社会保障支出则一直处于下降状态。经济建设支出的过度投资会扭曲生产要素间的资源配置效率和价格形成机制，造成政府间“错位”“缺位”和“越位”现象，引发创新能力不足、经济发展失衡、收入不平等扩大等一系列问题。换言之，在改革开放初期，社会贫困和物资匮乏是当时最主要的社会矛盾，此时公共财政支出结构调整方向以实现物质财富积累为目标。随着物资匮乏时代终结，社会财富积累加快，社会矛盾由物资匮乏转变成经济社会的可持续发展和个人的全面发展。此时公共财政支出结构的调整方向转变成“提高人力资本水平和缓解粗放式经济增长带来的环境承载力下降、降低收入不平等带来的社会矛盾”，其最直观的标志就是 2007 年党的十七大对公共财政的定位。因此，公共财政支出需增加公共消费支出占比，以解决经济发展进程中存在的社会风险，并缓解经济建设支出过高带来的资源配置效率下降，这也是“新常态”时期中国供给侧结构性改革的重要组成部分。

第三，绿色财政支出体系缺乏。经典理论和国际经验均显示，经济活动中负外部性行为存在时，政府干预是解决市场失灵最有效的方式。改革开放以来，中国粗放式经济增长模式引发了严重的环境污染问题，这其实是在私人追求利润最大化过程中带来社会效益损失的市场失灵问题，即环境污染的负外部性。国际经验显示，环境税是解决环境污染负外部性最有效的解决方式，以一种市场化机制来约束工业企业的生产经营行为。2015 年中国的环境税已进入立法环节，但并没有真正开征，其根源还是出于对环境税的扭曲性考虑。政府担心实施环境税收政策会加重企业的经营负担，对宏观经济造成短期负面影响，即环境税制陷阱。然而，当前中国环境规制政策标准低、范围窄、执行力弱，无法起到环境治理的效果。美国、德国、日本等发达国家经验显示，绿色财政支出体系有助于缓解环境税的扭曲效应，熨平环境税制陷阱，激发企业内生性的环境治理行为，约束地方政府的环境规制监督行为，增强公众的绿色消费引导效应，提高资源配置效率，加速环境污染的公共治理模式转变，实现经济增长与环境治理的协调发展。

1.2 研究意义

公共财政支出结构的优化是一个具有明确路径依赖特征的动态持续过程，与一个国家的经济发展现状和阶段性特征有明确关系。受财政分权竞争和地方政府竞争性发展行为特征的影响，中国公共财政支出结构已经出现了明确的系统性偏向，其经济偏向、城市偏向和政府偏向特征已经对地方经济的持续发展和体制转轨造成危害，且这一偏向结构特征难以在经济发展进程中进行自我纠正。具体来看，中国公共财政支出结构的系统性偏向会在以下三个方面造成影响：第一，经济锦标赛竞争会迫使地方政府透支财政风险，加剧债务危机；第二，经济偏向在中国公共财政支出结构中的持续存在引发了中国经济增长区域间不平衡问题（李永友，2010）；第三，公共财政支出结构的系统性偏向会固化政府职能的经济属性，而忽视其公共服务属性，造成转型经济过程中公民社会需求的不匹配问题。随着经济社会发展，公共财政支出结构系统性偏向的影响已经逐步引起各界广泛关注，但公共财政支出结构的阶段性特征会受到特定时期下经济发展状态的影响。在经济发展初期，财政资金相对短缺，通过公共财政资源的集中化配置以支持特定领域的突破发展是契合当时的实际约束条件。随着经济的进一步发展，社会经济状态发生变化，公共财政支出结构就需要依据彼时经济发展结构性特征和制度结构条件，一旦发生错配，可能会导致公共财政支出结构的长期固化特征，并形成长期路径依赖。因此，结合中国经济面向高质量发展转型过程的发展现状，探索契合路径动态调整的公共财政支出结构是本书的研究重点。有关公共财政支出结构的理论研究多是构建理论模型，在稳态附近做比较静态分析，而非对经济增长动态路径进行分析。事实上，许多发展中国家，甚至部分发达国家目前还离稳态经济距离较远，所以稳态上的政策分析并不能作为政府制定公共财政支出结构的判断依据。

有关中国公共财政支出结构优化问题研究的文献非常多，现有研究多从定性和定量两个角度来分析中国公共材质支出结构。在定性研究方面，学者们从中国公共财政支出结构的政策职能出发，结合发达国家实践经验，提出中国公共财政支出结构改革方向。正如马斯格雷夫（Musgrave，1969）所认为，公共财政支出结构演变是存在普遍性规律的，但完全忽略公共财政支出结构与中国经济发展状况间的内在逻辑关系所得出的改革方向是不具备实践意义的。事实上，公共财政支出结构的优化调整由各国经济发展特征所决定，要结合不同类型公共财政支出在不同经济发展阶段上的边际收益和边际损失相对大小来定。在定量研究方面，部分学者基于现实数据实证估计中国不同类型公共财政支出对经济增长的影响系数，以此提出公共财政支出结构优化的相关建议。然而，公共财政支出结构对经济增长的影响存在一些传导机制，如创新演变、社会流动性、环境污染、信贷扭曲等调节变量。现有的定量研究未控制上述调节变量的传导效应，其对公共财政支出对经济增长的影响估计结果在一定程度上就是有偏的。

回顾中华人民共和国成立以来中国财政支出结构变迁，本章发现其也是一种渐进式变迁的动态过程。在计划经济体制下，为尽快实现中国经济体制转轨，中央政府集中所有的财政支出配置权，重点倾向重工业企业。改革开放以后，为尽快实现工作重心向经济建设转变，中央政府逐步分权给地方政府，地方政府财政支出聚焦在生产领域投资。党的十六大以来，经济增长的负面影响凸显，公共财政支出逐步弱化经济增长的单一目标，开始关注民生领域。由此可见，中国公共财政支出结构变迁受经济发展的阶段性政策目标影响，具有明显的动态特征。公共财政支出结构的优化需要从动态路径上分析，而某一时间点上公共财政支出结构的有效性难以判断，且静态合理性不代表动态路径上的最优。因此，有关公共财政支出结构优化的研究需突破过往研究的比较静态分析，重新定位公共财政支出结构，从动态优化的视角去评价公共政策选择。因此，本书突破了动态一般均衡模型的传统解法，在计算稳态均衡的基础上，研究经济增长路径上的公共财政支出结构变迁，不仅是理论上的突破，也有助于了解公共财政支出结构对经济增长的动态影响机制。通过对公共财政支出结构的外部性和扭曲性的动态分析，还能解释公共财政支出结构变迁在中国经济发展进程中的历史贡献和现实局限。同时，经济发展进程中的基础设施投资结构变迁研究和收入不平等演变进程中的公共消费支出结构变迁研究，着重关注不同类型公共财政支出在不同政策目标下的差异性效果，并通过政策目标的设定来选择公共财政支出结构变迁的时机，这对于中国公共财政支出机构的优化调整及其改革路径的设计具有较强的指导意义。

现有研究对公共财政支出的资源配置、收入分配、经济增长等政策目标关注较多，但对公共财政支出的绿色属性关注不足。现阶段，中国尚未真正执行严格意义上的环境税，原因有二：第一，环境税在总体税收中占比较低，对经济正外部性的体现需要较长时间；第二，环境税的扭曲性会在短期凸显，损害经济增长率，与长期以来的 GDP 考核目标相违背，尤其是在当前经济增速下滑的新常态时期。此时绿色财政支出体系可以作为环境税的有效补充，通过激发企业内生性的环境治理行为，约束地方政府的环境规制监督行为，增强公众的绿色消费引导效应，来缓解环境税的扭曲效应，熨平环境税制陷阱。但是不恰当的绿色财政支出政策会加剧环境税的扭曲性，引发“污染陷阱”或“增长陷阱”。只有恰当的绿色财政支出组合才能真正缓解环境税的扭曲效应，熨平环境税制陷阱。现有文献对该问题的研究非常少见，仅有的文献或在定性的基础上分析环境税的外部性影响，或在定量的基础上从比较静态分析的角度分析环境税的扭曲性与外部性变化，指出环境税需要达到一定程度才能实现经济与环境的协调发展。因此，环境财税政策是政府约束企业污染排放行为的重要手段，也是激励企业技术研发行为的重要途径。环境税的生态效益明显，但其扭曲性会抑制经济活力，政府的政策目标实现需绿色财政支出政策的配套。现实经济中，环境规制政策制定对政策配套的研究不足，导致了类似于“增长陷阱”和“污染陷阱”的规制陷阱出现。准确分析不同类型绿色财政支出政策的作用机理，优化配置绿色财政支出结构，完善绿色财税体系，是现代财税体制改革的重要组成部分，也是“新常态”时期国家治理体系完善的关键环节。

总的来看，中国公共财政支出结构系统性的经济偏向、政府偏向和城市偏向已损害中国经济的可持续发展，收入不平等加剧、社会阶层固化、经济发展不平衡、经济增速下滑、环境污染加剧等诸多经济社会问题突出，公共财政支出结构改革是解决前期积累的社会、经济、环境问题的关键。因此，本书将从理论上系统地分析经济发展进程中公共财政支出结构变迁对中国经济增长、创新发展、环境治理的综合影响，并在理论研究基础上实证检验公共财政支出结构变迁效应，为中国公共财政支出结构的优化选择提供理论依据，为公共财政支出结构的改革路径设计提供指导方向。

1.3 研究方法与研究特色

1.3.1 研究方法

公共财政支出结构变迁的研究涉及经济增长、收入不平等、环境污染等各种社会、经济问题，本书拟采用理论研究与实证研究相结合、定性分析与定量分析相结合的研究范式，选取主流的动态一般均衡模型和动态面板数据模型进行分析。具体来看，本书采用的研究方法主要包括以下几类。

1. 比较研究法

在分析公共财政支出结构变迁方向时，本书对中国和其他发达国家的公共财政支出结构变迁历史进行较为系统的比较研究，对经济发展不同阶段公共财政支出结构的演进规律进行提炼总结。

2. 新古典经济模型

本书在经济发展进程中的基础设施投资结构变迁、收入不平等演化进程中的公共消费支出结构变迁和污染累积路径上的绿色财政支出结构优化三个主体章节，分别选用代际交叠模型和动态一般均衡模型等新古典经济模型去分析公共财政支出结构变迁对经济增长、创新发展、环境污染等宏观经济变量的动态影响机制，并在模型中考虑创新演变、社会流动性、环境污染、信贷扭曲等调节变量对这一影响机制的调节作用，继而展开数值模拟分析。

3. 经济计量学方法

经济计量学方法旨在挖掘数据间的统计关系，本书通过经济计量学方法对理论研究结论进行实证检验，系统评估公共财政支出结构变迁对经济增长、创新发展和环境治理的实际影响。本书主要运用动态面板数据模型，基于省际面板数据，采用GMM方法对不同类型基础设施投资对经济增长和自主创新的影响、不同类型公共消费支出对收入不平等与经济增长的调节效应，以及中国环境规制政策的技术效应和经济效应进行实证估计。

4. 动态路径分析

本书在理论模型的稳态均衡解的求解基础上，将不同类型基础设施投资的生产外部性和研发外部性、静态不平等和动态不平等演进关系，以及环境污染的累计过程内生到理论模型中，并通过中国经济数据进行参数校准，来刻画中国经济发展的阶段性特征，在此基础上分析公共财政支出结构变迁在经济发展进程的不同阶段上对经济增长、自主创新、环境治理等目标的动态影响机制。

1.3.2 研究特色

在主流宏观经济理论的研究框架下，本书引入了符合中国经济增长运行特征的主要机制，来研究公共财政支出结构变迁对经济增长、自主创新、环境治理等政策目标的动态影响机制和传导路径。本书研究与过往研究的不同之处在于以下几个方面。

1. 公共财政支出结构问题分析

过往研究建立在现有文献研究基础上，结合发达国家实践经验，来分析中国公共财政支出结构存在的问题和局限。由于没有将公共财政支出结构与经济发展阶段的内在联系刻画出来，因此公共财政支出结构存在的问题分析缺乏实践基础。本书将公共财政支出结构内生到经济增长模型中，刻画在经济发展初期公共财政支出结构偏向的经济学基础和原因，并评估公共财政支出结构在经济发展不同阶段下的边际产出变化，继而指出公共财政支出结构在当前中国经济发展中出现的问题及原因。

2. 公共财政支出结构与经济增长间的传导效应分析

如前面所述，公共财政支出结构对经济增长的影响存在一些传导机制，如创新演变、社会流动性、环境污染、信贷扭曲等调节变量。未控制上述调节变量的传导效应估计结果在一定程度上是有偏的。本书将深入分析公共财政支出结构偏向的原因及其调节机制，并在实证研究中将诸如社会流动性、经济发展进程等因素考虑进来，以明确公共财政支出结构与经济增长间的传导效应。

3. 公共财政支出结构变迁对经济增长等宏观变量影响的动态路径分析

现有研究多从稳态上进行比较静态分析，但现实经济离稳态相距甚远。稳态上的公共财政支出结构研究，不能用于分析经济发展进程中的阶段性特征及公共财政支出结构调整的时间不一致等问题，也就不能解释政府在经济增长的短、长期目标下的抉择框架。部分学者基于动态一般均衡模型，采用 shooting 方法求解经济增长路径，但该方法对模型设置要求较高，难以求解较为复杂的经济学模型。本书将基于 OLG 模型来研究经济增长路径上公共财政支出结构变迁的动态影响机制。

1.4 研究内容

1.4.1 技术路线图

结合上述讨论，本书将根据图 1 - 1 展开相关研究，延续文献综述——理论分析——实证分析——政策分析的研究脉络体系，从中国公共财政支出结构系统性偏向问题入手，研究中国公共财政支出结构变迁的经济效应，探索不同经济发展阶段下中国公共财政支出结构的转型路径。

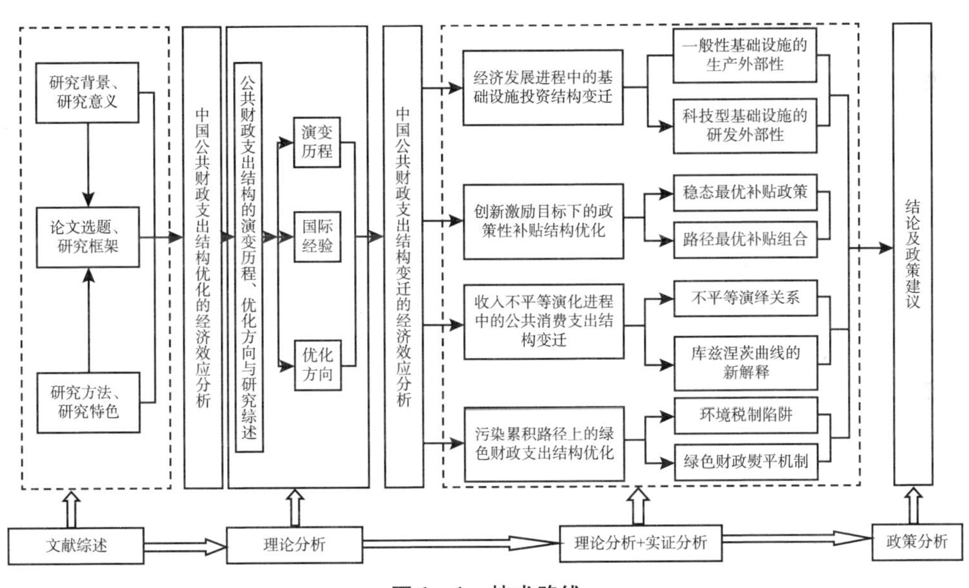

图 1 - 1 技术路线

1.4.2 研究框架与章节概览

公共财政支出结构是财政支出中各项支出的占比关系，反映了特定时期政府的政策偏好。通过对中国公共财政支出结构的历史变迁和当前现状分析，并结合发达国家公共财政支出结构变迁的历史经验和演进规律，本书指出中国现行公共财政支出结构中存在的三个主要问题：经济建设支出占比过高、公共消费支出占比不足和绿色财政支出体系缺乏。针对以上问题，本书分别构建了经济发展进程与基础设施投资结构理论框架、收入不平等演化进程与公共消费支出结构理论框架，以及绿色财政与经济增长的理论框架来研究公共财政支出结构变迁效应，并通过中国省际面板数据对其进行实证检验。具体来看，本书共分为以下六个章节：

第 1 章是引言。本章着重阐述研究背景，并结合中国实际提出公共财政支出结构中存在的三个主要问题，以及公共财政支出结构优化研究的意义所在。同时，本章简要介绍了研究中使用的研究方法，并明确了区别于过往研究的特色所在，继而给出研究的技术路线图、研究框架和主要内容概览。

第 2 章是公共品供求结构的演变分析与国际经验借鉴。本章首先分析了公共品需求层次演进及其影响因素，并指出公共品需求演变呈现与经济发展规律相匹配的阶梯型上升态势。随后，本章深入分析了中国公共财政支出结构的变迁历程，并探讨发达国家公共财政支出结构变迁的实践经验，以期为中国公共财政支出结构优化提供经验借鉴。

第 3 章是中国公共财政支出结构的优化方向。首先，本章对公共财政支出结构的定义及其演进规律加以剖析，以明确经济发展不同阶段上公共财政支出结构变迁的一般规律。然后，本章明确指出中国公共财政支出结构中存在的问题和优化方向。最后，本章对公共财政支出结构的研究动态进行梳理，并给出相应的文献述评。

第 4 章是经济发展进程中的基础设施投资结构变迁。首先，本章从经济增长和自主创新视角，分析了经济发展进程中的基础设施投资结构变迁。然后，本章在两阶段 OLG（Overlapping Generation）模型的基础上，增加了模仿创新部门和自主创新部门，同时考虑了基础设施投资的外部性和模仿创新知识积累的“知识溢出效应”，构建了包含经济发展进程与基础设施投资结构变迁的理论模型，并在经济发展进程的不同阶段下研究基础设施投资结构变迁与经济增长和自主创新的动态作用机制。最后，本章基于省际面板数据分析了经济发展进程不同阶段的基础设施投资结构对经济增长和自主创新的影响及变动情况，以进一步明确中国基础设施投资结构改革的方向。

第 5 章是创新激励目标下的政策性补贴结构优化。为研究政策性补贴与经济增长间的动态关系，本书在两阶段 OLG 模型框架下，通过引入低技术密度和高技术密度两类创新部门来刻画补贴对象的差异性，并引入金融中介等融资部门来构建政策性补贴与经济发展间动态关系的理论模型、研究经济发展进程中政策性补贴的差异化影响，以及补贴结构优化变迁和时点选择，并基于省际面板数据来检验政策性补贴与经济增长间的相互关系，以期为政府在制定合理化补贴政策时提供理论和实践参考依据。

第 6 章是收入不平等演化进程中的公共消费支出结构变迁。从静态不平等与动态不平等间的动态演绎关系出发，本章将静态不平等、动态不平等与经济增长同时内生在模型中，设计公共财政支出结构的动态演进，构建公共消费支出结构与收入不平等演化进程的 OLG 模型，研究经济增长与收入不平等间的动态演进关系，并且在不同公共消费支出结构变迁下分析经济发展进程中静态不平等与动态不平等间的动态演绎关系，不仅能准确揭示收入不平等与经济增长间的内在关系，也可以为公共消费支出结构变迁政策的合理制定提供切实可行的理论依据。

第 7 章是污染累积路径上的绿色财政支出结构优化。从环境税的“税制陷阱”出发，本章构建了绿色财政与经济增长的理论模型，分析环境税收政策在异质性行业中经济效应的差异，模拟不同类型环境财税政策的经济收益和生态收益，并评估不同环境财税政策组合的政策效果差异，以期优化绿色财政支出结构来实现经济增长与环境治理协调发展。本章以中国省际工业行业为研究对象，使用 2002 ~2012 年间中国 30 个省份的面板数据，对中国不同地区间环境规制政策的经济效应和环境效应进行实证检验，并发现环境规制对经济增长的影响呈现 U 型关系，而对污染排放的影响呈现倒 U 型关系，这就验证了环境规制政策实施过程中“增长陷阱”和“污染陷阱”的存在性，继而印证了理论研究结论。

第 8 章是中国公共财政支出结构优化的政策启示。本章对上述各章的重要研究结论进行总结，并提炼出中国公共财政支出结构优化的政策启示。

第 2 章　公共品供求结构的演变分析与国际经验借鉴

2.1　公共品需求结构演进及其影响因素分析

公共财政支出结构优化取决于公共资源的配置效率和生产效率，而公共资源在不同财政支出项目间的配置存在较明显的竞争关系。因此，有限的公共资源需要在不同财政支出项目间进行优化配置，而配置的方向需契合居民对公共品的需求结构，例如居民的需求层次，公共品的需求结构变迁与经济发展阶段、居民收入结构、人口收入结构、财政收入结构、公共品的非竞争、非排他性等诸多因素。

2.1.1　公共品需求结构演进逻辑

公共品需求体现了居民在不同经济发展阶段下的消费需求。依据居民的需求层次理论，公共品需求可分为生存需求、安全需求、管理需求、发展需求、社会依存需求和延伸需求。尽管短期内居民的公共品需求可能出现数量上的波动，但长期来看公共品的需求层次呈现出了阶梯型的上升态势。需要注意的是，公共品的消费具备非竞争性、非排他性等特点，当政府实施强有力的宏观调控时，公共品的需求层次可能会有跳跃式提高。

具体来看，公共品需求共有六个层次：第一个层次是生存需求，指在社会中存活所必需的公共品需求，如吃穿住用等相关公共品；第二个层次是安全需求，指居民为生存而对外在环境提出公共品需求，如国家安全、食品安全、医疗卫生等；第三个层次是管理需求，指居民对公共事务所提出的管理需求，如社会稳定、司法事务、国际关系等；第四个层次是发展需求，指居民为提高生活质量而提出的公共品需求，如完善的基础设施、公平的基础教育体系、完备的基本医疗体系等；第五个层次是社会依存需求，指居民在社会生活中与社会其他群体通过比较而产生的具备公共品偏好的私人需求，如情感需求、社会保障等多样性需求；第六个层次是延伸需求，指居民在经济社会进一步发展过程中提出的额外性的公共品需求，如高等教育、医疗保健、金融稳定、环境质量等高层次需求。需要注意的是，不同类型的公共品的需求价格弹性存在明显差异，生存、安全、管理需求层次的公共品的需求价格弹性接近为零，而发展、社会依存、延伸需求层次的公共品需求价格弹性较高，这就意味着在居民的公共品需求层次提高时，居民低需求层次的公共品需求数量并不会减少。

2.1.2　公共品需求结构演进的影响因素

公共品需求变化在短期主要表现为需求量的变化，而长期主要表现为需求层次的变化。然而，造成上述两方面变化的影响因素是类似的，区别在于其影响程度和周期。公共品需求变化的影响因素包括经济发展水平、居民收入水平、产业结构状况、区域经济差异、人口年龄结构、政策目标导向、技术发展状况等。

第一，经济发展水平对居民的消费决策影响较大，继而改变居民的公共品需求行为。在经济发展初期，居民收入水平较低，对公共品的需求主要集中在生存需求和安全需求。伴随着经济发展，居民会提高对公共品的需求层次，逐步关注生产效率、劳动技能、公共教育、政府管理服务等方面的提升。同时，社会生产对基础设施的需求逐步提升，如水利工程、公共交通、通信网络等，此时居民对公共品的需求转向管理需求和发展需求。在经济发展的中后期，工业化、城市化步入后期，人口老龄化、环境质量恶化、金融风险加剧等问题突出，原有的公共品供给不能满足现实需求，居民在城市化发展过程中对高等教育、社会保障、医疗卫生、环境治理等多方面提出新的要求，此时的公共品需求转向社会依存需求和延伸需求。

第二，产业结构决定居民的生活方式，并且对公共品需求变化影响较大。在农业占主导的时代，居民对公共品的需求主要偏向于农业生产，如农业水利设施、农业技术培训等；在第二产业占主导的时代，居民对专业技能培训、基础教育、医疗卫生、社会保障的需求更高；在第三产业占主导的时代，居民对高等教育、环境治理、文娱科技等较高层次的公共品需求的增速较快。中国不同区域经济发展差异较大，产业结构、区域特征、经济特色均存在较大差别，不同区域的居民公共品需求层次也存在较大差异。例如，东部沿海地区居民对公共品需求的层次高于中西部区域。

第三，居民收入水平是居民消费决策最主要的决策因素，而公共品需求主要是居民私人消费的引致需求。居民收入水平决定了其消费结构和需求层次，而不同阶段下居民的消费结构和需求层次需要相应的公共消费相结合。在收入水平较低时，居民消费以满足基本生活需要为主，此时对公共品需求以生存需求为主。随着居民收入水平的提高，居民收入中的衣食消费占比逐步下降，而教育、医疗、安全等相关消费支出占比不断提高，但是由于这些消费需要公共品作为补充，于是居民对公共品需求转向管理需求和发展需求。随着经济发展水平的进一步提高，居民间收入分化加剧，居民对公共品需求出现较大差别，高收入阶层对公共品需求转向文娱体教等社会依存需求和延伸需求，而中低收入阶层主要偏向于管理需求和发展需求，如教育医疗、基础设施等。

第四，人口年龄结构与居民消费间存在内在联系，继而改变公共品需求。不同年龄结构居民的消费结构存在差异，继而居民的公共品需求结构也存在较大差异。20 岁以下人群的消费需求主要集中在基础教育、衣食相关的方面，其对公共品需求也主要体现在生产需求和发展需求；20 ~ 50 岁间人群的消费需求集中在住房、技能培训、耐用消费品等管理需求和发展需求；50 岁以后人群的患病率提升，其对医疗卫生、社会服务、生活娱乐、社会保险等社会依存需求和延伸需求较高。

第五，政策目标导向会改变居民的消费预期，继而改变居民的公共品需求结构。宏观经济政策是政府为平抑经济波动而出台的经济干预手段，而政策目标导向决定了宏观经济政策的工具选择。当政府采取扩张性政策时，社会总需求扩大，继而居民对公共品的需求增加；当政府采取紧缩型政策时，居民对公共品的需求减弱，但对医疗卫生、养老保障等长端收益型公共品的需求增加。

第六，技术创新通过改变公共品的相关排他成本来影响公共品的非排他、非竞争等特征，继而影响公共品的需求结构。技术创新可区分消费者的差异，降低公共品排他成本，通过改变公共品属性实现公共品由非排他转向排他，影响公共品的需求数量，引导更高层次的公共品需求。在技术落后时，公共品消费难以准确度量，过度消费或消费不足会引发的“公地悲剧”等问题的出现。

公共品需求的演变呈现出与经济发展规律相匹配的阶梯型上升态势，经济发展水平、居民收入水平、产业结构状况、区域经济差异、人口年龄结构、政策目标导向、技术发展状况等都是公共品需求演变的主要影响因素。总的来看，公共品需求演变与经济发展阶段密切相关，政府的公共品供给也需匹配这一原则。

2.2　中国公共品供给结构的演变历程

公共品供给是政府公共财政支出的主要职能，中国公共品的供给结构变迁集中体现在财政支出结构的变迁。自新中国成立以来，中国财政支出结构一直处于优化调整中，实现了中国经济由计划经济体制向市场经济体制的成功转型。依据经济发展阶段，中国公共财政支出结构可以划分成经济建设支出主导的“宽财政”时期（1949～1977 年）、基建主导的“全面改革”时期（1978～1997 年）、促民生主导的“统筹兼顾”时期（1998～2007 年）和“稳增长、促民生”协同发展时期（2008 年至今）。

2.2.1　经济建设主导的“宽财政”时期（1949～1977 年）

新中国成立伊始，中国经济处于计划经济体制下，政府的主要职能是生产建设。在该阶段，国家成为社会投资的中坚力量，经济建设支出在公共财政支出中占比最高。1949～1977 年间经济建设支出占比平均超过 50%，其中 1959～1960 年经济建设支出占比最高，达 71.7%①。而从经济建设支出的构成来看，基本建设拨款占比最高，占 30%～40%②。造成这一现象的原因在于，新中国成立伊始经济基础薄弱，各项设施较为落后，公共财政支出中的基本建设支出拨款对国民经济的运行和发展发挥着至关重要的作用。除此之外，公共财政支出还为国有企业提供流动资金保障，其中，定额流动资金用于企业的日常生产行为，非定额流动资金用于企业临时的季节性生产需求。

在计划经济体制下，公共财政资金同时承担教育、文化、科技、卫生、国防等多项财政支出。新中国成立伊始，政府还将部分公共财政资金用于科教文卫事业建设和国有企事业单位的社会保障支出，但公共财政资金却非常匮乏。随着劳动人口数量的逐步提升，国有企业、事业单位数量增加，财政负担增加，最终制约了经济发展。

因此，在新中国成立初始，宏观经济处于宽财政时期，公共财政支出以经济建设支出为主，但同时要兼顾科技、教育、文化、卫生、社会保障等多项财政支出，由于受公共财政资金匮乏的影响，财政负担日益增加，最终制

①② 数据来源于 Wind 数据库。

约了中国经济的发展。

2.2.2 基本建设主导的“全面改革”时期（1978～1997年）

改革开放以后，中国经济开始步入由计划经济向市场经济的转轨期，政府的经济管理模式由微观直接管理转向宏观间接管理，公共财政支出的重点逐步由以宽财政时期的经济建设支出为主转向以基础设施建设为主。在这一阶段，为保持公共财政对宏观经济稳增长的推动力，基建支出仍然是公共财政支出的主导，但政府开始注重公共财政资金的使用效率，并逐步改进公共财政资金在基本建设中的投资方式，进一步扩大资金来源，如国债发行和简政放权激励全社会投资。此外，国家推进基本建设投资的管理制度改革，实施“拨改贷”方式，并于1979年开始试行。1985年开始，政府进一步推广“拨改贷”政策，要求预算支出中的基本建设资金全部改为银行贷款方式。“拨改贷”逐步成为中国公共财政支出的重要途径，并将中央财政的基本建设投资覆盖国民经济的各行业建设中。

在全面改革时期，支持并促进各项改革的贯彻落实是公共财政支出的另一项政府职能。第一，通过减税让利、财政补贴等方式加速国有企业改革。1978～1997年，政府通过减税让利等方式为企业提供了4200亿元资金，扣除能源交通建设基金和预算调控基金收回的1100亿元，公共财政为国有企业提供了3100亿元资金①。同时，公共财政承担的企业亏损补贴和各项价格补贴比例约占当年公共财政支出的14%，并以每年10%的增速增加②。第二，国家财政通过拨付信贷基金、所得税减免、资本金筹措等方式，支持中国银行、中国农业银行、中国工商银行和交通银行等政策性银行的成立和发展，支持金融体制改革。第三，1979年起，国家财政逐步通过发放专项贷款、设立发展基金、完善进出口奖励金制度、实施出口产品退税政策等方式支持中国外贸体系改革。第四，加大公共财政支出中的价格补贴力度，推进商业发展，促进物资流通体制改革。

伴随着改革开放进程的深入，市场的资源配置主体作用不断显现，政府对公共产品的重视度提高。1978～1997年公共财政政策中的社会保障体系改革以配合国企改革为主，期间部分公共财政资金用于满足国企转型中的就业、医疗、养老等需求。同时，科教文卫支出占公共财政支出的比重也有所提升，例如教育经费投入由1980年的145.5亿上升至1993年的1059.9亿元③。

---

①②③ 数据来源于Wind数据库。

2.2.3　促民生主导的“统筹兼顾”时期（1998～2007年）

1998年以来，政府在市场经济中的“缺位”和“越位”现象逐渐突出。为矫正其带来的不利影响，公共财政支出开始转向非营利和非竞争领域，重点关注以保障人民生活、提高社会福利为目标的促民生相关财政支出，如改善农村生产相关项目、基础设施减少项目等。

伴随着改革开放进程的深入，中国经济取得了长足发展，但也出现了一些深层次问题，如城乡收入差距扩大、区域经济增长失衡、粗放式经济增长、环境问题严重等。为此，政府开始针对这些问题加大相关公共财政支出投入力度。在城乡收入差距方面，公共财政加大了转移支出和再分配力度；在区域经济增长平衡方面，2007年，公共财政对地方转移支出达13991亿元，约为1994年的25.4倍；在支农支出方面，2003～2007年，公共财政中三农投入累计达21536.7亿元；在转变经济增长方式方面，2003～2007年，科技支出累计投入达3406亿元[①]。

与此同时，为进一步促进社会主义市场经济的发展，公共财政针对不同类型的所有制企业设立了专项资金进行补贴。在国有企业转型方面，2004～2007年，为保障央企主辅业分离完成，公共财政核定补助经费96.8亿元，移交2640个机构，47.66亿元资产总额[②]。在非国有经济方面，在“十五”期间，中央财政为中小企业提供85亿元的专项投入，并引导地方财政及社会资金来共同支持中小企业发展[③]。

2.2.4　稳增长、促民生协同发展时期（2008年至今）

2008年金融危机爆发后，全球经济下滑，中国经济建设类财政支出大幅增加，以保持稳健的增长势头，尤其是2009年开始大量投入基础设施支出，这对中国经济发展的支撑起到了至关重要的作用。经济建设类支出占公共财政支出的比重从2007年的26.7%快速上升至2009年的42%，逐步恢复到20世纪90年代的水平[④]。基础设施投资的表现更为突出，2009年实现了基础设施投资的首次大幅增长（当年同比增速高达47.7%），2012～2013年是基础设施投资的第二波高速增长期，这一过程一直延续到2019年[⑤]。2019年中国经济建设支出占比超过32%，远超绝大多数发达国家经济建设投入占比的10%，在所有发展中国家处于

①②③④⑤　数据来源于Wind数据库。

最高水平①。

在文化教育支出方面，1980 年以来，中国社会文化、教育支出占比一直稳步提升，但增速远低于行政管理支出占比的增速，尤其是在 2008 年以后。2008 年以后，中国财政性教育支出占 GDP 的比重平均约为 3.2%，低于发达国家的 5%②。当前科技教育相关投入并不能满足中国实施创新驱动发展战略的需要，更不能适应中国当前的经济增长水平。同样，社会保障支出和环境保护支出相对过低，在一定程度阻碍了中国改革的进程。2007 年以后，社会保障支出金额增长较快，但社会保障支出的占比却在下降。国际劳工组织数据显示，2017 年社会保障总支出占 GDP 的比重为 6.3%，在世界主要国家中仅高于新加坡和印度，远低于发达国家的 20% ~30%，甚至低于国务院规定的 10% ~15%。中国公共财政转移支出占比在不断上升，但仍不能解决均等化问题。

2.3 公共财政支出结构变迁的国际经验借鉴

2.3.1 美国公共财政支出结构分析

图 2-1 表现了美国财政支出结构的变化趋势。2014 年，美国政府经常性财政支出总额为 5.19 万亿美元，财政支出结构中占比排名前五的财政支出分别为社会保障、医疗、一般公共服务、教育和国防，其中社会保障支出占财政支出的比重为 23.53%，医疗支出占财政支出的比重为 22.62%，一般公共服务支出占财政支出的比重为 15.61%，教育支出占财政支出的比重为 14.75%，国防支出占财政支出的比重为 10.36%。

如图 2-1 所示，1959 ~2019 年，美国公共财政支出结构的变化较大，其中医疗支出与社会保障支出的增速最快，医疗支出与社会保障支出的平均增速分别为 10.80% 和 7.94%。1935 年养老保险出台是美国社会保障体系建设的开始，1972 年补充性社会保障收入项目的设立，完善了美国社会保障体系的转移支付性质。具体来看，私人医疗保险和社会医疗保险共同形成了美国的医疗保险体系，需要注意的是，美国社会医疗保险主要受众是 65 岁以上的老年人。

①② 数据来源于 Wind 数据库。

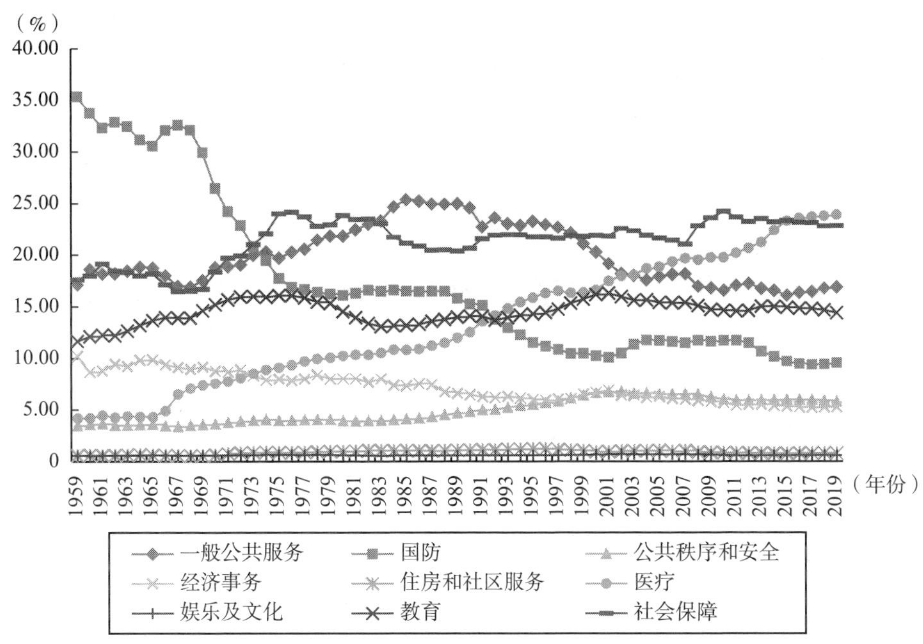

图 2-1　1959～2019 年美国财政支出结构的变化趋势

资料来源：Wind 数据库。

1959～2019 年，美国教育支出始终保持在较高水平，但波动较大，这主要是因为美国地方政府基本负担了 99% 的教育支出，由于美国的财政体制采取联邦制，其自主权相对较大，继而带来了教育支出的大幅波动。2001～2019 年，教育支出占财政支出比重的平均值约为 14.5%。1959～2019 年，美国国防支出下滑较快，由 1959 年的 35.37% 下降到 2019 年的 9.55%。同期，美国经济事务支出占比较低，并一直呈现下降趋势，由 1959 年的 8.68% 下降至 2019 年的 5.26%。

需要注意的是，2001～2019 年，除医疗支出和社会保障支出外，一般公共服务、教育、公共秩序和安全、住房和社区服务等财政支出占比相对稳定。

2.3.2　英国公共财政支出结构分析

图 2-2 表现了英国财政支出结构的变化趋势。1990～2012 年，英国财政支出绝对额每年均保持增长，公共财政支出占国内生产总值的比重在 37%～49%。2012 年，英国政府经常性财政支出总额为 0.78 万亿英镑，财政支出结构中占比前五的财政支出分别为社会保障、医疗卫生、教育和一般公共服务，其中社会保

障支出占财政支出的比重为36.32%，医疗支出占财政支出的比重为16.06%，教育支出占财政支出的比重为12.19%，一般公共服务支出占财政支出的比重为11.60%。

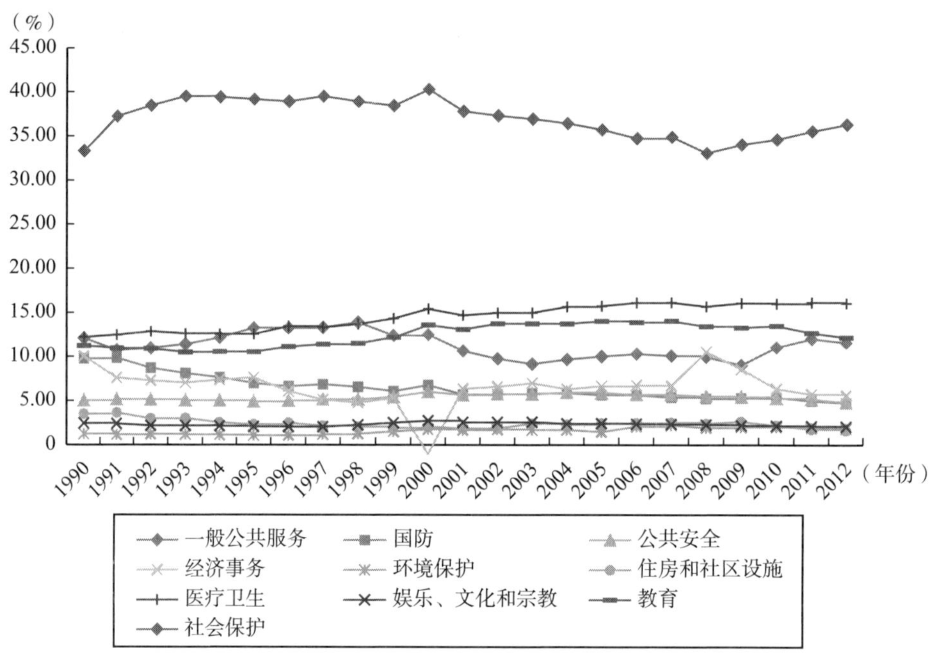

图2-2　1990~2012年英国财政支出结构的变化趋势

资料来源：Wind数据库。

如图2-2所示，1990~2012年，英国公共财政支出结构比较平稳，变化较小。1990~2012年社会保护支出、医疗卫生、教育占财政支出的比重略有上升，且增速最快，在4%~6%。社会保护支出占比由1990年的33.31%上升至2012年的36.32%，医疗卫生支出占比由1990年的12.18%上升至2012年的16.06%，教育支出占比由1990年的11.21%上升至2012年的12.19%。同期，公共安全支出、环境保护支出、住房和社区设施支出、娱乐、文化和宗教支出等财政支出占比变化不大，略有上升。

1990~2012年，财政支出占比下降的有一般公共服务支出和经济事务支出。一般公共服务支出占总财政支出的比重由1990年的12.06%下降至11.59%，经济事务支出占总财政支出的比重由1990年的10.02%下降至2012年的5.60%。

不难发现，英国财政支出结构变化符合财政支出结构演变的一般规律，即随着经济增长水平的提升，经济类财政支出占比逐步降低，公共服务类财政支出占比逐步提高。

2.3.3　日本公共财政支出结构分析

图2-3表现了日本财政支出结构的变化趋势。2019年，日本政府经常性财政支出总额为10.47万亿日元，财政支出结构中占比前六的财政支出分别为社会保障、国家债务清偿、地方交付税交付金及特例交付金、公共工程、教育科学和国防，其中社会保障支出占财政支出的比重为32.55%，国家债务清偿支出占财政支出的比重为21.51%，地方交付税交付金及特例交付金支出占财政支出的比重为15.32%，公共工程占财政支出的比重为8.10%，教育支出占财政支出的比重为6.04%，国防支出占财政支出的比重为5.42%。

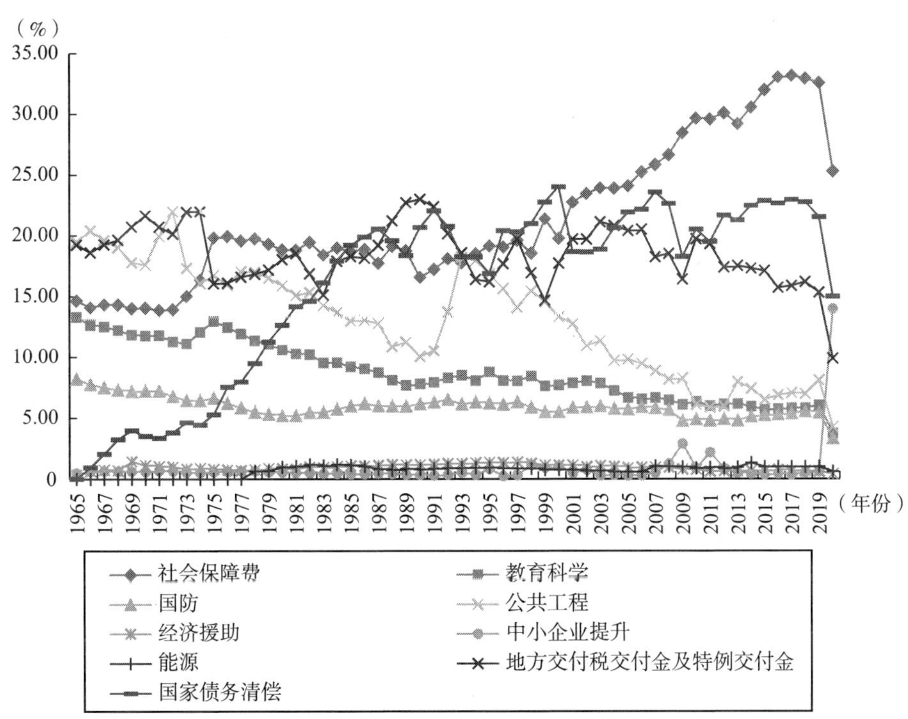

图2-3　1965~2019年日本财政支出结构的变化趋势

资料来源：Wind数据库。

如图2-3所示，1965~2019年，日本公共财政支出结构波动较大，尤其是在2000年以后。1965～2019年，社会保障支出占财政支出的比重和国家债务清偿支出占财政支出的比重显著上升，社会保障支出占财政支出的比重由1965年的14.66%上升至2019年的32.55%，国家债务清偿支出占财政支出的比重由1965年的0.95%上升至2019年的21.51%。

1965～2019年，地方交付税交付金及特例交付金支出占财政支出的比重、公共工程支出占财政支出的比重、教育科学支出占比、国防支出占比均出现明显下降，其中地方交付税交付金及特例交付金支出占比由1965年的19.24%下降至2019年的15.32%，公共工程支出占比由1965年的19.26%下降至2019年的5.39%，教育科学支出占比由1965年的13.32%下降至2019年的8.10%，国防支出占比由1965年的8.21%下降至2019年的5.42%。而1965～2019年，能源支出占比、中小企业提升支出占比、经济援助支出占比始终是财政支出结构中所占比重最小的三项，这三项财政支出占比较为平稳，略有一些下降。

不难发现，日本财政支出结构变化在一定程度符合财政支出结构演变的一般规律，即随着经济增长水平的提升，经济类财政支出占比逐步降低，公共服务类财政支出占比逐步提高。但由于受几次金融危机的影响，日本经济所受冲击较大，继而带来了日本财政支出结构较大的波动。

2.4 本章小结

公共财政支出结构优化取决于公共资源的配置效率和生产效率，而公共资源在不同财政支出项目间的配置存在较明显的竞争关系。因此，有限的公共资源需要在不同财政支出项目间进行优化配置，而配置的方向需契合居民对公共品的需求结构。公共品需求演变呈现出与经济发展规律相匹配的阶梯型上升态势，经济发展水平、居民收入水平、产业结构状况、区域经济差异、人口年龄结构、政策目标导向、技术发展状况等都是公共品需求演变的主要影响因素。总的来看，公共品需求演变与经济发展阶段密切相关，政府的公共品供给也需匹配这一原则。

依据经济发展阶段，中国公共财政支出结构可以划分成经济建设支出主导的“宽财政”时期（1949～1977年）、基建主导的“全面改革”时期（1978～1997年）、促民生主导的“统筹兼顾”时期（1998～2007年）和“稳增长、促民生”协同发展时期（2008年至今）。总的来看，中国财政支出结构存在明显的经济偏向、政府偏向和城市偏向，违背了平等性、公共性原则，与中央提出的公共服务转型相背离。从发达国家财政支出结构的演进状况来看，随着经济增长水平的提升，经济类财政支出占比逐步降低，公共服务类财政支出占比逐步提高。因此，中国公共财政支出结构的优化方向需结合公共财政支出结构的演进规律加以分析。

第3章　中国公共财政支出结构的优化方向

3.1　公共财政支出结构的定义及其演进规律

在深入分析公共财政支出结构的历史变迁和现状分析前，本章首先对公共财政支出结构的定义及其演进规律进行系统梳理，这有助于理解公共财政支出结构优化的方向和内在机理，有助于分析公共财政支出结构优化对协调经济、社会发展的作用机理。

3.1.1　公共财政支出结构的定义与分类

公共财政支出结构主要包括各类财政支出的组合状态和比例关系，其反映了政府在资源配置中的重点与方向。随着经济发展和财政政策实践经验的累积，公共财政支出结构的定义也在发生变化。匡小平和肖建华（2008）将公共财政支出结构定义为：在特定的经济、财政体制下，依据不同的分类标准将国家财政资金在国民经济各领域上分配的金额、用途和比例构成关系。中国财政部将公共财政支出结构定义为各项财政支出的组合关系及其在公共财政支出总额中的占比关系。不难发现，上述两种定义均认为公共财政支出结构是一种组合形态的比例关系，直接反映某一时期政府的政策偏好和职能体现。经济发展不同阶段下的公共财政支出结构是不断变化的，但在某一特定时间段下，公共财政支出结构是相对稳定的。何振一和阎坤（2000）认为，公共财政支出中的各部分紧密联系且相互影响，对公共财政政策变迁的分析需要从财政支出结构入手，而非单一的公共财政政策的变化。

依据不同的标准，公共财政支出可以划分成不同的类型，继而形成不同类型的财政支出结构。公共财政支出的分类标准包括支出用途、政府职能、经济性质和管理权限等。第一，依据支出用途，公共财政支出可以划分为公共服务、公共安全、外交、交通运输、教育、科学技术、环境保护、社会保障和就业、社会保险基金支出、国防、文体与传媒等；第二，依据政府职能，公共财政支出可以划分为经济建设支出、国防支出、社会文教支出、公共与社会服务和其他支出；第三，依据经济性质，公共财政支出可以划分为购买性支出和转移性支出（社会保障支出、捐赠支出、补助支出、债务利息支出等）；第四，依据管理权限，公共财政支出结构可以划分为全国性财政支出和地方性财政支出。

总的来说，公共财政支出结构是财政支出中各项支出占比的关系，反映了政府在一定时期的政策偏好。在经济发展的不同阶段，经济社会环境变化较大，如果财政支出配置效率低下，将直接制约经济的长期发展。因此，政府需要对其财政支出重新配置，即公共财政支出结构的优化。

3.1.2　公共财政支出结构演进规律

经济发展不同阶段下公共财政支出结构演变是存在规律的。马斯格雷夫（1969）、罗斯托（Rostow，1973）等从经济发展阶段论的角度阐述了公共财政支出结构的演进规律。在经济发展阶段论中，经济发展被划分成五个阶段，即早期阶段、起飞阶段、成熟阶段、高消费阶段和生活质量阶段；公共财政支出被划分为公共消费支出、公共积累支出、转移支出和军用支出。根据经济发展阶段论，在经济发展初期，政府需要提供如交通、电力、通信、水利等社会基础设施。社会基础设施对经济增长具有正外部性，但受周期长、投资大、收益低等因素的影响，私人部门难以投资。同时，私人资本积累量相对有限，政府必须加大社会基础设施的投资力度，发挥公共资本对经济的正向溢出效应。因此，在经济发展初期，公共积累支出占公共财政支出的比重一般较高。当经济发展到中期，私人资本积累相对雄厚，社会基础设施建设基本完成，政府的公共积累支出会减少，但随着市场失灵逐步暴露，政府的干预活动也会加强，其直观表现就是公共积累支出增长率放缓，但占公共财政支出的比重依然较高。随着经济发展步入成熟期，公共财政支出结构会发生明显变化，公共积累支出占比下降，公共消费支出占比上升。这是因为，伴随着经济增长，人均收入水平进一步提升，人们对生活质量的追求提升，政府需要增加教育、社会保障、社会福利等方面的支出。当经济发展到高消费阶段，人们对生活环境的要求进一步提升，政府会进一步增加公共消费性支出占比和环境保护等相关支出。

马斯格雷夫（1969）认为转移支出占公共财政支出的比重取决于经济不同发

展阶段下政府的政策目标和收入不平等程度。当政府致力于降低收入不平等程度，转移支出和再分配占比将逐步上升。一般而言，当经济发展到成熟期时，收入不平等程度上升，政府用于收入再分配和社会保障等转移支出占公共财政支出的比重要超越其他类型的公共财政支出。

综上所述，经济发展不同阶段中公共财政支出结构的演进规律可以总结为：随着经济增长水平的不断提升，经济类财政支出占比逐步降低，公共服务类财政支出占比逐步提高；用于再分配的转移支出占比取决于政府的政策目标，一般而言，在经济发展的成熟阶段提升较快。

3.2 中国公共财政支出结构的问题分析及优化方向

改革开放以来，中国公共财政支出结构始终处于调整优化中。伴随着中国经济发展水平的提升，中国公共财政支出能力取得显著提升，用于促民生相关的公共服务类财政支出占比也在不断提高。20 世纪 90 年代以来，中国财政支出结构逐步转向适应市场经济体制的公共财政支出结构，但在公共财政收入快速上升的情况下，公共服务的供给依旧短缺，这在某种程度上说明中国公共财政支出结构配置存在扭曲。接下来，本节将通过梳理中国公共财政支出结构中存在的问题，全面分析中国公共财政支出结构的优化方向。

3.2.1 中国公共财政支出结构的问题分析

1978 年改革开放以来，中国经济持续了近四十年的高速发展，社会、经济环境发生显著变化，公共财政支出结构也在调整优化中，但中国公共财政支出结构的形成格局并没有发生明显变化，如经济事务支出占比较大、科教文卫支出占比较小等问题依旧存在。与此同时，随着经济社会发展过程中的一些弊端凸显，如收入差距扩大、环境污染严重、经济增长乏力等，公共财政支出结构面临着进一步的优化调整。为明确中国公共财政支出结构的优化方向，本部分将重点阐述中国公共财政支出结构中存在的主要问题。

1. 财政支出规模不足与效率低下并存问题

如图 3 - 1 所示，虽然中国经济经历了 40 多年的高速发展，但公共财政规模依然不足，受财政分权的影响，公共财政收入占 GDP 的比重由 1978 年的 30.78%下降至 1995 年的 10.18%，随后公共财政收入占比略有上升，至 2020 年该比例仅为18%。从财政收入来源结构看，1995年以后公共财政收入增长主要来源于中央财政收入，与近年来经济超预期增长关联重大。在这一背景下，中国公共财政支出规模不足，直接限制了财政支出的功能发挥。同时，受财政支出管理体系松散、管理失控等因素影响，中国公共财政支出效率低下。

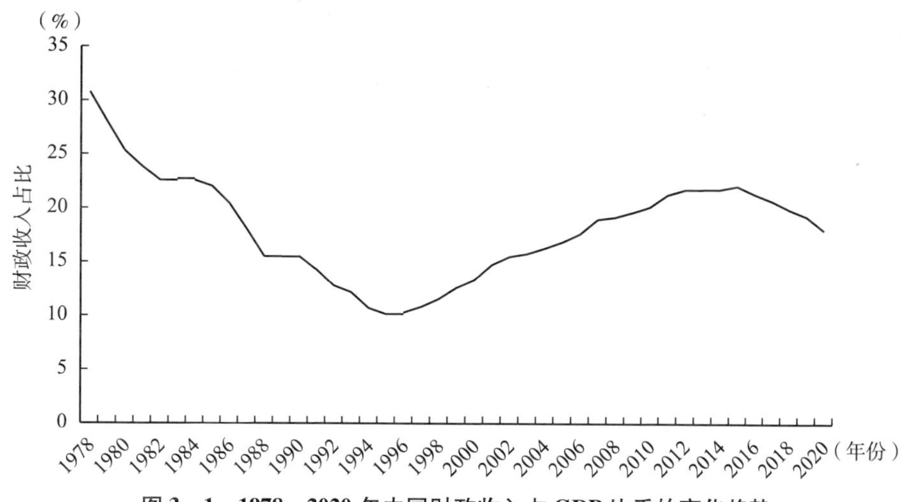

图3-1　1978~2020年中国财政收入占GDP比重的变化趋势

资料来源：Wind数据库。

2. 中国公共财政支出结构具有明显的经济偏向

如图3-2所示，经济建设支出占公共财政支出总额的比重始终较高。尽管中央政府早在1998年就提出公共财政转型，但地方政府仍以经济建设财政为主。虽然目前来看，公共服务相关支出占比与经济建设支出占比相近，但统计数据中未考虑中央政府的转向转移支付支出，如果将该项目纳入，促民生支出占比应远低于经济建设支出占比。因此，2006年以前的中国政府，尤其是地方政府的财政资金配置中仍表现为重经济增长、轻社会民生。2006年以后，中国公共财政支出结构开始发生变化，整体呈现经济建设支出占比明显下降，社会民生类支出缓慢上升。经济建设类支出占比除了2008年金融危机爆发后略有回升外，总体处于下降趋势，2012~2018年平均占比28.5%，但仍处于第二高的水平；社会文教支出占比整体呈现缓慢上升的趋势，2018年占比达到39.2%，成为财政支出结构中的第一大项，但其余社会民生类支出占比整体还相对偏低。

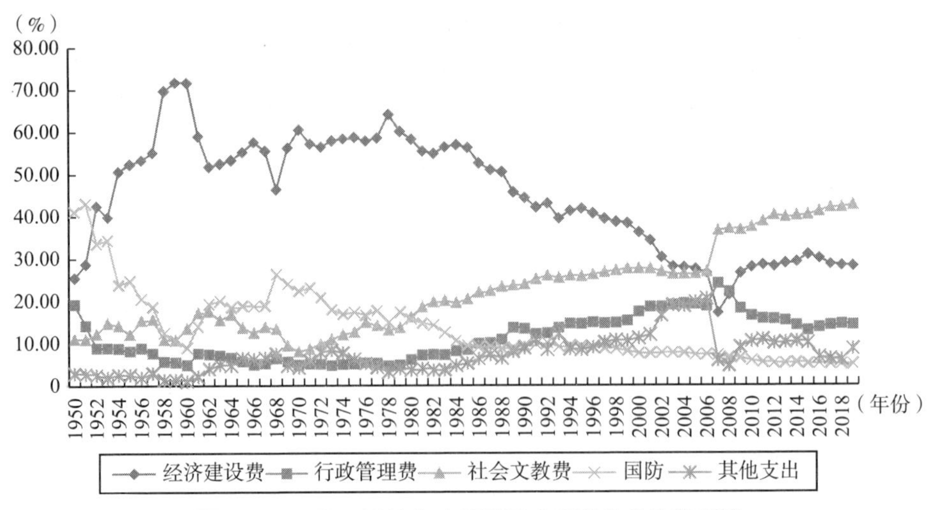

图 3-2 1950~2018 年中国财政支出结构的变化趋势

注：由于指标名称和口径调整，2007 年以后的数据由作者重新归类后，与 2006 年以前的数据拼接。
资料来源：Wind 数据库和《中国财政年鉴》。

3. 政府职能转变滞后，“缺位”现象突出

由于政府职能转变相对滞后、公共品的供给范围不明确，公共财政支出的“缺位”问题突出，难以充分发挥收入分配、资源配置、环境保护、经济增长等职能。具体来看，第一，文教科卫支出占财政支出的比重呈现出较为明显的下降趋势，其中科研投入占 GDP 的比重和教育投入占 GDP 的比重分别为 0.82% 和 2.26%，这与国家财政性规定的 1.5% 和 4% 的差距巨大，这表明财政资金对科研和教育投入严重缺乏；第二，由于失业保险、社会养老保险未全部纳入财政管辖范围，受筹资渠道阻碍的影响，社会保障资金不足。除资金总量不足外，社会保障支出的问题还体现在结构上的不平等，城镇员工的社保费用逐步提升，农民工等却不能享用社会保障制度，这体现了中国财政支出结构的城市偏向。

4. 中国公共财政支出结构具有明显的政府偏向，行政管理费加重，财政负担加剧

目前中国行政管理费增速远超财政收入和 GDP 的增速，同时，行政管理费内部结构不合理，个人经费增速远快于公用经费，进一步加剧了财政困境。

5. 财政支出结构逐步固化，流动性缺失

1997~2015 年的财政支出数据显示，当前财政支出结构不仅具有明显的经济偏向、政府偏向和城市偏向，且保持持续的偏向状态，无改善痕迹。这表明中国财政支出结构具有较强的固化特征。政府的财政资金仍以经济建设为主要配置方

向，其公共性和社会性不足，公共服务化转型尚处于主观架构层面。

总的来看，中国财政支出结构存在明显的经济偏向、政府偏向和城市偏向，违背了平等性、公共性原则，与中央提出的公共服务转型相背离。虽然经济建设支出的增加在短期内有明显的稳增长能力，但不利于经济的长期可持续增长。

3.2.2　中国财政支出结构的优化方向

李和周（Li and Zhou，2005）、张军等（2007）、付文林和沈坤荣（2012）等学者表明财政体系中的诱致性变迁对中国经济的高速增长起着至关重要的作用，尤其是中央与地方之间的财政分权机制。财政分权体制下，地方经济发展的积极性被充分调动，企业的生产投资行为被激发，是 1978 年改革开放以来中国经济增长的重要动力源泉。但白重恩等（2004）表明财政分权体制下，地方保护主义凸显，财政竞争引发了财政支出结构的一系列偏向问题，在扩大区域经济发展不平衡的基础上，也损害了资源配置效率。当前中国经济面临着增速换挡、改革转型和结构调整的三重压力，财税体系改革必然首当其冲。当前中国公共财政支出结构中明显的经济偏向、政府偏向和城市偏向已经对经济的长期可持续发展产生了负面影响，因此公共财政支出结构的战略性优化必须实施，尤其要解决公共财政中的“缺位”与“越位”问题。

考虑到转型经济的复杂性，公共财政支出结构的配置效率评价问题是公共财政支出结构优化过程中的主要难题。转型经济的非均衡状态决定了公共财政支出结构优化呈现出动态渐进演变特征。在经济增长初期，财政资金相对稀缺，政府需调整财政支出结构来配置公共财政资源以契合当时的约束条件。随着经济进一步发展，社会经济状态发生改变，政府需进一步调整财政支出结构来匹配此时的经济发展水平和制度结构。一旦公共财政支出结构与经济发展或制度结构发生错配，公共财政支出结构将陷入长期固化状态，并呈现出长期的路径依赖。为达到财政支出结构配置效率最优，政府需再次调整公共财政资金的配置结构和配置路径。因此，在转型经济过程中，公共财政支出结构优化是一个具有路径依赖特征的动态过程。

再次回顾中华人民共和国成立以来中国财政支出结构变迁，不难发现其也是一种渐进式变迁过程。在计划经济体制下，为尽快实现中国经济体制转轨，中央政府集中了所有的财政支出配置权，重点倾向重工业企业。1978 年改革开放以后，为尽快实现工作重心向经济建设转变，中央政府逐步分权给地方政府，地方政府财政支出聚焦在投资生产领域。党的十六大以来，经济增长的负面影响凸显，公共财政支出逐步弱化经济增长的单一目标，开始关注民生领域。纵观上述历程，公共财政支出结构变迁受经济发展的阶段性政策目标影响，具有明显的动态特征。公共财政支出结构的优化需要从动态路径上分析，根源在于某一时间点上公共财政支出结构的有效性难以判断，静态合理性不代表动态路径上的最优。因此，有关公共财政支出结构优化研究需突破过往研究的比较静态分析，重新定位公共财政支出结构，从动态优化的视角去评价公共政策选择。

公共财政支出结构优化是以资源合理配置为目标，通过将财政资金进行再分配来优化公共财政支出结构，以满足社会经济发展不同阶段的需求。公共财政支出结构优化实则包含财政支出规模的优化、财政支出构成要素的优化和要素间配置比例的优化，以实现资源优化配置、收入分配均等化、经济持续发展、环境保护为优化原则。同时，上述研究表明中国财政支出结构存在明显的经济偏向、政府偏向和城市偏向，其中最突出的问题是经济建设类财政支出占比偏高，而公共社会性的财政支出占比普遍不足。因此，中国公共财政支出结构的优化方向是将公共财政支出的重点逐步由经济建设支出向公共消费支出转型，增加教育、科研、环保等公共财政支出，并优化公共消费支出的内部结构，发挥资源优化配置、收入分配均等化、经济持续发展、环境保护等主要政策职能。

3.3　公共财政支出结构的研究动态

3.3.1　最优财政支出规模理论

最优财政支出规模是经济学界讨论最为频繁的问题之一，旨在回答政府在市场经济中应该扮演什么样的角色，以及最恰当的政府财政支出规模是多少。

有关最优财政支出规模理论的早期研究实际是对政府财政支出规模与经济增长关系的研究，其结论差异较大，国外学者对二者关系的研究基本有三类观点。第一类观点认为政府财政支出不利于经济增长，如兰多（Landau，1983，1985，1986）分别基于1960～1977年104个国家的面板数据、1952～1976年16个发达国家面板数据、1960～1980年64个发展中国家面板数据，研究发现人均GDP与政府规模呈现负相关关系，认为政府财政支出的扩张不利于经济增长；格里尔和塔洛克（Grier and Tullock，1989）分别基于1951～1980年24个OECD国家面板数据和1961～1980年89个国家面板数据，研究发现除亚洲国家以外，OECD、拉美和非洲等国政府规模扩张会阻碍经济增长；克雷恩和李（Crain and Lee, 1999）基于1977~1992年美国48个州的面板数据，研究发现财政支出占总产出的比重不利于经济增长。第二类观点认为政府财政支出与经济增长间不存在显著关系，如格美尔（Gemmell, 1983）对27个国家研究发现非市场部门规模扩张对经济增长影响不显著；科门迪和梅奎尔（Kormendi and Meguire, 1985）、孔特和达拉特（Conte and Darrat, 1988）、恩格和斯金纳（Engen and Skinner, 1992）、斯莱姆罗德（Slemrod, 1995）、埃文斯（Evans, 1997）等学者从不同面板数据样本出现均得出政府财政支出与经济增长直接无显著关系的结论。第三类观点认为政府财政支出扩张会促进经济增长，如罗宾逊（Robinson, 1977）从跨国样本数据出发研究发现，大规模的政府财政支出有助于降低穷国增长中的路径依赖性，继而刺激经济增长；德瓦拉扬等（Devarajan et al., 1996）基于1970~1990年43个发展中国家的面板数据，研究发现各种类型政府财政支出扩张均会促进经济增长；米勒和拉塞尔（Miller and Russek, 1997）基于1975~1984年39各国家的面板数据，研究发现税收渠道下财政支出增加会促进经济增长，国债渠道下财政支出增加会抑制经济增长。

不难发现，上述研究多是从实证检验方法出发进行研究，但其结论差异较大。另一些学者从理论机理出发来研究政府财政支出规模扩张与经济增长之间的关系。拉姆（Ram, 1986）、高彦彦等（2011）从市场失灵角度研究认为，政府财政支出规模扩张可以通过缓解市场失灵来改善投资相关环境，促进经济增长；谢赫（Sheehey, 1993）、杨子晖（2011）等认为政府财政支出规模进一步扩张会挤占私人投资、增加税负，并带来机构冗杂效率低下，最终阻碍经济增长。理论结果的差异引发了学术界有关最优财政支出规模问题的深入讨论，格罗斯曼（Grossman, 1988）、帕登（Peden, 1991）等学者发现政府财政支出规模对经济增长的影响呈现出显著的非线性关系，即政府最优财政支出规模是存在的。

国内外学者对中国政府最优财政支出规模问题展开深入研究，范子英和张军（2010）、方红生和张军（2014）等学者分别从收入分配、财政分权和转移支付角度构建理论模型，研究认为中国政府最优财政支出规模是存在的。同时，杨友才和赖敏晖（2009）、王小利和张永正（2009）、杨子晖（2011）等学者分别基于面板门槛模型、变参数模型、平滑转换模型等计量经济模型，实证检验了中国政府的最优财政支出规模。文雁兵（2014）表明过往研究多是从经济目标出发来研究中国最优财政支出规模问题，而从福利目标来看，中国最优财政支出规模统一存在，他认为中国最优财政支出规模应在0.2左右，这与杨子晖（2011）的看法略有区别。

随着最优财政支出规模问题研究结论逐步趋同，学术界将研究重点开始转向公共财政支出结构的配置方向和配置效率等问题上。

3.3.2 公共财政支出结构偏向

傅勇和张晏（2007）、尹恒和朱虹（2011）等学者认为中国公共财政支出结构存在明显的偏向特征。在经济高速发展的背景下，中国公共品供给依旧短缺，其根源在于公共财政支出结构偏向导致的效率低下（张恒龙和陈宪，2007）。公共财政支出结构偏向问题研究需从财政支出配置入手，林毅夫和刘志强（2000）、张晏和龚六堂（2005）、勇等（Yong et al.，2011）学者认为财政支出配置有横向和纵向两个维度。分析公共财政支出结构配置效率不能单从经济增长出发，需要兼顾收入分配、教育、医疗健康等（李永友，2009）。吕炜（2003）从经济增长和公平两个维度分析了中国公共财政支出结构的配置逻辑。傅勇和张晏（2007）从地方财政支出结构的偏向问题出发，分析地方财政支出结构的配置逻辑。陶然和刘明兴（2007）从收入差距角度出发分析地方财政支出结构中存在的配置问题。麦迪纳和贡纳森（Mattina and Gunnarsson，2007）、陈诗一和张军（2008）等学者则采用DEA方法测度财政支出效率，来分析财政支出结构中存在的问题。

李永友（2009）同时考虑了纵向和横向两个维度下中国公共财政支出结构的演进问题：从纵向配置来看，财政支出的分权化特征明显，地方偏向性较强；从横向配置来看，中国公共财政支出结构具有明显的经济偏向、城市偏向和政府偏向。从公共财政支出结构的经济偏向层面来看，布兰查德和施莱费尔（Blanchard and Shleifer，2001）、崔等（Tsui et al.，2004）等学者认为中央政府的强管控是地方政府偏向经济建设的原因之一，但俄罗斯政府的弱管控就不能促使地方政府加强经济建设；李和周（2005）认为GDP导向的官方晋升考核标准是地方政府经济建设偏向的主要原因；张晏和龚六堂（2005）、王永钦等（2006）等学者认为地方政府自上而下式的标尺竞争是地方政府公共财政支出结构经济偏向的根源。

从公共财政支出结构的政府偏向层面来看，学者们主要从行政费用占比快速上升带来公共部门效率变化的角度进行分析。吴俊培（2005）认为公共部门效率包括资源配置效率和生产效率；卢洪友和龚锋（2007）认为公共财政支出结构的政府偏向带来了公共资源配置效率的低下；傅勇（2010）基于1980～2004年中国省际面板数据，研究发现中国财政支出结构受经济增长、政府职能、政治体制等多因素影响。

从公共财政支出结构的城市偏向层面来看，成德宁（2004）认为城市偏向型财政政策可分为价格和非价格两类，价格方面表现为农产品价格低于城市同样商品价格，非价格方面主要表现为公共投资、医疗保健、教育等差异；陆铭和陈钊（2004）从再分配环节分析城市偏向的经济政策对城乡收入差距的影响，但对其影响机理分析较少；程开明和李金昌（2007）深入阐述了城市偏向下财政政策对城乡差距的影响机理。除了从再分配环节分析外，学者们还开始关注初次分配环节上扭曲的影响。李稻葵等（2009）认为初次分配会对最终收入分配格局的形成影响较大，且初次分配过程中产生的问题在后期实践中难以解决；蔡跃洲（2010）认为初次分配环境中存在制度性扭曲是城乡收入差距扩大的主要原因。雷根强和蔡翔（2012）认为初次分配过程中劳动力工资报酬占比下降、城市偏向的再分配政策是城乡收入差距扩大的根源。

总的来看，中国公共财政支出结构会同时受到经济发展、政府职能、预算制定、政治体制与监督体制等因素的共同影响，其结果是中国公共财政支出结构的经济偏向、城市偏向和政府偏向。

3.3.3　公共财政支出结构偏向原因

公共财政支出结构偏向是中国经济发展进程中财政政策的典型特征，学者们对公共政策偏向的原因展开了深入研究。张军（2007）认为财政分权引发地方政府间竞争，但不同时期的竞争属性有所差异。他认为在经济转型初期，地方政府间的竞争呈现良性；在经济转型的中后期，地方政府间的竞争呈现恶性，如地方保护、过度投资、重复建设、过度竞争、经济不平衡、环境污染、教育投入不足等。王永钦等（2007）认为当前的分权理论仅关注了分权竞争对地方政府的正向激励，而忽略了负面激励。通过对相关文献梳理后，不难发现多数学者认为公共财政支出结构偏向是由分权竞争和地方政府行为导致。

1. 分权竞争与公共财政支出结构偏向关系

基恩和马钱德（Keen and Marchand，1997）开创性地研究了财政竞争对公共财政支出结构的影响，随后国内外学者对这一问题展开了深入、广泛的研究。基恩和马钱德（1997）将公共支出分为公共服务支出和公共投入支出，通过将公共服务支出考虑在居民的效应函数中、将公共投入支出考虑在生产函数中构建了KM模型，研究发现政府通过减税竞争和公共投入竞争来吸引流动资本，继而降低公共服务支出，导致公共财政支出结构中的系统性扭曲。埃格和温纳（Egger and Winner，2004）基于1970～1997年间经合国家的面板数据样本对KM模型的理论假说进行了实证检验。

在基恩和马钱德（1997）基础上，博克和弗吕格（Borck and Pflüger，2006）在模型中区分了九种公共财政支出（包括公共管理支出、公共安全支出、科研支出、教育支出、医疗支出、交通设施支出等），分析不同区域内不同财政支出的反应函数，并通过德国数据进行估计，研究发现政府会向流动的熟练劳动力进行倾斜，尤其是在资本投入与劳动投入呈现互补关系时。

然而受理论假设的限制，KM模型仅能用于财政竞争与公共财政支出结构间静态关系的分析。松本（Matsumoto，2000）率先将KM模型中劳动力不能流动的假设放松，在劳动力自由流动的假设下研究财政竞争对公共财政支出结构的影响。此后，学者们开始在一般均衡的框架下重新审视二者间的内在关系，认为政府为短期经济发展带来的公共财政支出结构偏向是暂时的，为实现经济的可持续发展，政府必须调整公共财政支出结构。

国内外学者也开始逐步关注中国的财政支出结构偏向问题，韦斯特和王（West and Wong，1995）通过实证研究发现财政竞争带来卫生、医疗和教育支出的降低，恶化了公众福利，尤其是在贫困区域。乔宝云等（2005）认为官员委任制、资本稀缺、人口流动受限等因素是地方政府忽视公共需求、追逐经济增长的主要原因，地方政府间的财政竞争挤占了教育支出等公共服务支出，带来了公共财政支出结构的偏向。平新乔和白洁（2006）认为财政分权下的财政竞争不仅影响了公共服务结构，还影响了公共财政支出模式。傅勇和张晏（2007）认为，受GDP锦标赛和官员晋升制度影响，地方政府的公共财政支出结构存在明显偏向。傅勇（2010）构建了分权竞争与公共财政支出结构扭曲的理论模型，认为增长而竞争是公共财政支出结构偏向的根源，重人头税的税收结构偏向加剧了公共财政支出结构偏向。李永友和沈坤荣（2008）基于1995年、2005年的截面数据样本检验财政决策的策略性特征，认为东部和中部区域税收决策具有策略性特征，经济建设支出存在收敛特征，而社会保障支出呈现出发散特征。郑磊（2008）认为GDP考核机制导致了地方政府间的标尺竞争，叠加财政分权因素，地方政府的教育支出占比显著下降。李涛和周业安（2008）基于1994～2005年间的中国省际面板数据，研究发现科教文卫类财政支出的增加或促进经济增长，而基建、行政管理支出的增加会抑制经济增长。郭庆旺和贾瑞雪（2009）基于空间计量模型研究发现，受财政竞争影响，1986～2006年间地方政府的财政支出间存在显著的策略互动。王美今等（2010）通过有交互效应的空间面板数据模型研究发现，地方政府在基建支出和科教文卫支出上存在策略互动行为，但中央政府科教文卫方面的财政支出对地方政府影响不大。

2. 地方政府行为与公共财政支出结构偏向关系

以钱颖一、温格斯特为代表的经济学家开始从信息经济学的框架下考虑财政分权问题，从非对称信息入手将激励相容、机制设计等方法纳入财政理论研究中来。贝利（Bailey，1999）提出了四种地方政府公共财政支出相关的行为模型，即仁慈暴君模型、财政交换模型、财政转换模型和利维坦模型。

国内学者也开始从地方政府行为入手，研究公共财政支出结构偏向。傅勇和张晏（2007）在财政分权背景下研究地方政府公共财政支出结构偏向的根源，认为官员晋升压力导致了地方政府“重经济建设、轻公共服务”的扭曲式财政支出结构，且该扭曲结构不会随着经济增长而自动纠正，除非政府改变激励结构。李婉（2007）同样认为GDP考核机制下的上下级任免关系是地方政府偏向经济建设、忽视科教文卫支出的主要原因，转变官员考核方式，例如“用脚投票”，可能会有助于纠正地方政府的经济偏向行为。朱红琼（2007）认为地方政府的政策目标由追求社会合意转向中央合意，是财政支出结构偏向的根源，并实证检验出财政支出结构偏向的存在性。龚锋和卢洪友（2009）基于1999～2005年间的省际面板数据研究发现，公共服务满意度不能成为官员晋升的依据，并会对地方政府的财政决策行为产生负激励，在资源有限情况下，带来了公共财政支出结构的经济偏向。尹恒和朱虹（2011）基于县级数据样本进一步确认了政府以GDP为目标带来了公共财政支出结构的偏向。

国内外学者对公共财政支出结构及其偏向的研究相当丰富且普遍认为，公共财政支出结构受经济发展、政府职能、预算制定、政治体制与监督体制等因素的共同影响。由于经济发展水平的不同，经济社会环境发生改变，政府的政策目标也存在差异，这就会导致财政支出结构的偏向。受分权竞争和地方政府行为的影响，中国公共财政支出结构已出现明显经济偏向、城市偏向和政府偏向，且这一偏向不会在经济发展进程中自我纠正。

目前，有关公共财政支出结构的研究主要存在三方面问题：第一，对公共财政支出结构优化方向的判定过于宽泛，同一项公共财政支出在不同政策目标下的效果不同。以基础设施投资为例，不同类型基础设施投资在经济目标和功能性目标上的效果差异较大，在有限的公共资源下，基础设施投资决策需要细化分析，不仅要规模适度，还要考虑结构优化。第二，对公共财政支出的绿色属性关注不足，公共财政支出不仅要关注资源优化配置、收入分配均等化、经济持续发展等政策目标，还需要重点关注环境保护问题，尤其是在环境污染日益严重的中国，绿色财政支出结构的优化配置迫切需要进行进一步研究。第三，公共财政支出结构的研究多为静态分析或稳态上的比较静态分析，这并不能刻画出公共财政支出结构随着经济社会环境而变化，因此基于此得出的政策建议严重脱离中国实际。

3.4 本章小结

公共财政支出结构是财政支出中各项支出占比的关系，反映了政府在一定时期的政策偏好。在经济发展的不同阶段，经济社会环境变化较大，政府需要不断优化公共财政支出结构，以提高财政支出的配置效率。本章从公共财政支出结构的基本理论出发，研究公共财政支出结构在经济发展不同阶段中的演进规律，并深入分析中国公共财政支出结构的历史变迁和当前现状；结合发达国家公共财政支出结构变迁的历史经验和研究现状，来探讨中国公共财政支出结构的优化方向。通过本章研究可得出以下几点结论。

第一，经济发展不同阶段中公共财政支出结构的演进规律可以总结为：随着经济增长水平的不断提升，经济类财政支出占比逐步降低，公共服务类财政支出占比逐步提高；用于再分配的转移支出占比取决于政府的政策目标，一般而言，在经济发展的成熟阶段提升较快。

第二，公共财政支出结构变迁受经济发展的阶段性政策目标影响，具有明显的动态特征。公财政支出结构的优化需要从动态路径上分析，根源在于某一时间点上公共财政支出结构的有效性难以判断，静态合理性不代表动态路径上的最优。因此，有关公共财政支出结构的优化研究需突破过往研究的比较静态分析，重新定位公共财政支出结构，从动态优化的视角去评价公共政策选择。

第三，公共财政支出结构优化以资源合理配置为目标，通过将财政资金进行再分配来优化公共财政支出结构，以满足社会经济发展不同阶段的需求。现状研究表明中国财政支出结构存在明显的经济偏向、政府偏向和城市偏向，其中最突出的问题是经济建设类财政支出占比偏高，公共社会性的财政支出占比不足。因此，中国公共财政支出结构的优化方向是将公共财政支出的重点逐步由经济建设支出转向公共服务支出，增加教育、科研、环保等公共财政支出，优化公共服务支出的内部结构，发挥资源优化配置、收入分配均等化、经济持续发展、环境保护等主要政策职能。

第四，国内外学者对公共财政支出结构及其偏向的研究相当丰富，主要观点是：公共财政支出结构受经济发展、政府职能、预算制定、政治体制与监督体制等因素共同影响。由于经济发展水平的不同，经济社会环境发生改变，政府的政策目标也存在差异，这就会导致财政支出结构的偏向。受分权竞争和地方政府行为的影响，中国公共财政支出结构已出现明显经济偏向、城市偏向和政府偏向，且这一偏向不会在经济发展进程中进行自我纠正。

第五，当前研究存在三方面问题。首先，对公共财政支出结构优化方向的判定过于宽泛，同一项公共财政支出在不同政策目标下的效果不同。以基础设施投资为例，不同类型基础设施投资在经济目标和功能性目标上的效果差异较大，在有限的公共资源下，基础设施投资决策需要细化分析，不仅要规模适度，还要考虑结构优化。然后，对公共财政支出的绿色属性关注不足，公共财政支出不仅要关注资源优化配置、收入分配均等化、经济持续发展等政策目标，还需要重点关注环境保护问题，尤其是在环境污染日益严重的中国，绿色财政支出结构的优化配置迫切需要进行进一步研究。最后，公共财政支出结构的研究多为静态分析或稳态上的比较静态分析，这并不能刻画出公共财政支出结构随着经济社会环境而变化，因此基于此得出的政策建议严重脱离中国实际。

第 4 章　经济发展进程中的基础设施投资结构变迁

在经济发展进程的不同阶段，经济增长的驱动力不同。波特（Porter，1990）认为，一国的经济发展需要经历要素驱动、投资驱动、创新驱动和财富驱动四个阶段，同时，如果一个国家长期停留在投资驱动阶段，该经济体将难以提高生产效率，并难以形成具有国际竞争力的产业。卢宁等（2010）表明中国经济发展已走向模仿创新向自主创新转变的关键时期。中国处于经济增长速度换挡期、结构调整阵痛期、前期刺激政策消化期，构建创新型国家、实现自主创新转变是突破“三期叠加”的经济困境、实现“稳增速”和“调结构”双重目标的核心环节。

1998 年亚洲金融危机后，中国政府为扭转经济下滑和通货紧缩，实施了刺激内需的基础设施投资政策，促进了经济快速发展。2008 年全球经济危机后，中国再次实施以基础设施为主的投资计划，但这一轮大规模基础设施投资的收益十分有限。造成这一现象的根源在于过度投资扭曲了基础设施与生产设施间的配置结构，降低了资源配置效率，迫使潜在 GDP 损失提高。然而，基础设施投资不仅是一项投资，而且还会对经济行为产生诸如“溢出效应”和“网络效应”的正外部性。如何避免过于追求基础设施投资的短期逆周期效果而获取经济长期效益的行为，是当前研究的重点所在。

基础设施投资的研究目前过多关注经济目标和福利目标，而忽略了其功能性目标。自主创新演变是中国经济实现创新驱动转型的根本，也是基础设施投资的功能性目标之一。如何变迁基础设施投资结构以实现基础设施投资的创新演变目标是本章的研究重点之一。此外，现有研究鲜有关注不同经济增长阶段下基础设施投资在经济目标和创新目标下的政策效果差异，但这些政策效果差异恰是发展中国家在增长路径上优化政策设计的主要依据。结合中国国情，研究经济发展进程不同阶段下的基础设施投资结构变迁对经济增长和创新演变的动态影响是本章的另一个研究重点。

因此，本章在两阶段 OLG 模型基础上，增加了模仿创新部门和自主创新部门，同时考虑了基础设施投资的外部性和模仿创新知识积累的“知识溢出效应”，构建了包含经济发展进程与基础设施投资结构变迁的理论模型，并在经济发展进程的不同阶段下研究基础设施投资结构变迁与经济增长和自主创新的动态作用机制。最后，本章基于省际面板数据分析经济发展进程不同阶段的基础设施投资结构对经济增长和自主创新的影响及变动情况，以进一步明确中国基础设施投资结构改革的方向。

4.1　基础设施投资与经济增长

自阿斯肖尔（Aschauer，1989）开创性地发现基础设施显著提升了经济增长和生产效率后，经济学家就开始围绕基础设施投资的作用机制和政策效果等问题展开了深入研究。基于不同假设的经济增长理论对基础设施的关注点有所差异，总的来看，学者们主要从经济目标和福利目标分析基础设施投资的政策效果。从经济目标来看，刘生龙和胡鞍钢（2010）、王洋和吴斌珍（2014）认为基础设施投资作为一种投资，能在短期内直接促进经济增长；世界银行（World Bank，1994）、赫尔滕等（Hulten et al.，2006）认为经济性基础设施具有规模效应和网络效应，有助于提高要素生产率和交易效率，并引导发达地区对落后地区经济增长的溢出效应；阿雷肯和哈里森（Arrken and Harrison，1999）、刘生龙和胡鞍钢（2010）认为基础设施的发展有助于促进人力资本集聚和 FDI 引进，继而对经济增长产生溢出效应；特里亚斯和马姆尼斯（Demetriades and Mamuneas，2000）、雷尼卡和斯文松（Reinikka and Svensson，2002）、莫雷诺等（Moreno et al.，2003）认为从成本函数入手，基础设施服务有助于企业有形资本的形成，降低故障发生率，减少维护资本，提高使用效率，降低企业运营成本。从福利目标来看，李泊溪和刘德顺（1995）、布伦内曼和柯夫（Brenneman and Kerf，2002）、莱比锡等（Leipziger et al.，2003）、萨吉尔等（Saghir et al.，2005）、王小鲁与樊纲（2005）、郭劲光与高静美（2009）等认为基础设施是影响社会福利及居民生活质量的重要因素，基础设施质量的提升有助于改善居民的健康状况和教育质量，提高居民福利，消除贫困，且基础设施发展有助于降低相邻地区交易成本，缩小地区差异。不难发现，现有研究多关注于基础设施的经济目标和福利目标，而忽略了其他功能性目标。史和黄（Shi and Huang，2014）表明，2008 年，在全球经济下滑的背景下，受人口红利耗尽和资本边际收益下降等因素影响，中国一般性基础设施投资已然过度。在新常态时期，一般性基础设施投资的短期逆周期调节效果不佳，政府应转变基础设施投资结构，发挥不同类型基础设施投资的功能性效果，以推动经济长期可持续发展。此外，基础设施投资结构的变迁需明晰不同类型基础设施投资在经济目标和功能性目标上的效果差异，但现有研究对此少有关注。

基础设施投资的功能性目标实现需要区分不同类型基础设施在促进经济增长的作用方式和影响程度上的差异。格拉姆利克（Gramlich，1994）表明正确区分能源类基础设施、交通运输类基础设施等硬基础设施和教育医疗、科技研发、国防等软基础设施对宏观经济影响机理的差异性十分重要。斯蒂罗（Stiroh，2002）、贝哈鲍比和施皮格尔（Benhabib and Spiegel，2005）、戴尔等（Dale et al.，2007）学者认为宽带互联网类信息技术相关的基础设施投入降低了信息扩散的成本，提高了知识传播速率和劳动力的受教育水平，加快了新技术引入进程，继而刺激了经济增长。卡斯蒂廖内（Castiglione，2008）从信息技术的作用领域表明信息技术类基础设施会从生产效应、资本深化效应和 TFP 效应三种渠道影响经济增长。丁和海恩斯（Ding and Haynes，2006）、罗雨泽等（2008）、陈亮等（2011）等研究了电信基础设施在地区经济增长中的作用，且电信投资对经济增长的边际贡献为2.376%，高于其他社会性基础设施投资。何仲等（2013）研究了宽带基础设施对经济增长的影响，发现宽带渗透率每提高10%，国民经济将提升0.424%。荆林波等（2013）表明 ICT 基础设施对经济增长具有战略性作用，但完全由市场提供 ICT 基础设施并不能实现效率最优化，还需要依靠政府的财政补贴来校正扭曲，优化资源配置效率。

基础设施对经济增长的影响不仅体现在数量上，还体现在结构上。尽管经过了40年的快速发展，中国基础设施在数量和质量上有了较大改善，但基础设施内部结构失衡问题依然突出。现有文献对基础设施投资结构的研究主要强调经济性基础设施和社会性基础设施间的配置结构、配套项目选择结构、新建项目和维修保养间协调问题、地域结构对经济增长的影响（Hulten，1996）；凯默林和史蒂芬（Kemmerling and Stephan，2002）；卡莱齐达基和卡雷维炎（Kalaitzidakis and Kalyvitis，2004）；罗普和德哈恩（Romp and Haan，2007）；陈诗一和张军，2008）。然而，鲜有研究关注基础设施投资类型转变对投资驱动型经济增长向创新驱动型经济增长转变的影响。

自主创新和模仿创新是后发国家技术进步的两大途径。相对于自主创新，模仿创新是经济全球化下发展中国家提高技术创新水平的重要途径。罗默（Romer，

1990)、科埃等（Coe et al.，1995)、王红领等（2006）学者研究发现 FDI、进口贸易有助于东道国的模仿创新，但不利于自主创新，随着模仿创新知识存量的积累，技术溢出效应出现，东道国的自主创新水平略有提高。阿雷肯和哈里森（1999)、刘生龙和胡鞍钢（2010）等认为一般性基础设施投资有助于促进人力资本集聚和 FDI 引进。因此，一般性基础设施投资会对模仿创新产生正外部性。波特（1990)、罗默（1990)、弗曼等（Furman et al.，2002）认为科技型基础设施、微观创新环境、产业集群与科技型基础设施间联系是国家创新理论的三个组成部分。切尔尼霍夫等（Czernich et al.，2011)、欧尔顿（Oulton，2012)、卡多纳等（Cardona et al.，2013）认为，如 ICT 类的科技型基础设施投资有助于自主创新。阿革诺耳和阿尔帕斯兰（Agenor and Alpaslan，2014）认为一般性基础设施仅影响模仿创新，而科技型基础设施会影响自主创新，但模仿创新部门知识存量存在知识溢出效应。洛伦奇克和莫尼克（Lorenczik and Monique，2012)、阿革诺耳和丁（Agenor and Dinh，2013）也表明模仿创新是自主创新的垫脚石，具有知识溢出效应。自主创新演变是基础设施投资的功能性目标，在当前中国经济向创新驱动转型的过程中，如何优化基础设施投资结构以实现中国经济自主创新演变显得格外重要，但国内文献少有涉及。同时，现有研究忽略了经济发展进程的不同阶段下，不同类型的基础设施投资政策效果所存在的差异。例如，中国在 1998 年和 2008 年的两次大规模基础设施投资的经济效果截然不同。在有限的公共资源下，基础设施投资决策需要细化分析，不仅要规模适度，还要考虑结构优化。如何依据不同经济发展阶段下各种基础设施投资在经济目标和功能性目标上的效果差异来实施基础设施投资结构变迁是本章研究的主要问题。

4.2　经济发展进程与基础设施投资结构变迁的理论模型构建

阿革诺耳和阿尔帕斯兰（2014）在对基础设施投资与工业发展关系的研究中有两个假设过强：其一，国外技术始终领先于国内，且国外技术的增长率恒定不变；其二，两类创新部门的创新投入和创新产出间呈线性关系。实际上，随着经济发展进程的演变，国内外技术差距也在发生变化，而技术差距的大小将直接决定一国模仿创新的可操作空间。因此，本章在阿革诺耳和阿尔帕斯兰（2014）的研究基础上，假设国内外技术差距会随着一国经济发展而缩小，且创新投入与创新产出间呈现非线性关系。与包群（2007）、阿革诺耳和阿尔帕斯兰（2014）研究的最大不同是，本章在对理论模型进行稳态均衡求解的基础上，研究经济发展进程不同阶段下的基础设施投资结构变迁对经济增长和自主创新的动态作用机制，即从经济增长路径上进行分析，而非稳态上的比较静态分析。

4.2.1 模型设定

本章在两阶段 OLG 模型基础上，借鉴包群（2007）、阿革诺耳和阿尔帕斯兰（2014）的分析框架，增加了模仿创新部门和自主创新部门，同时考虑了基础设施投资的外部性和模仿创新知识积累的“知识溢出效应”，基于内生性教育投资选择的劳动力自由转变构建了经济发展进程与基础设施投资结构变迁的理论模型。

1. 家庭决策、教育选择与劳动力自由流动

假定经济中有两代人：成年人和老年人。每代公民存活 25 年，其中公民在前 25 年参加工作，后 25 年处于退休状态，即每个公民仅在前 25 年具有一单位的时间禀赋。不同公民的能力禀赋水平不同，为了计算方便，假定公民的能力禀赋水平 a 服从均匀分布。每个公民在工作之初需要根据自身能力水平决定是否投入时间和金钱接受教育，而公民的教育选择将决定其以何种类型的劳动力进入市场。由于市场不能完全识别公民的能力禀赋水平，因此市场会根据公民接受教育的情况来判断公民的劳动力类型。不同部门公民的工资水平与其能力禀赋水平无关。模仿创新部门雇佣模仿型劳动力，支付工资 w_t^I；自主创新部门雇佣研发型劳动力，支付工资 w_t^R。公众会根据两部门间的相对工资差异来调节其教育选择行为，继而实现两部门间的劳动力自由流动。

公众会在 t 期壮年期最大化其终身效用，即：

$$\max U_t^h = \ln C_t^{t,h} + \frac{\ln C_{t+1}^{t,h}}{1+\rho} \tag{4.1}$$

公众在 t 期面临的预算约束具体形式如下：

$$C_t^{t,I} + S_t^I = (1-\tau) w_t^I \tag{4.2}$$

$$C_t^{t,R} + S_t^R = (1-\tau)[(1-\varepsilon) w_t^R - tc_t] \tag{4.3}$$

$$C_{t+1}^{t,h} = (1+r_{t+1}) S_t^h \tag{4.4}$$

其中，h = I，R，ρ 是折现因子，$C_{t+j}^{t,h}$ 表示 t 期出生的 h 型劳动力在 t + j 期消费，j = 0，1，r_t 表示 t 期投资回报率，w_t^h 表示 h 型劳动力在 t 期的工资报酬，η_c 表示公众对当前消费的偏好程度，ε 表示研发型劳动力接受教育所花费的时间成

本，τ 表示政府对劳动力工资报酬征收的所得税税率，tc_t 表示公众接受教育花费的教育成本。

通过对上述效用最大化问题求解可得：

$$S_t^I = \frac{(1-\tau)w_t^I}{2+\rho} \tag{4.5}$$

$$S_t^R = \frac{(1-\tau)\left(1-\varepsilon-\frac{\mu}{a}\right)w_t^R}{2+\rho} \tag{4.6}$$

公众接受教育还需花费教育成本，教育成本 tc_t 与研发型劳动力的工资水平 w_t^R 和能力禀赋水平 a 相关，具体形式为 $tc_t = \frac{\mu w_t^R}{a}$，其中 $\mu \in (0,\ 1)$。为避免角点解，本章假定能力禀赋水平在 0 到 a_L 间的公众不会选择接受教育。对于能力禀赋水平 $a \in (a_L,\ 1)$ 的公众来说，如果选择不接受教育直接进入劳动力市场，其可获得的实际报酬为 w_t^I；如果选择接受教育后再进入劳动力市场，其可获得的实际报酬为 $(1-\varepsilon)w_t^R - tc_t$。因此，能力禀赋水平 $a \in (a_L,\ 1)$ 的公众选择接受教育成为研发型劳动力的条件为：$(1-\varepsilon)w_t^R - tc_t \geqslant w_t^I$，故公众选择接受教育的最低能力禀赋水平为 $a_t^C = \frac{\mu}{(1-\varepsilon)-\frac{w_t^I}{w_t^R}}$，即任何能力禀赋水平高于 a_t^C 的公众都会选择接受教育成为研发型劳动力。不难发现，最低能力禀赋水平 a_t^C 取决于两类劳动力的相对工资比$\frac{w_t^I}{w_t^R}$，$\frac{w_t^I}{w_t^R}$越高，a_t^C 越高，这表明愿意接受教育成为研发型劳动力的公众在减少。可见，随着两类劳动力相对工资水平的变化，劳动力通过教育选择实现了在两个部门间的自由流动。

因此，模仿型劳动力的供给量为 $N_t^I = N_t\int_0^{a_t^C} f(a)\,da = a_t^C N_t$，研发型劳动力的供给量为 $N_t^I = N_t\int_{a_t^C}^1 f(a)\,da = (1\ \ a_t^C)N_t$。

2. 最终产品生产与基础设施投资的生产外部性

最终产品部门生产 Y_t 需使用私人资本 K_t^P、一般性基础设施投资 K_t^B 和中间投入品 X_t，而中间投入品 X_t 是由模仿型中间投入品 $x_{i,t}^I$ 和研发型中间投入品 $x_{i,t}^R$ 加总所得。参考包群（2007），本章将中间投入品 X_t 的形式设置如下：

$$X_t = \left[\int_0^{M_t^I}(x_{i,t}^I)^\eta di\right]^{\nu/\eta}\left[\int_0^{M_t^R}(x_{i,t}^R)^\eta di\right]^{(1-\nu)/\eta} \tag{4.7}$$

其中，M_t^I 是模仿型中间投入品类型数，M_t^R 是研发型中间投入品类型数，$v\in(0, 1)$ 是为了确保中间投入品的形成过程是规模报酬不变的。

最终产品 Y_t 的生产函数形式如下：

$$Y_t=(K_t^B)^{\omega}(K_t^P)^{\alpha}(X_t)^{\beta} \tag{4.8}$$

其中，α，$\beta\in(0, 1)$，$\alpha+\beta=1$，$\omega>0$，K_t^P 表示企业私人资本存量，X_t 表示中间投入品，K_t^B 表示一般性基础设施投资形成的公共资本存量。需要注意的是，政府投资的社会资本对最终产品生产具有正的生产外部性。

因此，企业生产的利润最大化问题为：

$$\max\Pi_t^Y = Y_t - \int_0^{M_t^I} P_{i,t}^I x_{i,t}^I di - \int_0^{M_t^R} P_{i,t}^R x_{i,t}^R di - r_t K_t^P \tag{4.9}$$

其中，$P_{i,t}^I$ 和 $P_{i,t}^R$ 分别表示模仿型中间投入品 $x_{i,t}^I$ 和研发型中间投入品 $x_{i,t}^R$ 的价格，最终产品的价格看作为1。

通过对上述问题最优化求解可得：

$$r_t=\alpha\frac{Y_t}{K_t^P} \tag{4.10}$$

$$x_{i,t}^j=\left(\frac{\beta v^j z_t^j}{P_{i,t}^j}\right)^{\frac{1}{1-\eta}} \quad \forall i=1, \cdots, M_t^j \tag{4.11}$$

$$z_t^j = \frac{Y_t}{\int_0^{M_t^j}(x_{i,t}^j)^{\eta}di} \tag{4.12}$$

其中，$j=I, R$，$v^I=v$，$v^R=1-v$。

考虑到对称性均衡，$x_{i,t}^j=x_t^j \quad \forall i$，$\int_0^{M_t^j}(x_{i,t}^j)^{\eta}di = (x_t^j)^{\eta}M_t^j$。

式（4.9）是资本回报率形成方程，式（4.10）是中间投入品的需求方程。

3. 中间投入品生产与专利价格形成

中间投入品生产部门有两类：依赖模仿创新部门研发的设计蓝图进行生产的模仿型中间投入品生产商、依赖自主创新部门研发的设计蓝图进行生产的研发型中间投入品生产商。同时，遵循罗默（1990）的观点，本章假定每一个中间投入品生产均需要消耗一单位的最终产品，即生产函数是线性的，$x_t^j=Y_t$。由于中间投入品生产商需要向创新部门购买设计专利，故假定中间投入品生产商具有垄断力量，但仅存活一期。在给定中间投入品需求时，中间投入品生产商需要选择价格来最大化其利润。因此，中间投入品的利润最大化问题为：

$$\max\Pi_t^j = (P_t^j-1)x_t^j = (P_t^j-1)\left[\frac{\beta v^j Y_t}{P_t^j M_t^j (x_t^j)^{\eta}}\right]^{\frac{1}{1-\eta}} j = I, R \tag{4.13}$$

通过对上述问题最优化求解可得：

$$P_t^j = P_{i,t}^j = \frac{1}{\eta} \quad \forall i = 1,\ \cdots,\ M_t^j \quad j = I,\ R \tag{4.14}$$

将式（4.14）代入式（4.11），可知：

$$x_t^j = \beta \eta v^j \frac{Y_t}{M_t^j} \quad j = I,\ R \tag{4.15}$$

代入式（4.13），可知中间投入品生产商的利润为：

$$\Pi_t^j = (1 - \eta) \beta v^j \frac{Y_t}{M_t^j} \quad j = I,\ R \quad v^I = v,\ v^R = 1 - v \tag{4.16}$$

由于中间投入品生产商仅存活一期，每期期初创新部门会将专利随机拍卖给中间投入品生产商，只要中间投入品生产所获利润高于专利价格，中间投入品生产商就会提高其专利拍卖价格，直至均衡。因此，专利价格为：

$$Q_t^j = \Pi_t^j \quad j = I,\ R \tag{4.17}$$

4. 创新部门、基础设施投资的研发外部性与“知识溢出效应”

创新部门包含模仿创新部门和自主创新部门。模仿创新部门雇佣模仿型劳动力 N_t^I 模仿并复制国外研发的新设计，但模仿创新部门在某一时刻可以模仿并复制的新设计数量受制于国外新设计的研发速率；自主创新部门通过雇佣研发型劳动力 N_t^R 研发新设计。模仿创新和自主创新过程中会产生两类知识：第一类是中间投入品生产商购买专利进行生产过程中所获得的私人知识；第二类是模仿创新和自主创新过程中形成的公共知识。阿革诺耳和丁（2013）表明，模仿创新部门在模仿和复制国外设计过程中形成的知识存在外溢效应，有助于提高模仿创新部门和自主创新部门的生产率。

不同类型基础设施投资对生产活动的影响存在差异，阿革诺耳和阿尔帕斯兰（2014）认为一般性基础设施投资（例如交通建设基础设施投资、城市建设基础设施投资等）对最终产品生产活动和模仿创新活动具有正外部性；而科技型基础设施投资（例如信息电网等信息技术类基础设施投资、科技研发类基础设施投资）对自主创新活动具有正外部性。基于此，参考阿革诺耳和丁（2013）、阿革诺耳和阿尔帕斯兰（2014）的研究，本章在模仿创新部门和自主研发部门中设定了不同类型基础设施投资的差异化效果。

（1）模仿创新部门。在模仿创新部门，类似于包群（2007）的研究，本章不仅考虑了国内外研发水平差异对模仿创新的影响，还强调了模仿型劳动力投入对提高外国技术吸收能力的作用。与阿革诺耳和阿尔帕斯兰（2014）的研究不同的是，本章借鉴包群（2007）的研究，假定模仿创新产出与劳动力投入间存在非线性关系。因此，模仿创新部门新设计的研发函数为：

$$M_{t+1}^{I}-M_{t}^{I}=A_{t}^{I}(N_{t}^{I})^{o_I}\left(\varphi\frac{M_{t}^{*}}{M_{t}^{I}}\right)^{\kappa_I} \tag{4.18}$$

其中，A_t^I 为模仿创新部门的研发生产率，M_t^I 为 t 期模仿创新部门已有的设计存量，M_t^* 为 t 期国外（技术领先国）的已有新设计存量，N_t^I 为模仿型劳动力雇佣量，o_I 是模仿型劳动力投入的设计产出弹性，$\kappa_I\in(0,1)$ 为技术参数，表示国外新设计研发增长率对本国模仿创新的边际收益递减。$\left(\varphi\frac{M_t^*}{M_t^I}\right)^{\kappa_I}$ 表示模仿创新部门对国外领先技术的模仿学习获得的技术外溢效应，其中 φ 表示本国对国外领先技术的吸收能力，$\frac{M_t^*}{M_t^I}$ 表示本国与技术领先国之间的技术差距，即技术差距越大，技术外溢效应越强。

罗默（1990）表明，新设计会对未来的模仿创新活动带来正外部性。模仿创新部门的研发生产率取决于模仿创新部门的知识存量和一般性基础设施水平 K_t^B，而模仿创新部门的知识积累量可用模仿创新部门的设计存量 M_t^I 来刻画，其具体形式为：

$$A_{t}^{I}=(K_{t}^{B})^{\varphi_1^I}M_{t}^{I} \tag{4.19}$$

因此，模仿创新部门的利润最大化问题为：

$$\max\Pi_{t}^{I}=Q_{t}^{I}(M_{t+1}^{I}-M_{t}^{I})-w_{t}^{I}N_{t}^{I} \tag{4.20}$$

通过对上述问题最优化求解可得：

$$w_{t}^{I}=Q_{t}^{I}A_{t}^{I}(N_{t}^{I})^{o_I-1}\left(\varphi\frac{M_{t}^{*}}{M_{t}^{I}}\right)^{\kappa_I} \tag{4.21}$$

式（4.21）为模仿型劳动力的工资决定函数。

（2）自主创新部门。在自主创新部门，类似于罗默（1990）的研究，本章假设自主创新部门新设计取决于研发型劳动力投入和国内已有专利知识的存量。同样，本章同样借鉴琼斯（1995）、包群（2007）的研究，假设研发型劳动力投入与新设计产出间呈现非线性关系。因此，自主创新部门新设计的研发函数为：

$$M_{t+1}^{R}-M_{t}^{R}=A_{t}^{R}((1-\varepsilon)N_{t}^{R})^{o_R} \tag{4.22}$$

其中，A_t^R 为自主创新部门的研发生产率，M_t^R 为 t 期自主创新部门的设计存量，N_t^R 为研发型劳动力雇佣量，o_R 是研发型劳动力投入的设计产出弹性。

借鉴阿革诺耳和阿尔帕斯兰（2014）的研究，本章假定自主创新部门的研发生产率取决于经济中模仿创新部门的知识积累量 M_t^I、自主创新部门的知识积累

量 M_t^R 和科技型基础设施水平 K_t^T，但模仿创新部门的知识积累量不能完全被自主创新部门使用，使用程度取决于其对模仿创新部门知识的吸收程度 ϕ_2^R，其具体形式为：

$$A_t^R = (K_t^T)^{\phi_1^R}(M_t^R + \phi_2^R M_t^I) \tag{4.23}$$

因此，自主创新部门的利润最大化问题为：

$$\max \Pi_t^R = Q_t^R(M_{t+1}^R - M_t^R) - w_t^R(1-\varepsilon)N_t^R \tag{4.24}$$

通过对上述问题最优化求解可得：

$$w_t^R = Q_t^R A_t^R((1-\varepsilon)N_t^R)^{\sigma_R - 1} \tag{4.25}$$

式（4.25）为研发型劳动力的工资决定函数。

5. 政府部门与基础设施投资结构

政府对公众的工资报酬征收所得税，税率为 τ_t，并将其税收用于不同类型的基础设施投资，其中 G_t^B 用于一般性基础设施投资、G_t^T 用于科技型基础设施投资、G_t^C 用于教育医疗等社会保障性基础设施投资，因此，政府的预算约束方程为：

$$G_t = \sum_i G_t^i = \tau_t[w_t^I N_t^I + ((1-\varepsilon)w_t^R - tc_t)N_t^R] \tag{4.26}$$

$$G_t^i = \lambda_i \tau_t[w_t^I N_t^I + ((1-\varepsilon)w_t^R - tc_t)N_t^R] \tag{4.27}$$

其中，$\lambda_i \in (0,1)$，$\sum_i \lambda_i = 1$，$i = B, T, C$。

假设公共资本在每一期完全折旧，则公共资本的形成方程为

$$K_{t+1}^i = \varphi_i G_t^i \quad i = B, T, C \tag{4.28}$$

其中 $\varphi_i \in (0,1)$ 为效率参数，衡量基础设施投资利用率情况。

6. 市场出清条件

$$K_{t+1}^P = N_t^I S_t^I + N_t^R S_t^R \tag{4.29}$$

$$C_t = N_t^I(C_t^{t,I} + C_t^{t-1,I}) + N_t^R(C_t^{t,R} + C_t^{t-1,R}) \tag{4.30}$$

式（4.29）是资本市场出清条件，式（4.30）是消费品汇总条件。

4.2.2　参数校准

在上述理论模型的基础上，本章结合中国经济增长和自主创新的典型特征数据进行参数校准，分析中国经济所处的阶段，明晰经济发展进程与基础设施投资结构变迁的动态关系。如无特别说明，本章所采用的数据均来自《中国统计年鉴》《中国科技统计年鉴》和《中宏年度数据库》。

一年期存款基准利率为0.025，理论模型中一期就是25年，则代际贴现率为

$\rho=1.0251^{25}-1=0.8539$，代际折现因子为0.5394。马光荣和周广肃（2014）基于CFPS数据研究得出中国家庭的私人储蓄率约为0.2，故本章假定家庭储蓄倾向为$\sigma=0.2$。以本科四年教育作为模仿型劳动力向研发型劳动力转变所需接受教育的时间，则$\varepsilon=0.16$。中国当前大学四年的教育成本约为5.5万元，2014年中国职工平均货币工资为5.63万元，故模仿型劳动力向研发型劳动力转变所需接受教育的成本约为一年的工资，故$\mu=0.04$。

参考刘生龙和胡鞍钢（2010），本章假定，在最终产品部门中，一般性基础设施的产出弹性为$\omega=0.17$，私人资本的产出弹性为$\alpha=0.5$，中间投入品的产出弹性为$\beta=0.3$，则$\eta=0.6$，即中间品的替代弹性为2.5，这与陈和迈克尔（Chen and Michael，2013）基于发展中国家数据计算出的中间品替代弹性较为一致。此外，本章假定中间投入品中模仿型中间投入品所占份额为$v=0.9$。

在模仿创新部门中，参考陈和迈克尔（2013）的研究，本章假定国外新设计研发增长率对本国模仿创新影响程度为$\kappa_I=0.35$。参考包群（2007），本章假定$\frac{M_0^*}{M_0^I}$为10，并逐渐递减。一般性基础设施对模仿创新部门研发生产率的影响弹性为$\varphi_1^I=0.1$，略低于一般性基础设施在最终产品部门的产出弹性。在自主创新部门，科技型基础设施对其研发生产率影响的弹性为$\phi_1^R=0.2$，自主创新部门对模仿型知识积累量的吸收程度为$\phi_2^R=0.5$，即模仿型知识积累量的知识外溢效应为50%。

2014年调整后的个人所得税税率约为$\tau=0.19$，需要注意的是，本章仅考虑了个人所得税，故模型中的宏观税赋低于实际宏观税赋。一般性基础设施投资主要包括交通运输、工业商业金融事务等，而科技型基础设施投资主要包括科学技术相关投资，根据2014年国家财政支出项目数据计算，一般性基础设施投资占税收收入的比重为$\lambda_B=24.5\%$，科技型基础设施投资占税收收入的比重为$\lambda_T=3.46\%$。参考荆林波等（2013）和达布拉－诺里斯等（Dabla－Norris et al.，2012）的研究，本章假定一般性基础设施投资利用率为$\varphi_B=0.4$，科技型基础设施投资利用率为$\varphi_T=0.6$。

为了深入研究经济发展进程与基础设施投资结构变迁间的动态关系，本章以改革开放初期中国自主创新情况为初始值，通过计算可得，1978年中国技术对外依存度为0.9。模仿创新型产品与私人资本的比值为1.528，自主创新型产品与私人资本的比值为0.2，模仿依赖指数$m=\frac{m_I}{m_I+m_R}=0.8843$，与中国技术对外依存度较为接近。因此，本章用 $m_{I,1}=1.528$ 和 $m_{R,1}=0.2$ 作为初始值来模拟中国自主创新的演变路径。

4.3　基础设施投资结构变迁对经济增长与自主创新影响的理论分析

理论模型中包含三种基础设施投资：一般性基础设施投资 G_t^B、科技型基础设施投资 G_t^T、社会保障性基础设施投资 G_t^C。正确识别基础设施投资结构变迁对经济增长和自主创新的动态影响机理，可以为经济发展进程不同阶段下的政策设计提供理论基础，因此，本章将从经济增长目标和自主创新目标两个角度分析基础设施投资结构变迁的经济影响。经济增长目标用经济增长率的变化路径来衡量，自主创新目标用模仿依赖指数的变化路径来衡量。基于政策变化的可比性考虑，本章在假定税率不变的前提下分析两种不同的基础设施投资结构变迁模式的经济影响：第一种基础设施投资结构变迁模式是基于 $d\lambda_t^B+d\lambda_t^C=0$ 和 $d\lambda_t^T+d\lambda_t^C=0$ 原则，通过削减社会保障性基础设施投资 G_t^C 来增加一般性基础设施投资 G_t^B 或科技型基础设施投资 G_t^T；第二种基础设施投资结构变迁模式是基于 $d\lambda_t^B+d\lambda_t^T=0$ 原则通过削减一般性基础设施投资 G_t^B 来增加科技型基础设施投资 G_t^T，或通过削减科技型基础设施投资 G_t^T 来增加一般性基础设施投资 G_t^B。

4.3.1　*差异性基础设施投资水平变化的经济影响分析*

图4－1是基于 $d\lambda_t^B+d\lambda_t^C=0$ 和 $d\lambda_t^T+d\lambda_t^C=0$ 原则的差异性基础设施投资水平变化对劳动力供给决策的影响，图4－2是基于 $d\lambda_t^B+d\lambda_t^C=0$ 和 $d\lambda_t^T+d\lambda_t^C=0$ 原则的差异性基础设施投资水平变化的经济影响。当一般性基础设施投资水平增加时，模仿创新部门的研发生产率提高，模仿型劳动者的边际产出提高，模仿创新部门的劳动力需求增加，模仿型劳动者的工资水平提高。相对于创新型劳动者的初始工资水平，公众会降低其接受教育选择的意愿，并降低研发型劳动力的供给量，而劳动者的这一教育选择行为将阻碍自主创新活动。

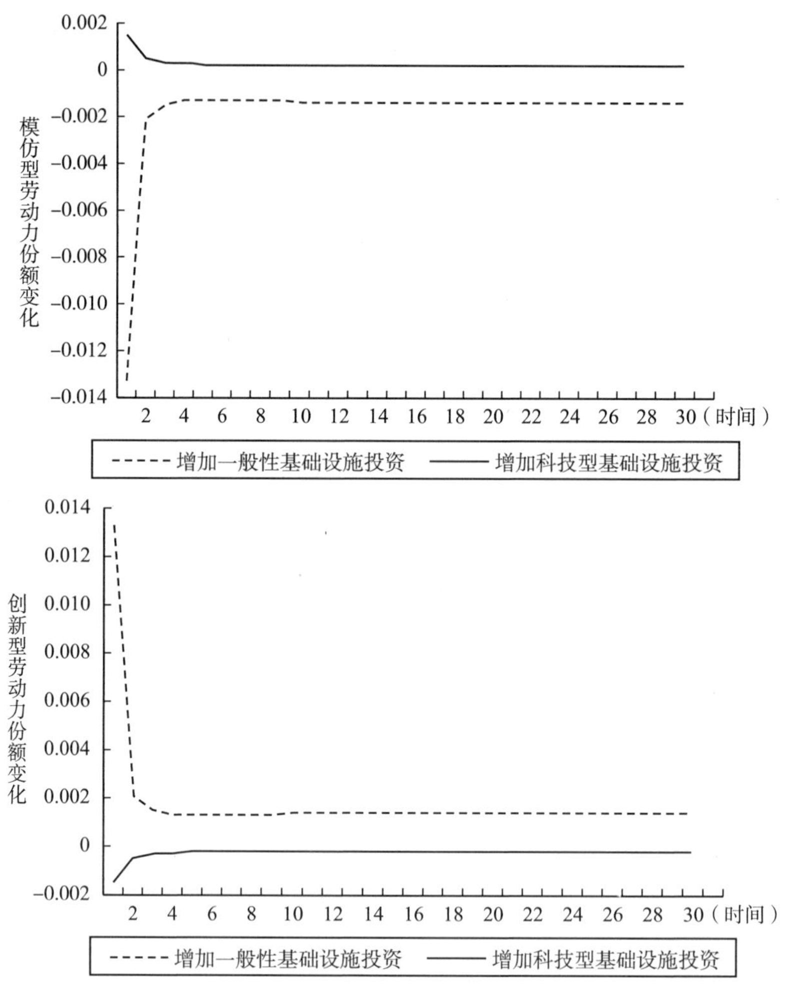

图4-1 差异性基础设施投资水平变化对劳动力供给决策的影响

注：基于 $d\lambda_t^B + d\lambda_t^C = 0$ 和 $d\lambda_t^T + d\lambda_t^C = 0$ 原则。

与此同时，一般性基础设施投资的增加为最终产品生产带来了正外部性，有利于促进经济增长率的提高。随着模仿创新部门的发展，模仿创新知识积累量增加，受“知识溢出效应”影响，自主创新部门的创新效率提高，研发型劳动力的边际产出增加，研发型劳动力的工资水平提高，两种劳动力的相对工资比降低，劳动者接受教育选择的意愿增加，模仿型劳动力份额逐渐减少；而研发型劳动力份额逐渐增加，自主创新活动受到激励，经济增长率进一步提升，直至劳动力的边际产出效应消失。从长期来看，经济增长率增量会收敛到3.32%。因此，在经济发展初期，一般性基础设施投资有助于促进模仿创新活动，在保证经济增长率提升的同时，为经济体积累足够的知识存量，“知识溢出效应”会加大一般性基础设施投资对经济增长率的促进作用。但一般性基础设施投资的“知识溢出效应”只会在一定程度上刺激自主创新，并不能显著加速自主创新演变进程。

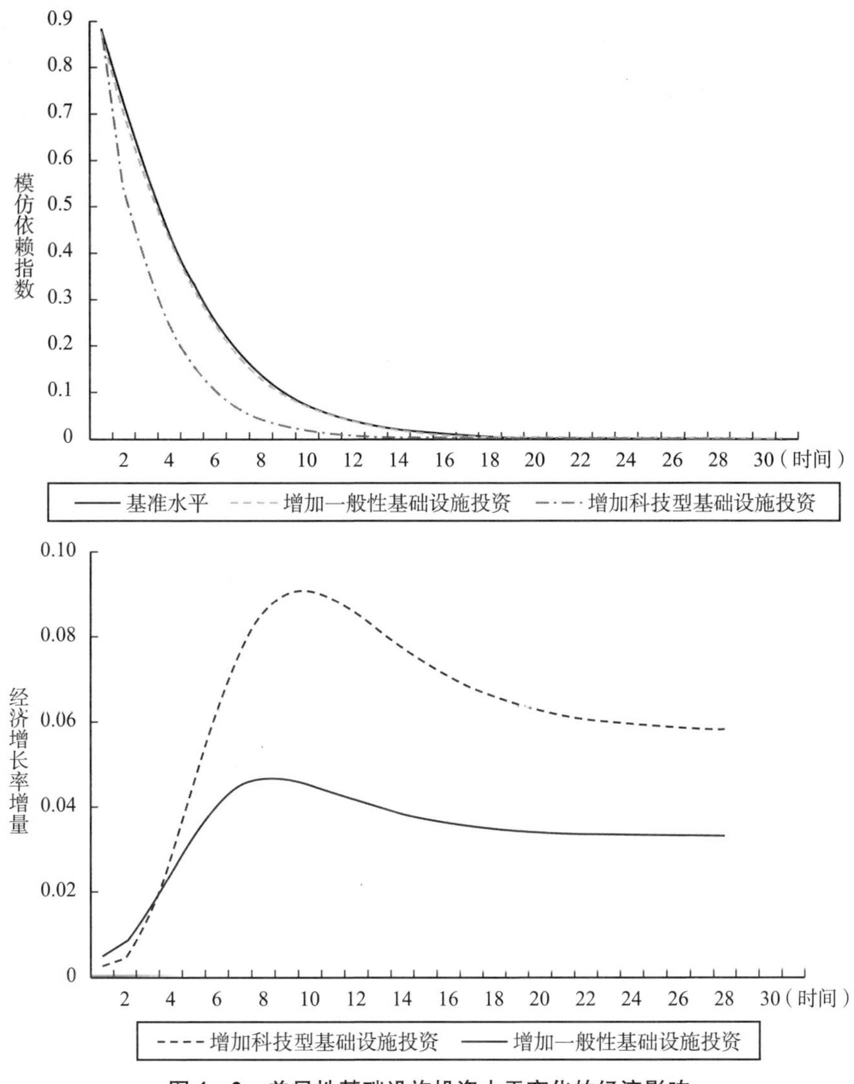

图4－2　差异性基础设施投资水平变化的经济影响

注：基于 $d\lambda_t^B + d\lambda_t^C = 0$ 和 $d\lambda_t^T + d\lambda_t^C = 0$ 原则。

科技型基础设施仅仅可以刺激自主创新活动，不能直接刺激经济增长。因此，当科技型基础设施投资水平提高时，自主创新部门的研发效率提高，研发型劳动力的边际产量增加，自主创新部门的劳动力需求增加。同时，研发型劳动力的工资提高，模仿型劳动力与研发型劳动力的相对工资比降低，劳动力接受教育选择的意愿增加，研发型劳动力的供给增加。自主创新部门的研发设计数量增加，研发型中间投入品的生产量增加，从而带来经济增长率的上升。由于科技型基础设施投资对最终产品生产没有直接影响，因此在短期科技型基础设施投资水平的提高所带来的经济增长率增量要低于一般性基础设施投资水平所带来的经济增长率增量。随后，模仿型劳动力供给量的下降会缓和相对工资比的下降，愿意接受高等教育的劳动者数量减少，这会抑制自主创新行为，刺激模仿创新行为。但是“知识的溢出效应”又进一步刺激了自主创新的转变，并带来经济增长率的持续增加。从长期来看，经济增长率增量会收敛到5.83%。因此，尽管在短期内，科技型基础设施投资带来的经济增长率增量有限，但它能够显著加快自主创新演变并带来经济增长率的持久性增加。

综上所述，一般性基础设施投资的增加可以在短期内带来经济增长率的提升，但从长期来看会抑制经济增长潜力，并不利于自主创新的演变；而科技型基础设施投资的增加尽管在短期内不利于经济增长率的提升，但从长期来看会释放经济增长潜力，并加速自主创新演变进程。政府在政策制定时需要在长短期经济目标和自主创新目标间相机抉择。因此，本章提出基础设施投资对经济增长和自主创新作用的命题1和命题2。

命题1：以一般性基础设施投资为主的基础设施投资结构在一定程度上有利于自主创新演变。同时，提高科技型基础设施投资比重会加速自主创新演变进程，而提高一般性基础设施投资比重并不会改变自主创新演变进程。

命题2：以一般性基础设施投资为主的基础设施投资结构显著地促进了经济增长。同时，提高一般性基础设施投资比重会在经济增长水平较低时激发经济增长潜力，但在经济增长水平较高时抑制经济增长潜力；而提高科技型基础设施投资比重会在经济增长水平较低时抑制经济增长潜力，在经济增长水平较高时激发经济增长潜力。

4.3.2 差异性基础设施投资结构变化的经济影响分析

图4-3是基于 $d\lambda_t^B + d\lambda_t^T = 0$ 原则的差异性基础设施投资结构变化对劳动力供给决策的影响，图4-4是基于 $d\lambda_t^B + d\lambda_t^T = 0$ 原则的差异性基础设施投资结构变化的经济影响。通过削减科技型基础设施投资来增加一般性基础设施投资对经济增长和自主创新的影响有四个渠道：第一，一般性基础设施投资增加，直接促进最终产品生产，带来经济增长率的提高；第二，一般性基础设施投资增加会提

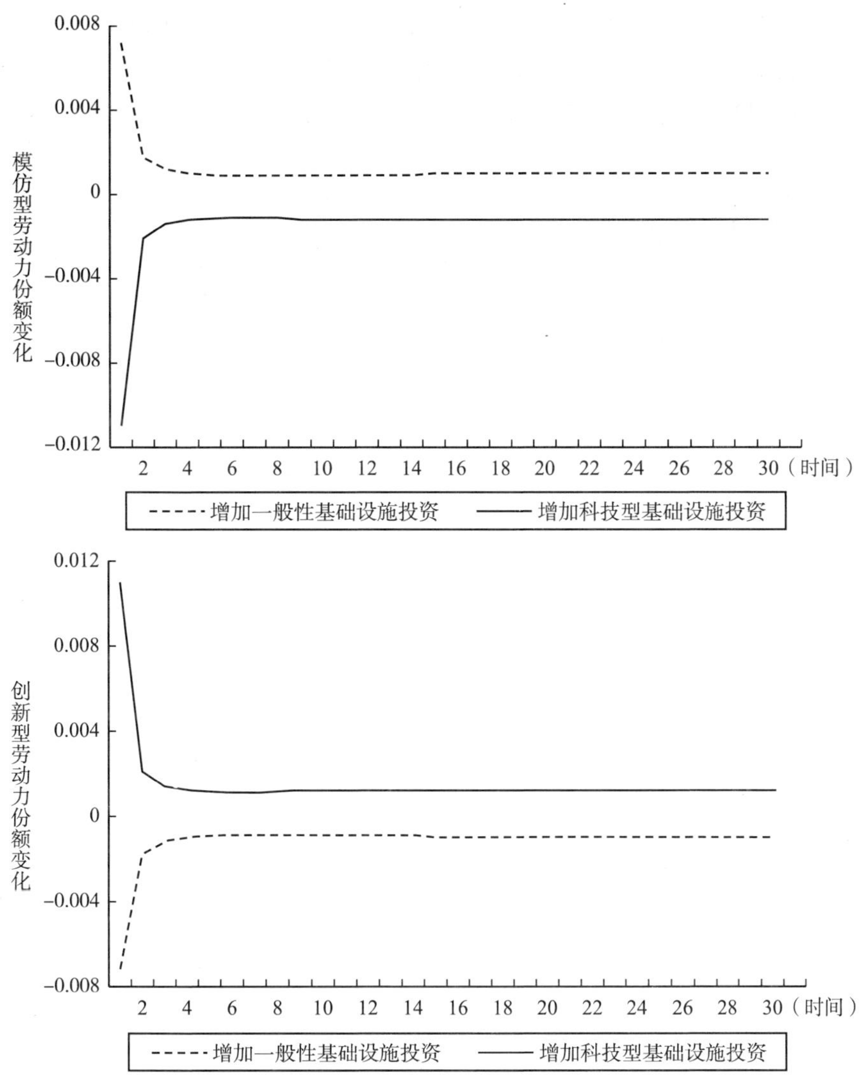

图 4－3　差异性基础设施投资结构变化对劳动力供给决策的影响

注：基于 $d\lambda_t^B + d\lambda_t^T = 0$ 原则。

高模仿创新部门的研发效率，增加模仿创新产品，增加模仿型中间投入品，提高产出水平，而“知识溢出效应”刺激自主创新部门的研发效率会加速这一进程；第三，模仿型劳动者的边际产出提高，模仿创新部门的劳动力需求增加，模仿型劳动者的工资水平提高，两种类型劳动者的相对工资比例提高，劳动者愿意接受教育选择的意愿降低，研发型劳动力供给减少，抑制自主创新活动，阻碍自主创新演变；第四，科技型基础设施投资减少，会降低自主创新部门的研发效率，抑制自主创新活动，会导致自主创新型产品减少，研发型中间投入品减少，在抑制经济增长的同时，阻碍自主创新演变。

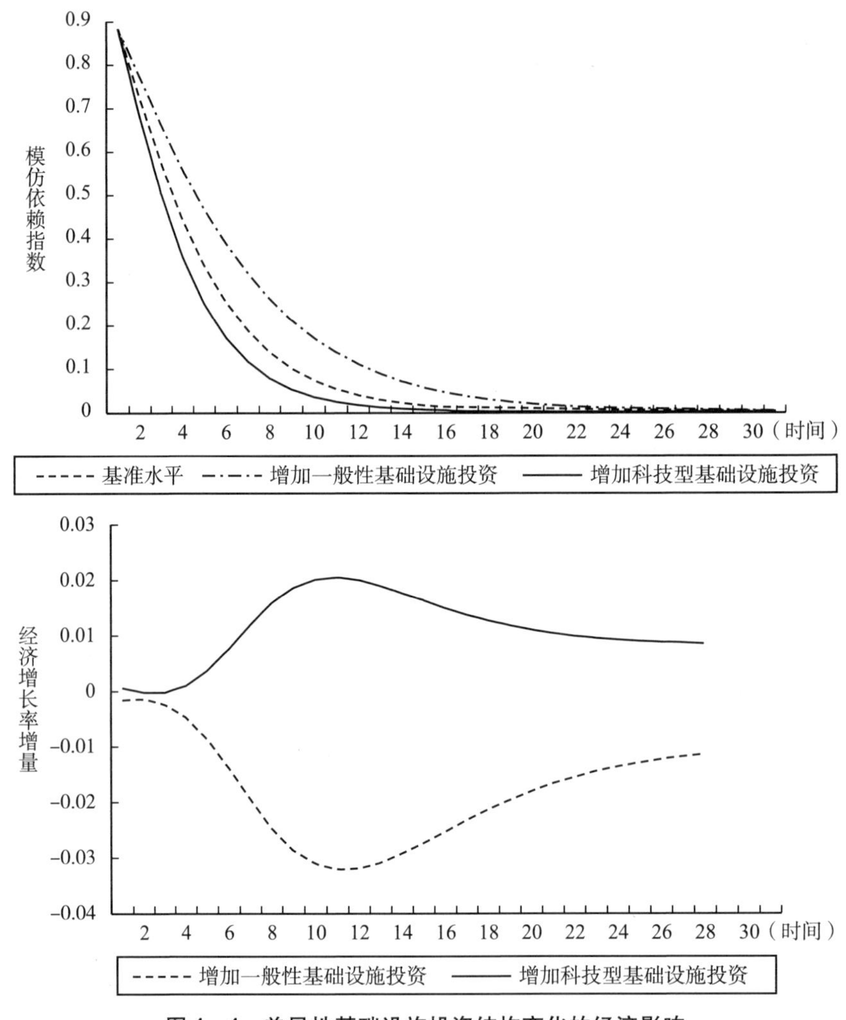

图4－4　差异性基础设施投资结构变化的经济影响

注：基于 $d\lambda_t^B + d\lambda_t^T = 0$ 原则。

因此，通过削减科技型基础设施投资来实现一般性基础设施投资的增加会阻碍自主创新演变，而对经济增长率的影响取决于一般性基础设施投资的边际产出与科技型基础设施投资的边际产出相对大小。由于科技型基础设施投资对自主创新部门研发效率的影响弹性 $\phi_1^R = 0.2$ 高于一般性基础设施对模仿创新部门研发生产率影响的弹性 $\phi_1^I = 0.1$，且科技型基础设施投资利用率会高于一般性基础设施投资利用率，因此科技型基础设施投资的边际产出要高于一般性基础设施投资的边际产出。通过削减科技型基础设施投资来增加一般性基础设施投资会带来经济增长率的下降，随着模仿创新部门知识积累量的增加，“知识溢出效应”增强，经济增长率稍有回升。但从长期来看，这一基础设施投资结构变化会带来经济增长率下降 1.14%。

与之相对的是，通过削减一般性基础设施投资来增加科技型基础设施投资对经济增长和自主创新的影响有三个渠道：第一，科技型基础设施投资增加会提高自主创新部门研发效率，研发型劳动力的边际产品增加，劳动力需求增加，自主创新产品增加，研发型中间投入品增加，最终带来经济增长率的提高；第二，科技型基础设施投资增加会带来研发型劳动力工资水平上升，两种类型的相对工资比下降，劳动者愿意接受教育的人数增加，模仿型劳动力供给减少，会抑制模仿创新活动，加速自主创新演变；第三，一般性基础设施投资的减少会抑制最终产品生产，带来经济增长率下降。因此，通过削减一般性基础设施投资来增加科技型基础设施投资会加速自主创新的演变进程，且科技型基础设施投资的边际产出更高，最终会带来经济增长率的上升。从长期来看，这一基础设施投资结构变化会带来经济增长率上升 0.85%。

因此，本章提出基础设施投资对经济增长和自主创新作用的命题 3。

命题 3：在追求基础设施投资短期逆周期效果激励下，政府通过消减科技型基础设施投资来增加一般性基础设施投资，会抑制经济增长和自主创新；在追求长期经济可持续发展激励下，政府通过消减一般性基础设施投资来增加科技型基础设施投资，会促进经济增长和自主创新。

4.3.3　基础设施投资结构变迁的政策选择分析

基于基础设施投资对经济增长和自主创新的差异性影响，本部分将着重分析经济目标与自主创新目标相互掣肘下基础设施投资结构变迁政策的优化选择问题。本章模拟了三种基础设施投资结构变迁：第一种是前三期保证科技型基础设施投资初始水平不变，增加一般性基础设施投资，余下各期保证一般性基础设施投资初始水平不变，增加科技型基础设施投资，记作“3 + X”模式；第二种是前五期保证科技型基础设施投资初始水平不变，增加一般性基础设施投资，余下各期保证一般性基础设施投资初始水平不变，增加科技型基础设施投资，记作“5 + X”

模式；第三种是前七期保证科技型基础设施投资初始水平不变，增加一般性基础设施投资，余下各期在保证一般性基础设施投资初始水平不变，增加科技型基础设施投资，记作“7 + X”模式。图 4 – 5 是三种模式下基础设施投资结构变迁对劳动力供给决策的影响，图 4 – 6 是三种模式下基础设施投资结构变迁的经济影响。

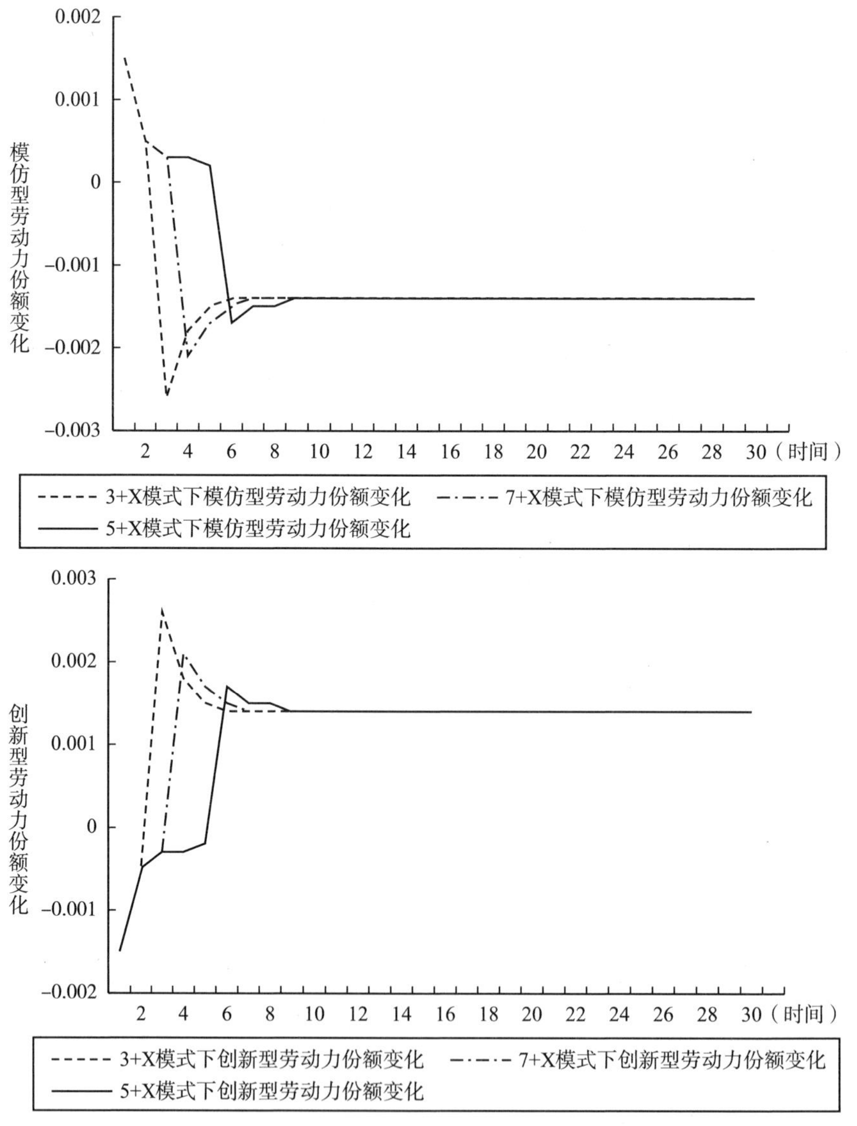

图 4 – 5　三种基础设施投资结构变迁对劳动力供给决策的影响

注：“A + X”模式表示前 A 期增加一般性基础设施投资，后 X 期增加科技型基础设施投资，A = 3，5，7。

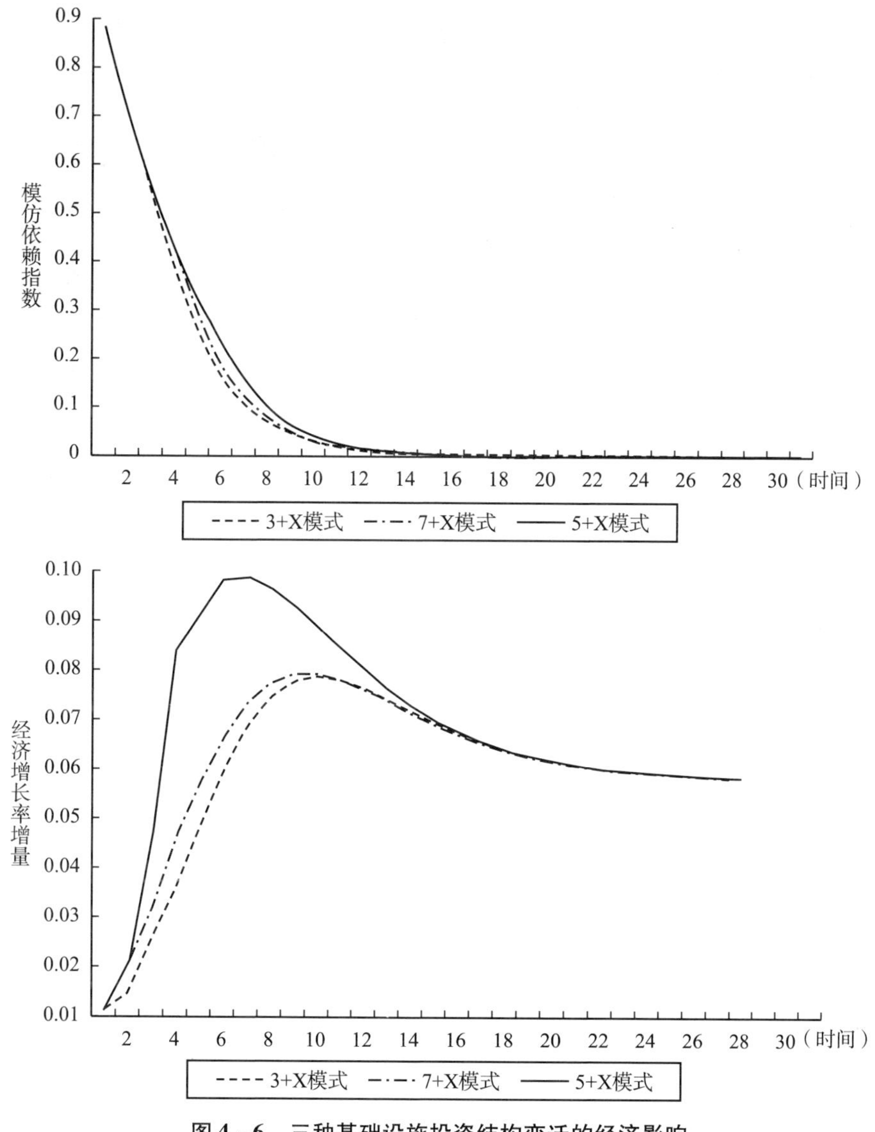

图4-6　三种基础设施投资结构变迁的经济影响

注："A+X"模式表示前A期增加一般性基础设施投资，后X期增加科技型基础设施投资，A=3，5，7。

如图4-5所示，在一般性基础设施投资增加期间，模仿创新部门的研发效率提高，模仿型劳动力边际产出提高，继而工资水平提高，两类劳动力的相对工资比增加，选择接受教育的劳动力数量下降，研发型劳动力供给减少，模仿型劳动力的供给增加。与此同时，一般性基础设施投资增加，直接促进了经济增长率的提升。但此时模仿型劳动力对研发型劳动力的挤占，会抑制自主创新活动，减少自主创新类设计数量，同时降低研发型中间投入品数量，带来经济增长率的下降。随着模仿创新部门知识的积累，"知识溢出效应"会刺激自主创新部门研发效率的提升，带来经济增长率的上升。因此，短期内一般性基础设施投资增加对经济增长率的影响取决于这三种效应的相对大小。

随后，科技型基础设施投资增加会刺激自主创新部门研发效率，研发型劳动力的边际产出增加，研发型劳动力的工资水平提高，相对工资比下降，选择接受教育的劳动力数量增加，研发型劳动力供给增加，从而促进经济增长。同时，前期一般性基础设施增加带来的模仿创新部门知识存量增加，受"知识溢出效应"影响，能够为自主创新部门的发展奠定基础，从而进一步带来经济增长率的提高。而且，此时一般性基础设施下降带来经济增长率的降低量低于科技型基础设施投资增加带来经济增长率的增加量。因此，从经济目标来看，政府在制定基础设施投资政策时需根据一般性基础设施投资边际效应与科技型基础设施投资边际效应的相对大小来实施基础设施投资结构变迁，以最大限度地激发经济增长潜力。

如图 4－6 所示，"5＋X"模式最有利于经济目标的实现，而"3＋X"模式最有利于自主创新演变目标的实现。从经济目标来看，长期稳态下，"3＋X"模式、"5＋X"模式和"7＋X"模式均能带来经济增长率上升 5.82%，但在增长路径上，"3＋X"模式和"7＋X"模式均在一定程度上抑制了经济增长潜力。而从自主创新目标来看，"3＋X"模式的自主创新演变的加速作用最强。对比图 4－2 可知，科技型基础设施投资边际产出大于一般性基础设施投资边际产出恰好发生在第 5 期。基于此，本章提出基础设施投资结构变迁对经济增长和自主创新影响的命题 4。

命题 4：政府在制定基础设施投资结构变迁政策时需同时兼顾自主创新目标和经济增长目标，依据两类基础设施投资边际产出效应的相对大小来恰当地实施基础设施投资结构变迁，最大限度地实现经济增长潜力；反之，过早或过晚地实施基础设施投资结构变迁会抑制经济增长潜力。

4.4 基础设施投资结构变迁对经济增长与自主创新影响的实证检验

基于上述理论分析，本章将通过中国省际面板数据进行实证检验，分析基础设施投资结构对经济增长和自主创新的影响及变动情况，以进一步明确中国基础设施投资结构改革的方向。

4.4.1 计量经济模型设定与变量选取

1. 计量经济模型设定

在经济发展进程的不同阶段，不同的基础设施投资结构对中国经济增长和自主创新的影响程度存在差异。在中国经济增长由高速向高效转变的关键期，维持中国经济三十年高速增长的动力正在不断消失，创新驱动是实现中国经济增长跨越的重要途径。如何细化投资决策，实现资金的合理配置，转变基础设施投资目标导向是实现创新驱动战略的重要途径。在实证模型中，基于1998年亚洲金融危机和2007年全球经济危机后中国政府两次实施大规模基础设施投资政策考虑，本章将样本拆分成两个时期（1998～2005年、2006～2013年）来系统地评估中国不同类型的基础设施投资在经济发展进程的不同阶段下对经济增长和自主创新的差异化影响。

结合理论模型，本章主要检验一般性基础设施和科技型基础设施对经济增长和自主创新的动态影响。据此，本章设定的面板模型如下：

$$rgdp_{it} = \alpha_0 + \alpha_1 infru_{it} + \alpha_2 techinfru_{it} + X_{it}^1\gamma + \mu_i + v_t + \varepsilon_{it} \tag{4.31}$$

$$rftd_{it} = \beta_0 + \beta_1 infru_{it} + \beta_2 techinfru_{it} + X_{it}^2\eta + \mu_i + v_t + \varepsilon_{it} \tag{4.32}$$

其中，$rgdp_{it}$、$rftd_{it}$分别表示第i类地区第t期的实际经济增长率、对外技术依存度；$infru_{it}$表示第i类地区第t期一般性基础设施投资存量占私人资本存量的比重，$techinfru_{it}$表示第i类地区第t期的科技型基础设施投资存量占私人资本存量的比重；X_{it}^1是由通货膨胀率增长率（cpi）、财政支出占GDP比重（cz）、产业结构（str）、开放度（open）和受教育水平（edu）等各控制变量组成的行向量；X_{it}^2是由R&D经费支出占新产品销售收入比重（rdm）和R&D人员数量占职工总数的比重（rdh）、开放度（open）和受教育水平（edu）等各控制变量组成的行向量；μ_i、v_t分别代表地区、时间固定效应变量。

2. 被解释变量选取

本章在实证部分主要分析中国基础设施投资结构对经济增长和自主创新的影响。经济增长方面，周浩和郑筱婷（2012）、梅冬州等（2014）认为在分析投资的经济影响时，应剔除价格因素以实际GDP的增长率为目标。有关自主创新指标的选择是一个较为复杂的问题，自主创新指标的选择主要有四类：易先忠等（2007）、周亚虹等（2012）使用全国R&D经费支出来衡量自主创新；范红忠

(2007)、王然等(2010)、吴丰华和刘瑞明(2013)、付明卫等(2015)使用国内专利申请数量来衡量自主创新;卢宁等(2010)从自主创新资源投入能力、自主创新攻关能力、自主创新人才实现能力、自主创新实现能力、自主创新价值实现能力、自主创新支撑发展能力、自主创新辐射能力和自主创新网络能力八个角度来分析地区自主创新能力;何锦义(2010)、张赤东和郭铁成(2012)等用《国家中长期科学和技术发展规划纲要(2006~2020年)》提出的对外技术依存度来衡量一个国家对外来技术的依赖程度以反映国家的自主创新能力。由于本章理论研究部分用模仿依赖指数(模仿创新产出占创新总产出比重)来衡量自主创新演变情况,而R&D研发投入、专利数量等不能衡量这一变化,因此本章选取对外技术依存度作为模仿依赖指数的代理变量。目前普遍采用的是从科学技术经费支出结构角度表示的技术依存度,用技术引进经费占总科技经费支出的比重来表示技术依存度。张赤东和郭铁成(2012)表明当前使用的对外技术依存度并不能完全反映对外技术依赖的真实情况,地区对外技术依存度应考虑技术合同成交额。因此,本章使用的对外技术依存度计算公式为:

$$对外技术依存度=\frac{引进技术经费支出+技术合同成交额}{引进技术经费支出+技术合同成交额+R\&D经费支出} \tag{4.33}$$

3. 解释变量选取

本章涉及的研发型解释变量包括一般性基础设施投资和科技型基础设施投资,一般性基础设施投资主要包括交通运输型基础设施投资、能源类基础设施投资和水利环境公共设施管理类基础设施投资等,科技型基础设施投资包括信息基础设施和科研基础设施等。多数学者从交通运输型基础设施角度研究一般性基础设施的经济效果,如赫尔滕(1996)、刘秉镰等(2010)研究发现交通运输型基础设施投资对经济增长具有正的外部性。因此,本章选择交通运输型基础设施投资作为一般性基础设施投资的代理变量。考虑到数据的可获得性,本章选取《中国固定资产投资年鉴》中"交通运输、仓储和邮政业"的地区年度数据。阿革诺耳和莫雷诺-道森(Agenor and Moreno-Dodson,2006)认为基础设施效应来源于资本存量而非投资流量,故本章采用交通运输型基础设施存量指标。考虑到《中国固定资产投资年鉴》中无现成的存量数据,因此本章采用1998年投资价格指数为不变价格的基础设施投资流量,并以1985年为基期通过永续盘算法来估算各省份的基础设施投资存量。科技型基础设施是指为保障和促进科研活动而建设的基础性系统和结构,包括研究实验基地和大型科学仪器设备、自然科技资源、科学数据和科技文献等。科技型基础设施不仅包括直接参与科学研究的基础设施投资，也包括信息传输和信息技术相关的基础设施投资，因为从基础设施发展历程来看，通信基础设施包括固定电话、移动电话、互联网宽带等基础设施，属于先导性高级基础设施，对企业技术创新、创业、经济结构等都有显著影响。同样考虑到数据的可获得性，本章选取《中国固定资产投资年鉴》中“科学研究和技术服务业”和“信息传输、软件和信息技术服务业”的地区年度数据，并采用1998年投资价格指数为不变价格的基础设施投资流量，以1985年为基期通过永续盘算法来估算各省市的科技型基础设施投资存量。参考胡永泰（1998）、王小鲁（2000）、张光南和宋冉（2013）的研究，本章将基础设施折旧率取值为5%。

4. 其他控制变量选取

严成樑和龚六堂（2009）、毛捷等（2011）、李尚骜和龚六堂（2012）等认为通货膨胀率、财政支出占GDP比重、产业结构等宏观变量是影响经济增长的重要因素。同时，刘生龙和胡鞍钢（2010）认为一个国家或地区的开放度越高，越容易接触到国外先进技术，从而有利于经济增长和自主创新。此外，受教育水平也是影响经济增长和自主创新的重要因素。考虑到本章选取实际GDP增长率作为被解释变量，经济增长模型中应加入通货膨胀率增长率（cpi）、财政支出占GDP比重（cz）、产业结构（str）、开放度（open）和受教育水平（edu）作为控制变量。其中，通货膨胀率增长率采用的是居民消费价格指数的增长率，财政支出占GDP比重按财政预算支出与GDP的比值测算，产业结构按第三产业的增加值与GDP的比值测算。本章用外商直接投资（FDI）和进出口总额（trade）占GDP的比重来作为开放度（open）的代理变量。受教育水平采用的是平均劳动者的受教育年限测算，即人力资本存量除以符合劳动年龄的就业人口数量。

吴丰华和刘瑞明（2013）、付明卫等（2015）认为R&D经费投入和R&D人员投入都能直接影响中国创新能力的强弱，也将影响对外技术依存度，因此，本章使用R&D经费支出占新产品销售收入比重（rdm）和R&D人员数量占职工总数的比重（rdh）作为创新模型的控制变量。同时，本章还将开放度（open）和受教育水平（edu）作为创新模型的控制变量。

4.4.2　数据来源及说明

考虑到数据的可获得性和研究的可比较性，本章采用各省份的省际面板数据进行实证分析，考察的时间段为1998~2013年。选择1998年作为时间起点主要是考虑亚洲金融危机后，中国于1998年开始加大基础设施投资，且1998年以后省市自治区的统计数据相对较为全面，数据缺失较少。由于西藏数据缺失严重，故本章将西藏的数据剔除，保留了30个省份的省际面板数据。本章采用的经济增长率（rgdp）、财政支出占比（cz）、开放度（open）、产业结构（str）、固定资产投资价格指数和通货膨胀率增长率（cpi）等相关数据均来源于1999～2014年的《中国统计年鉴》，技术对外依存度（rftd）、R&D经费占比（rdm）和R&D人员占比（rdh）等相关数据均来源于1999～2014年的《中国科技统计年鉴》，而一般性基础设施投资（infru）、科技型基础设施投资（techinfru）、私人资本（k_p）等相关数据均来源于1999～2014年的《中国固定资产投资年鉴》。

需要指出的是，在经济发展进程的不同阶段，不同类型的基础设施投资对经济增长和自主创新的影响程度不同，本章将全部样本阶段分为1998～2005年和2006～2013年两类时间样本分别进行研究。表4－1给出了不同的经济增长阶段下各主要变量的描述性统计结果。

表4－1　1998～2013年主要变量的描述性统计情况

变量名称	变量符号	样本1（1998～2005年）（样本量240）		样本2（2006～2013年）（样本量240）		全样本（1998～2013年）样本量（480）	
		均值	标准差	均值	标准差	均值	标准差
经济增长率	rgdp	0.120	0.076	0.167	0.072	0.144	0.078
技术对外依存度	rftd	0.417	0.175	0.345	0.203	0.144	0.118
财政支出占比	cz	0.136	0.047	0.206	0.089	0.171	0.079
开放度	open	0.037	0.045	0.034	0.046	0.035	0.046
产业结构	str	0.428	0.072	0.483	0.076	0.455	0.079
受教育水平	edu	8.199	1.049	8.816	1.125	8.547	1.1344
通货膨胀率增长率	cpi	0.007	0.050	-0.001	0.051	0.003	0.051
R&D人员占比	rdh	0.045	0.015	0.038	0.016	0.041	0.016
R&D经费占比	rdm	0.144	0.262	0.077	0.097	0.111	0.199
一般性基础设施对数	Infru	6.408	0.731	7.865	0.745	7.137	1.037
科技型基础设施对数	techinfru	2.366	1.241	4.594	1.161	3.479	1.639

4.4.3　实证结果及分析

1. OLS 估计结果

本章主要研究基础设施投资结构变迁对中国经济增长和自主创新的影响，并考察经济发展进程不同阶段下各影响系数的变化情况。基于此，本章对上述计量模型式（3.31）和式（3.32）进行估计，采用固定效应模型，并运用最小二乘法（OLS）进行回归分析。同时，为了能够直观地分析不同增长阶段性基础设施投资结构变迁对经济增长和自主创新的影响，本章分别估计样本期 1998 ~ 2005 年、2006 ~ 2013 年和 1998 ~ 2013 年下基础设施投资结构变迁对经济增长和自主创新影响程度的变动，具体估计结果如表 4 - 2 所示。

表 4 - 2　1998 ~ 2013 年省级基础设施投资结构变迁对经济增长和自主创新的影响：OLS 估计

变量名称	样本 1（1998 ~ 2005 年）		样本 2（2006 ~ 2013 年）		全样本（1998 ~ 2013 年）	
	经济模型	创新模型	经济模型	创新模型	经济模型	创新模型
cpi	-1.1126*** (0.0608)		-1.1259*** (0.0608)		-1.1426*** (0.0408)	
Str2	0.1898** (0.0906)		0.1986* (0.1060)		0.1596*** (0.0519)	
cz	0.3799*** (0.0541)		-3.6685*** (0.0619)		0.1807*** (0.0576)	
open	-0.0108** (0.0032)	-0.0050 (0.0074)	-0.0104** (0.0041)	-0.0109* (0.0066)	0.0023 (0.0021)	-0.0405*** (0.0076)
edu	0.0208** (0.0032)	0.0150** (0.0057)	0.0504** (0.0125)	0.0302* (0.0027)	0.0304** (0.0059)	0.0251*** (0.0038)
rdh		-0.4901 (1.0018)		-0.2249 (0.4988)		-0.7907** (0.3618)
rdm		0.0593*** (0.0158)		-0.0523* (0.0296)		0.0588** (0.0249)
Infru	2.3706*** (0.1975)	-1.8064*** (0.4643)	1.3739*** (0.2034)	0.0868 (0.3829)	0.5082*** (0.1191)	-0.9081*** (0.2118)
techinfru	1.1163*** (0.3064)	-3.2022** (3.4061)	4.8343*** (0.9135)	-3.8076* (2.2768)	2.3933** (1.0621)	-13.6966*** (2.9553)

续表

变量名称	样本1（1998~2005年）		样本2（2006~2013年）		全样本（1998~2013年）	
	经济模型	创新模型	经济模型	创新模型	经济模型	创新模型
constant	-0.1062*** (0.0355)	0.3189*** (0.0702)	-0.1175** (0.0551)	0.1354*** (0.0490)	-0.0966*** (0.0386)	0.4630*** (0.0354)
地区变量	有	有	有	有	有	有
年份变量	有	有	有	有	有	有
样本容量	240		240		480	
Adjust - R^2	0.8156	0.5070	0.7807	0.5211	0.8744	0.6231

注：括号中是标准差，***、**、*分别代表在10%、5%、1%显著性水平下统计显著。

表4-2显示，经济模型下三个样本期内不同类型基础设施存量的估计系数显著为正；创新模型下三个样本期内不同类型基础设施存量的估计系数不同，一般型基础设施存量的估计系数在1998~2005年显著为负，在2006~2013年并不显著。而科技型基础设施存量的估计系数在三个样本期内均显著为负。同时，无论对于经济模型还是创新模型，基础设施存量的系数估计值大小明显不同。该回归结果表明基础设施投资可以促进经济增长和自主创新，但受影响程度随着经济发展进程阶段的不同而不同，这与本章的理论分析是一致的。在经济发展水平较低时，政府加大一般性基础设施投资，一方面完善了投资环境，减少了要素流动时的摩擦力，进而促进全要素生产率的提高；另一方面有利于交易成本的降低，提高交易效率，通过扩大分工经济的空间来促进分工演进和经济增长。此外，一般性基础设施投资有助于模仿创新，积累模仿创新知识储备，受“知识溢出效应”的影响，自主创新得以激励，降低技术对外依存度。

随着经济发展水平的提高，要素生产率和交易效率改善所带来的基础设施投资效率提高的外部性逐渐消失，同时，受资本边际报酬递减规律的影响，投资效率逐渐下降，一般性基础设施投资对经济增长和自主创新的影响作用在不断减小。尤其是政府为了刺激经济，加大经济干预程度，一般性基础设施投资对经济增长和自主创新的影响程度进一步下降。与之相对的是，在经济发展水平较低时，受制于技术创新知识存量，科技型基础设施投资对技术创新的推动作用有限，全要素生产率的提高有限，科技型基础设施投资对经济增长的激励效应不高；但随着经济发展水平的提高，科技型基础设施对技术创新的外部性增强，全要素生产率显著提高，科技型基础设施投资对经济增长影响程度增强。表4-2

显示，在三类不同样本期内，分析基础设施投资对经济增长和自主创新模型的影响系数可得：一般性基础设施投资对经济增长的影响系数由 1998 ~ 2005 年的 2.3706 下降到 2006 ~ 2013 年的 1.3739，影响程度下降了 42.04%，而科技型基础设施投资对经济增长的影响系数由 1998 ~ 2005 年的 1.1163 上升到 2006 ~ 2013 年的 4.8343，影响程度上升了 3.3306 倍；一般性基础设施投资对技术对外依存度影响系数由 1998 ~ 2005 年的 –1.8064 变到 2006 ~ 2013 年的没有影响，而科技型基础设施投资对技术对外依存度影响系数由 1998 ~ 2005 年的 –3.2022 上升到 2006 ~ 2013 年的 –3.8076。从全样本来看，科技型基础设施投资无论是对经济增长的影响程度还是对自主创新的影响程度均高于一般性基础设施。

上述实证结果进一步表明经济发展进程的不同阶段下，基础设施投资对经济增长和自主创新的影响存在差异，这也对命题 1 和命题 2 进行了验证。同时，基础设施投资对经济增长的影响程度在不同增长阶段下存在差异，一般性基础设施投资对经济增长影响的边际效应在 1998 ~ 2005 年要高于科技型基础设施投资，而科技型基础设施投资对经济增长影响的边际效应在 2006 ~ 2013 年要高于一般性基础设施投资。但是对自主创新目标而言，科技型基础设施投资的激励效应始终强于一般性基础设施投资。如果政府在当前通过减少科技型基础设施投资增加一般性基础设施投资，经济增长和自主创新均会受到抑制，这也就验证了命题 3。尽管我们从全样本来看，科技型基础设施投资无论是对经济增长还是对自主创新的影响程度均高于一般性基础设施投资，但如果政府在经济增长初期增加科技型基础设施投资，经济增长潜力将受到抑制。相反，如果政府在经济增长不同阶段上始终增加一般性基础设施投资，经济增长潜力同样受到抑制。因此，政府应同时兼顾经济增长目标和自主创新目标，根据不同类型基础设施投资的边际效应来变迁基础设施投资结构，过早或过晚实施基础设施投资结构变迁均会抑制经济增长潜力，从而验证了命题 4。

2. GMM 估计结果

面板数据的 OLS 估计通常会遇到随机扰动项自相关的问题，也会面临某些回归变量并非严格外生的困扰（Roodman，2007）。此外，经济增长具有一定的路径依赖性，创新演变也有较大的惯性。

因此，本章再将滞后一期的经济增长率（$rgdp_{-1}$）与滞后一期的对外基础依存度（$rfdt_{-1}$）作为控制变量分别引入到计量模型式（4.31）与式（4.32）中，构造如下动态面板模型：

$$rgdp_{it} = \alpha_0 + \alpha_1 rgdp_{it-1} + \alpha_2 infru_{it} + \alpha_3 techinfru_{it} + X_{it}\gamma + \mu_i + v_t + \varepsilon_{it} \tag{4.34}$$

$$rftd_{it} = \beta_0 + \beta_1 rftd_{it-1} + \beta_2 infru_{it} + \beta_3 techinfru_{it} + X_{it}\eta + \mu_i + v_t + \varepsilon_{it} \tag{4.35}$$

本章采用系统广义矩估计方法对动态面板模型式（4.34）、式（4.35）进行估计，结果见表4-3。阿雷亚诺和博韦尔（Arellano and Bover，1995）提出的系统广义矩法（System GMM）能够解决被解释变量的滞后项与模型中随机扰动项的相关性问题，同时缓解内生性问题，因而成了估计动态面板数据模型的有效方法。表4-3中对模型设定的检验结果表明，不同经济增长阶段下经济模型和创新模型至少在5%的显著性水平下，AR（1）显著而AR（2）不显著，说明模型存在一阶自相关、但不存在二阶自相关，系统GMM方法是适用的。Sargan检验表明，模型的总体矩条件成立，工具变量的选择整体上也是有效的。

表4-3　1998~2013年省级基础设施投资变迁对经济增长和自主创新的影响：GMM-SYS估计

变量名称	样本1（1998~2005年）		样本2（2006~2013年）		全样本（1998~2013年）	
	经济模型	创新模型	经济模型	创新模型	经济模型	创新模型
$rgdp_{-1}$	-0.0333*** (0.0080)		0.0138 (0.0267)		-0.0095 (0.0299)	
$rftd_{-1}$		0.3723*** (0.0223)		0.1466*** (0.0245)		0.2888*** (0.0339)
cpi	-1.1193*** (0.0183)		-1.1424*** (0.0321)		-1.1299*** (0.0262)	
Str2	0.6398** (0.0713)		0.4059*** (0.0910)		0.3636*** (0.0945)	
cz	0.1782*** (0.0689)		-0.2024*** (0.0587)		-0.5313*** (0.0862)	
open	-0.0050** (0.0019)	-0.0211*** (0.0080)	-0.0021 (0.0037)	-0.0059* (0.0035)	-0.0237*** (0.0035)	-0.0174*** (0.0063)
edu	0.0158** (0.0057)	0.0190** (0.0035)	0.0424** (0.0134)	0.0262* (0.0056)	0.0264** (0.0098)	0.0211*** (0.0029)
rdh		-1.2171** (0.5847)		0.5451*** (0.2099)		-0.4085* (0.2340)
rdm		0.0597*** (0.0160)		-0.1617*** (0.0319)		0.0639*** (0.0147)

续表

变量名称	样本 1（1998～2005 年）		样本 2（2006～2013 年）		全样本（1998～2013 年）	
	经济模型	创新模型	经济模型	创新模型	经济模型	创新模型
Infru	2.2990*** (0.1602)	-1.3363*** (0.2741)	0.6377*** (0.1902)	0.3185 (0.1981)	0.7343*** (0.1759)	-0.6892*** (0.2449)
techinfru	1.5346*** (0.4525)	-6.4781** (2.7327)	6.6599* (3.7082)	-13.6283** (6.3618)	9.7291** (4.3379)	-14.1235*** (7.4777)
constant	-0.2416*** (0.0332)	0.2889*** (0.0381)	-0.0268 (0.0542)	0.1364*** (0.0339)	0.0868** (0.0418)	0.2250*** (0.0278)
地区变量	有	有	有	有	有	有
年份变量	有	有	有	有	有	有
样本容量	240		240		480	
Sargan 检验	27.4410 (0.8465)	17.8972 (1.0000)	20.0647 (1.0000)	17.4518 (1.0000)	27.0064 (1.0000)	23.3101 (1.0000)
AR（1）检验	-3.2144 (0.0013)	-3.3036 (0.0010)	-2.9942 (0.0028)	-1.9596 (0.0500)	-3.8626 (0.0001)	-3.5161 (0.0004)
AR（2）检验	-0.9389 (0.3477)	0.6181 (0.5365)	-1.0290 (0.3035)	-0.1844 (0.8537)	-0.3107 (0.7560)	1.4146 (0.1572)

注：Sargan 检验、AR（1）检验、AR（2）检验括号内报告的是概率 p 值。***、**、* 分别代表在 1%、5%、10% 显著性水平下显著。

对比表 4-2 与表 4-3 的结果可得，系统 GMM 方法与 OLS 的估计结果基本一致。首先，无论是经济增长模型还是自主创新模型，在 5% 的显著性水平上，均表明不同类型的基础设施投资对经济增长的影响系数显著为正，对自主创新的影响系数显著为负，但在经济发展进程的不同阶段，一般性基础设施投资和科技型基础设施投资对经济增长和自主创新的影响系数存在差异，再次验证了不同类型的基础设施投资与经济增长和自主创新之间的关系，也说明了经济发展进程的不同阶段下基础设施投资结构变迁对经济增长和自主创新的影响关系存在显著调节效应的基本结论，这表明理论推论和实证结论都是稳健的。

4.5 本章小结

基础设施投资结构变迁是合理配置有限资金、提高资金的投资效率、实现经济增长动力转变的重要途径。本章构建了经济发展进程与基础设施投资结构变迁的理论模型，在对理论模型进行稳态均衡求解的基础上，从增长路径上研究基础设施投资结构变迁对经济增长和自主创新的动态影响机理，理论研究表明：以一般性基础设施投资为主的基础设施投资结构有利于促进经济增长，但不利于自主创新演变。在经济发展水平较低时，提高一般性基础设施投资比重会刺激经济增长，但对自主创新演变的影响较弱；随着经济增长水平的提高，科技型基础设施投资比重的上升对经济增长的促进作用更强，且加速了自主创新演变。因此，政府在制定基础设施投资结构变迁政策时需同时兼顾自主创新目标和经济增长目标，依据两类基础设施投资边际效应相对大小来恰当地实施基础设施投资结构变迁，过早或过晚地实施基础设施投资结构变迁会抑制经济增长潜力。

在理论分析的基础上，本章研究了在经济发展进程不同阶段下的基础设施投资结构变迁对经济增长和自主创新影响效果的差异，并从中国经验数据中得到了实证检验。通过对中国省际面板数据分析发现，无论对于经济模型还是创新模型，基础设施投资都可以促进经济增长和自主创新，但在经济发展进程的不同阶段下，不同类型基础设施投资对经济增长和自主创新的影响程度不同。通过进一步研究发现，经济发展进程不同阶段下的基础设施投资结构变迁对经济增长和自主创新演变的影响关系存在显著调节效应，建议依据不同类型基础设施投资边际效应的相对大小，优化基础设施投资的配置结构，最大限度地发挥经济增长潜力。

第5章　创新激励目标下的政策性补贴结构优化

产业政策是政府引导和干预企业决策的重要手段。近年来中国光伏产业等战略新兴产业“产能过剩问题”不断凸显，引发了社会各界对中国是否需要产业政策，以及如何设计和实施产业政策的关注和思考①。补贴政策是一种常见的产业政策，是支持产业升级和发展的重要手段之一（巫强、刘蓓，2014；黄先海等，2015）。为克服研发投入不足等问题，政府通过政策性补贴来激发企业的研发积极性，继而促进经济增长（Guellec and Van Pottelsberghe，2000；Tassey，2004；戴晨、刘怡，2008；解维敏等，2009）。然而，补贴政策也可能造成要素市场扭曲和产能过剩等问题，在经济转型时期问题尤为突出（耿强等，2011；江飞涛等，2012；韩剑和郑秋玲，2014；程俊杰，2015）。产业政策的可实施性和设计优化既是重要的研究议题，也是政府制定产业政策时的重点和难题。补贴政策设计需关注补贴对象的差异性，其行业特点将直接影响政策效果。目前政策性补贴多倾向于产能投资或“短平快”的研发项目，其结果是低端技术过剩而高端技术不足（余东华、吕逸楠，2015）。政策性补贴结构反映了政府的偏好，经济目标的“追短放长”可能是主要原因，补贴结构的优化已受到政府和学界的重点关注。

从研究对象所处经济发展阶段的视角，学者们主要关注补贴政策的设计，尤其是关于如何结合经济发展水平及时变迁政策性补贴结构的研究。霍夫（Hoff，1997）和梅里兹（Melitz，2005）认为政府应随着产业学习效应的变化逐渐降低甚至停止对幼稚产业的保护和补贴。豪斯曼和罗德里克（Hausmann and Rodrik，2003）从自我发现角度研究政府补贴时机问题，提出政府需在新兴产业发展初期补贴企业，但当企业完成自我发现后，政府应清理补贴政策，促使新兴产业理性发展。阿西莫格鲁等（Acemoglu et al.，2016）在研究高碳型技术向清洁型技术

① 典型的案例如2016年经济学家林毅夫和张维迎教授关于经济发展是否需要产业政策的辩论，http：//finance. sina. com. cn/roll/2016－11－09/doc－ifxxsfip4286850. shtml。

转变的经济增长路径时，提出政府应在早期给予清洁型技术较高强度的补贴，但补贴应随清洁型技术的发展而下降。不难发现，补贴政策的实施应结合经济发展阶段，合理的补贴强度和补贴结构至关重要。考虑到中国经济仍处于向稳态均衡发展的路径上（李稻葵等，2012），因此从增长路径出发研究补贴政策具有重要意义。然而，在目前产业政策的相关研究中，现有文献更关注某一时期或稳态水平下的补贴政策影响（耿强等，2011；顾元媛、沈坤荣，2012；韩剑、郑秋玲，2014；黄先海等，2015），从增长路径视角研究不同经济发展阶段下补贴政策与经济增长的动态关系仍稍显不足。明晰增长路径上补贴政策与经济增长的动态关系，结合经济发展的长短期目标，优化政策性补贴结构并选择恰当变迁时点是本章的另一研究重点。

为研究政策性补贴与经济增长间的动态关系，本章在两阶段 OLG（Overlapping Generation）模型框架下，通过引入低技术密度和高技术密度两类创新部门来刻画补贴对象的差异性，并引入金融中介等融资部门，来构建政策性补贴与经济发展间动态关系的理论模型，研究经济发展进程中政策性补贴的差异化影响，以及补贴结构优化变迁和时点选择，并基于省际面板数据来检验政策性补贴与经济增长间的相互关系，以期为政府在制定合理化补贴政策时提供理论和实践参考依据。

5.1 创新激励与补贴政策的制定与实施

由于研发创新活动的积极性易受研发失败风险和融资约束等因素的限制（Hall，2002；David et al.，2008；温军等，2011；谢家智等，2014），政府多采用补贴政策加以纠偏，然而现有文献对补贴政策的实际效果未达成一致性结论，补贴政策的有效性以及是否应当实施补贴政策成为重要的研究议题。部分文献认为政策性补贴对研发创新活动有正面刺激作用，政策性补贴可通过矫正外部性（Guellec and Van Pottelsberghe，2000；戴晨、刘怡，2008；解维敏等，2009）、缓解企业融资约束（Lerner，2002；申香华，2014）和分担研发风险（解维敏等，2009；Lee and Cin，2010）等途径提高企业从事研发创新活动的积极性。然而，也有学者指出政策性补贴并未提高企业研发创新的积极性，反而会引发要素市场价格扭曲等一系列问题。例如巫强和刘蓓（2014）、程俊杰（2015）基于中国企业数据研究发现，政策性补贴未显著影响企业创新产出，反而会降低企业的产能利用率和创新效率。耿强等（2011）认为地方政府的竞争性补贴会导致低工资、低资源产品价格等要素市场价格扭曲，进而引发产能过剩等问题。韩剑和郑秋玲（2014）提出政策性补贴变相保护生产效率低下的企业，降低企业转型升级的动力。余东华和吕逸楠（2015）发现政府的过度干预导致补贴资金更多地进入了产能投资而非研发活动，从而导致低端产能过剩。由此可见，学界对政策性补贴的实施效果存在争议，造成这一问题的根源则可能为补贴对象的差异性或所处的不同经济发展阶段。

从补贴对象的差异性视角来看，余东华和吕逸楠（2015）通过对中国光伏产业研究发现，政策性补贴主要流向产能投资领域等低技术密度部门，而技术复杂、研发周期长的高技术密度部门的补贴却不足，继而引发了光伏产业低端产品（如单晶硅）的产量过剩，而高端产品（如多晶硅）仍依赖进口的问题。邵敏和包群（2011）、孔东民等（2013）以及方明月（2014）等发现补贴多倾向于国有企业，而非创新效率高的民营企业。林毅夫和苏剑（2012）认为政府应补贴发展逆要素禀赋优势的产业，而不应补贴违反比较优势的产业。因此，补贴对象的差异性将对补贴政策的实施效率产生直接影响。考虑补贴对象的差异性，区分政策性补贴对低、高技术密度两类创新部门的影响，是本章的研究重点之一。

从研究对象所处经济发展阶段的视角，学者们主要关注补贴政策的设计，尤其是关于如何结合经济发展水平及时变迁政策性补贴结构的研究。霍夫（1997）和梅里兹（2005）认为政府应随着产业学习效应的变化逐渐降低甚至停止对幼稚产业的保护和补贴。豪斯曼和罗德里克（2003）从自我发现角度研究政府补贴时机问题提出，政府需在新兴产业发展初期补贴企业，但当企业完成自我发现后，政府应清理补贴政策，促使新兴产业理性发展。阿西莫格鲁等（2016）在研究高碳型技术向清洁型技术转变的经济增长路径时提出，政府应在早期给予清洁型技术较高强度的补贴，但补贴应随清洁型技术的发展而下降。不难发现，补贴政策的实施应结合经济发展阶段，合理的补贴强度和补贴结构至关重要。考虑到中国经济仍处于向稳态均衡发展的路径上（李稻葵等，2012），因此从增长路径出发研究补贴政策具有重要意义。然而，在目前产业政策的相关研究中，现有文献更关注某一时期或稳态水平下的补贴政策影响（耿强等，2011；顾元媛、沈坤荣，2012；韩剑、郑秋玲，2014；黄先海等，2015），从增长路径视角研究不同经济发展阶段下补贴政策与经济增长的动态关系仍稍显不足。明晰增长路径上补贴政策与经济增长的动态关系，结合经济发展的长短期目标，优化政策性补贴结构并选择恰当的变迁时点是本章的另一研究重点。

此外，本章还考虑了区域发展不平衡对补贴政策制定和实施的影响。各地区经济发展的区域分化趋势加剧（陈飞翔等，2007；洪兴建，2010；覃成林等，2011；陈长石等，2015），创新激励成为解决区域发展不平衡问题的重要途径，制定和实施差异性的补贴政策是各地区工作的重点。然而，在现有体制下，地方政府倾向于照搬中央政策而忽视地区特点，造成过度竞争和重复竞争等诸多问题，损害补贴政策的效果，引发产能过剩等问题（程俊杰，2015）。基于此，本章利用中国省际面板数据对政策性补贴与经济增长的关系加以实证检验，以期为中国区域补贴政策的差异性设计提供现实参考。

5.2　政策性补贴与经济增长的理论模型构建

在最终产品生产过程中，不同创新部门的技术密度存在差异。参考包群（2007）、阿革诺尔和阿尔帕斯兰（2014）和童健等（2016）的研究，本章在两阶段 OLG 模型框架下，增加了低技术密度和高技术密度两类创新部门，考虑创新部门知识积累的正外部性，引入金融中介，内生化教育投资和劳动力选择，构建政策性补贴与经济增长的理论模型框架，从增长路径上研究政策性补贴和经济增长的动态关系。

5.2.1　模型设定

1. 家庭消费决策、教育和劳动力选择

模型假定个体存活两期，分别为成年和老年时期，每期有成年人和老年人两代人，其中成年人有一单位的时间禀赋参与生产，成为劳动力，老年人只依靠成年时期的储蓄进行消费。成年人在进入劳动力市场前需决定是否接受教育，教育成本与成年人的能力禀赋水平相关。未接受教育的劳动力为一般型劳动力，接受教育的劳动力为知识型劳动力。市场无法观察到劳动力的能力水平，只能根据劳动力的教育选择来判断其实际能力。在经济中，创新部门雇佣劳动力参与研发创新，其中低技术密度创新部门雇佣一般型劳动力，支付工资 w_t^L；高技术密度创新部门雇佣知识型劳动力，支付工资 w_t^H。劳动力根据自身能力禀赋和两类部门的工资差异进行教育选择，从而实现劳动力流动。

个体在 t 期最大化成年和老年两期效用，效用函数为：

$$\max U_t^j = \ln C_t^{t,j} + \frac{\ln C_{t+1}^{t,j}}{1+\rho} \tag{5.1}$$

预算约束为：

$$C_t^{t,L}+S_t^L=(1-\tau)w_t^L \tag{5.2}$$

$$C_t^{t,H}+S_t^H=(1-\tau)(1-\varepsilon)w_t^H-e_t^H \tag{5.3}$$

$$C_{t+1}^{t,j}=(1+r_{t+1})S_t^j \tag{5.4}$$

其中，$j=L$，H，L 表示一般型劳动力，H 表示知识型劳动力；ρ 表示折现因子；$C_{t+i}^{t,j}$表示 t 期出生的 j 型劳动力在 $t+i$ 期的消费（$i=0$，1）；w_t^L 和 w_t^H 分别表示一般型和知识型劳动力在 t 期的工资报酬；τ 表示工资报酬的所得税税率；r_t 表示 t 期储蓄的利率。劳动力接受教育需花费时间成本 ε 和经济成本 e_t，其中 $e_t=\mu w_t^H$，$\mu\in(0,1)$。由于个体能力禀赋水平 a 不同，个体对教育成本的承受度有差异，能力水平越高，对教育成本的承受度越高，本章假定个体在进行教育决策时，承受教育成本为 $\frac{\mu w_t^H}{a}$，其中 a 服从［0，1］上的均匀分布。当个体的能力水平较低时，接受教育的成本过高，因此只有能力禀赋水平达到一定水平的个体才会选择接受教育。假设能力禀赋水平在 0 到 a_L 间的个体不接受教育，能力禀赋水平 $a\in(a_L,1)$ 的个体选择接受教育的条件为 $(1-\varepsilon)w_t^H-\frac{\mu w_t^H}{a}\geqslant w_t^L$，可得能力禀赋水平阈值为 $a_L=\frac{\mu}{(1-\varepsilon)-\frac{w_t^L}{w_t^H}}$。因此，一般型和知识型劳动力供给量分别为 $N_t^L=N_t\int_0^{a^L}f(a)da=a^LN_t$ 和 $N_t^H=N_t\int_{a^L}^1 f(a)da=(1-a^L)N_t$。

2. 最终产品生产

本章假定最终产品部门需使用私人资本 K_t^P、低技术密度中间投入品 DM_t^L，以及高技术密度中间投入品 DM_t^H 进行生产，最终产品的生产函数形式如下：

$$Y_t=A_t(K_t^P)^{\alpha}(DM_t^L)^{\beta}(DM_t^H)^{1-\alpha-\beta} \tag{5.5}$$

其中，Y_t 表示 t 期最终产品产量，A_t 表示全要素生产率，K_t^P 表示私人资本使用量，DM_t^L 表示低技术密度中间投入品的使用量，DM_t^H 表示高技术密度中间投入品的使用量，α，β，$(1-\alpha-\beta)\in(0,1)$，分别表示私人资本、低技术密度中间投入品和高技术密度中间投入品的产出弹性。

因此，最终产品部门生产的利润最大化问题为：

$$\max\Pi_t^Y=Y_t-P_t^LDM_t^L-P_t^HDM_t^H-(r_t+\delta)K_t^P \tag{5.6}$$

其中，P_t^L 和 P_t^H 分别表示低技术密度中间投入品 DM_t^L 和高技术密度中间投入品 DM_t^H 的价格，r_t 为市场利率，δ 为资本折旧率。

3. 两类创新部门研发函数

本章将创新部门分为低技术密度创新部门和高技术密度创新部门，两类创新部门为最终产品生产提供中间品，其中低技术密度创新部门主要包括原料基础加工、制造业等行业，研发创新风险低；高技术密度创新部门主要包括通信设备研发、高端设备制造等行业，研发风险高，并且需要大量的人力和研发资本投入。两类创新部门的研发效率和研发函数不同，其中低技术密度创新部门雇佣一般型劳动力 N_t^L，高技术密度创新部门雇佣知识型劳动力 N_t^H 进行研发。两类创新部门的研发函数如下：

（1）低技术密度创新部门。参考罗默（1990），本章假设低技术密度创新部门的研发产出取决于资本投入量、一般型劳动力投入量和知识存量。低技术密度创新部门的研发函数为：

$$M_t^L = A_t^L[\varphi^L M_{t-1}^L + (1-\varphi^L)M_{t-1}^H]^{\theta_L}(K_t^L)^{\alpha_L}(N_t^L)^{\beta_L} \tag{5.7}$$

其中，M_t^L 为 t 期低技术密度创新部门的研发产出量。在模型设定中，创新部门研发活动具有正外部性，低技术密度创新部门的研发受到已有的低、高技术密度创新部门的知识存量影响，本章假定两类知识以线性加权的方式产生影响，低技术密度创新部门知识权重为 φ^L，加权后知识的产出弹性 $\theta_L \in (0, 1)$；A_t^L 为低技术密度部门全要素生产率，K_t^L 为低技术密度创新部门资本使用量，N_t^L 为一般型劳动力雇佣量；α_L，$\beta_L \in (0, 1)$，α_L 和 β_L 分别是低技术密度创新部门的资本和劳动力的产出弹性。

因此，低技术密度创新部门的利润最大化问题为：

$$\max\Pi_t^I = P_t^L M_t^L - w_t^L N_t^L - (r_t + \delta - Sub_t^L)\ K_t^L \tag{5.8}$$

其中，Sub_t^L 表示政府对低技术密度创新部门的政策性补贴强度，本章假设政府只对创新部门的资本投入量进行补贴。

（2）高技术密度创新部门。高技术密度创新部门的研发函数为：

$$M_t^H = A_t^H[\phi^H M_{t-1}^H + (1-\phi^H)M_{t-1}^L]^{\theta_H}(K_t^H)^{\alpha_H}((1-\varepsilon)N_t^H)^{\beta_H} \tag{5.9}$$

其中，M_t^H 为 t 期高技术密度创新部门的研发产出量。高技术密度创新部门的研发受到低、高技术密度创新部门的知识存量影响，且高技术密度创新部门知识权重为 ϕ^H，加权后知识的产出弹性 $\theta_H \in (0, 1)$；A_t^H 为高技术密度创新部门的全要素生产率，K_t^H 为高技术密度创新部门的资本使用量，N_t^H 为知识型劳动力雇用量；α_H 和 β_H 分别为高技术密度创新部门的资本和劳动力的产出弹性，α_H，$\beta_H \in (0, 1)$。

本章假定高技术密度创新部门的研发活动存在失败风险（相对于高技术密度

创新部门，低技术密度创新部门的失败概率较低，故忽略不计），在有限责任制的设定下，高技术密度创新部门研发失败时无须承担任何债务成本。高技术密度创新部门需借助金融中介进行融资，以支付资本使用和知识型劳动力雇佣的成本。因此，高技术密度创新部门的利润最大化问题为：

$$\max\Pi_t^H = q_t\{P_t^H M_t^H - (1 + r_t^H)(\delta + r_t - Sub_t^H)K_t^H - (1 - \varepsilon)(1 + r_t^H)w_t^H N_t^H\} \tag{5.10}$$

其中，q_t 表示高技术密度创新部门的研发成功概率；Sub_t^H 表示政府对高技术密度创新部门的政策性补贴强度；r_t^H 表示高技术密度研发部门向金融中介融资的利率，由于存在研发失败风险和有限责任制，金融中介贷款利率 r_t^H 应高于无风险利率 r_t。

4. 金融中介

金融中介解决高技术密度创新部门的融资问题，吸收公众存款，以债权投资的方式向高技术密度创新部门提供资金。由于研发活动是私人行为，金融中介与高技术密度创新部门之间存在信息不对称，容易产生道德风险问题（Takalo and Tanayama，2010）。金融中介通过支付监督成本来获取高技术密度创新部门的研发活动信息，监督成本具体形式为：

$$MC = (q_t^H - q_0)[I_t^H + (1 - \varepsilon)w_t^H N_t^H] \tag{5.11}$$

其中，q_t^H 和 q_0 分别表示金融中介支付和未支付监督成本时高技术密度创新部门的研发成功概率，I_t^H 为高技术密度创新部门的研发投资。

金融中介的利润函数为：

$$\Pi_t^I = [(\delta + r_t - sub_t^H)K_t^H + (1 - \varepsilon)w_t^H N_t^H]\{q_t^H(1 + r_t^H) - (1 + r_t + q_t^H - q_0)\} \tag{5.12}$$

其中，金融中介的资金来自公众存款，t 期市场利率为 r_t。

假定金融中介在信贷市场中为完全竞争，在均衡状态下金融中介的利润等于0，可求得：

$$r_t^H = \frac{1 + r_t - q_0}{q_t^H} \tag{5.13}$$

5. 政府部门

政府部门对工资报酬征收所得税，政府将征得的税收用于创新部门的政策性补贴，以及其他政府支出（如公共医疗等）。政府的预算约束为：

$$T_t = \tau_t[w_t^L N_t^L + (1 - \varepsilon - \mu)w_t^H N_t^H] \tag{5.14}$$

$$T_t = Sub_t^L I_t^L + Sub_t^H I_t^H + Pub_t \tag{5.15}$$

其中，T_t 表示总税收，τ_t 表示税率；Sub_t^L 和 Sub_t^H 分别表示政府对低、高技术密度创新部门的政策性补贴强度；Pub_t 表示其他政府支出。

6. 市场出清条件

$$DM_t^L = M_t^L \tag{5.16}$$

$$DM_t^H = q_t M_t^H \tag{5.17}$$

$$(K_{t+1}^P + K_{t+1}^L + K_{t+1}^H) - (1-\delta)(K_t^P + K_t^L + K_t^H) = N_t^L S_t^L + N_t^H S_t^H \tag{5.18}$$

$$C_t = N_t^L C_t^{t,L} + N_t^H C_t^{t,H} + N_{t-1}^L C_t^{t-1,L} + N_{t-1}^H C_t^{t-1,H} \tag{5.19}$$

式（5.16）、式（5.17）是两类中间品市场的出清条件，式（5.18）是资本市场的出清条件，式（5.19）是消费汇总条件。

5.2.2 参数校准

基于上述理论模型，本章结合中国实际经济数据进行参数校准，分析政策性补贴与经济增长的动态关系。如无特别说明，本章数据均来自《中宏年度数据库》《中国工业企业数据库》《中国科技统计年鉴》和《中国统计年鉴》。

参数设定如下，假定模型中的一期时长 25 年，根据一年期存款基准利率为 0.015，可推算出代际贴现率 $\rho = 0.450$。在实际生活中，劳动力约工作 40 年，假设知识型劳动力需要接受四年高等教育，推算得到模型中的 $\varepsilon = 0.100$。2014 年中国城镇单位在岗职工平均工资为 5.730 万元，高等教育成本约 5.500 万元，知识型劳动力所需支付的经济成本约等于一年的工资报酬，故模型中 $\mu = 0.025$。

参考刘生龙和胡鞍钢（2010），本章假定最终产品部门中全要素生产率为 $A = 1.420$，私人资本的产出弹性为 $\alpha = 0.420$，低技术密度中间投入品的产出弹性为 $\beta = 0.280$，高技术密度中间投入品的产出弹性为 $1 - \alpha - \beta = 0.300$。对于低技术密度创新部门，全要素生产率为 $A^L = 1.590$，资本产出弹性为 $\alpha_L = 0.500$，劳动力的产出弹性为 $\beta_L = 0.500$。对于高技术密度创新部门，全要素生产率为 $A^H = 1.620$，资本产出弹性为 $\alpha_H = 0.540$，劳动力的产出弹性为 $\beta_H = 0.460$。创新部门的研发活动存在正外部性，两类创新部门知识使用为线性加权方式，对低、高技术密度创新部门，本部门知识所占权重为 $\phi^L = 0.800$，$\phi^H = 0.800$，加权后知识产出弹性分别为 $\theta^L = 0.360$，$\theta^H = 0.370$。高技术密度创新部门的研发有一定的失败率，在不接受金融机构监督时，高技术密度创新部门的研发成功率为 $q_0 = 0.590$，接受金融机构监督时，研发成功率为 $q^H = 0.700$。参考陈昆亭等（2004）、胡永刚和刘方（2007）以及汪伟等（2013），本章设定资本折旧率为 $\delta = 0.100$。参考童健等（2016），本章假设工资报酬的所得税税率为 $\tau = 0.350$，由于本章只考虑工资报酬税收，因此模型中的宏观税负低于实际宏观税负。

在确定模型相关参数后，本章在下一节将基于上述理论模型对政策性补贴结构与经济增长的动态关系进行模拟分析。

5.3　政策性补贴结构与经济增长动态关系的模拟分析

正确识别政策性补贴结构对经济增长的动态影响，可以为不同经济发展阶段下的政策设计和实施提供理论参考。为保证政策效果的可比性，本章在假定税率不变的前提下，通过削减政府其他公共支出来增加创新部门的政策性补贴，进而分析补贴结构变迁对经济增长的差异化影响。

5.3.1　差异化研发补贴的经济影响分析

政策性补贴可通过矫正外部性、降低融资约束等途径来促进研发创新，进而提高社会总产出。由于不同类型的研发部门面临的外部性和融资约束存在差异，因此有必要讨论不同政策性补贴结构对经济增长的差异化影响。本章以无政策性补贴为基准模型，分别考虑仅增加低技术密度研发补贴、仅增加高技术密度研发补贴和二者同时增加三种情况下的经济增长情况。为便于比较三种补贴结构对经济增长的影响，本章先分析政策性补贴与稳态产出的关系，得到三种情形下最优补贴选择后，再从经济增长路径上进行对比。图5-1分别给出了三种补贴结构下稳态产出随补贴强度变化的情况，以及经济增长路径上不同补贴结构的经济发展水平的对比。

从图5-1（a）可以看出，稳态经济增长水平与低技术密度研发补贴强度呈倒U型曲线关系，产出水平随低技术密度研发补贴强度的增加而上升，但当补贴强度达到一定水平后（补贴强度0.140），稳态产出则呈下降趋势。低技术密度研发补贴与经济增长水平的关系受“外部性矫正效应”和“要素扭曲效应”的影响。由于低技术密度创新部门的研发产出具有正外部性，增加研发补贴能够矫正外部性，提高低技术密度创新部门的研发积极性。在补贴强度为0.140时，与基准模型相比，低技术密度创新部门的研发产出增加7.684%。然而，研发补贴会提高低密度创新部门的资本需求，推高资本使用成本，进而抑制高技术密度创新部门和最终产品部门的资本使用，形成“要素扭曲效应”。在补贴强度为0.140时，与基准模型相比，市场无风险利率和金融中介借贷利率分别提高3.434%和2.501%，高技术密度创新部门和最终产品部门资本使用占社会总资本的比例分别下降了 0. 486% 和 1. 697%。在两种效应的作用下，当补贴强度为 0. 140 时，稳态产出水平最高，相对基准模型提高了 1. 212%；但当补贴强度过高时，“要素扭曲效应”的负向作用反而会降低产出水平。

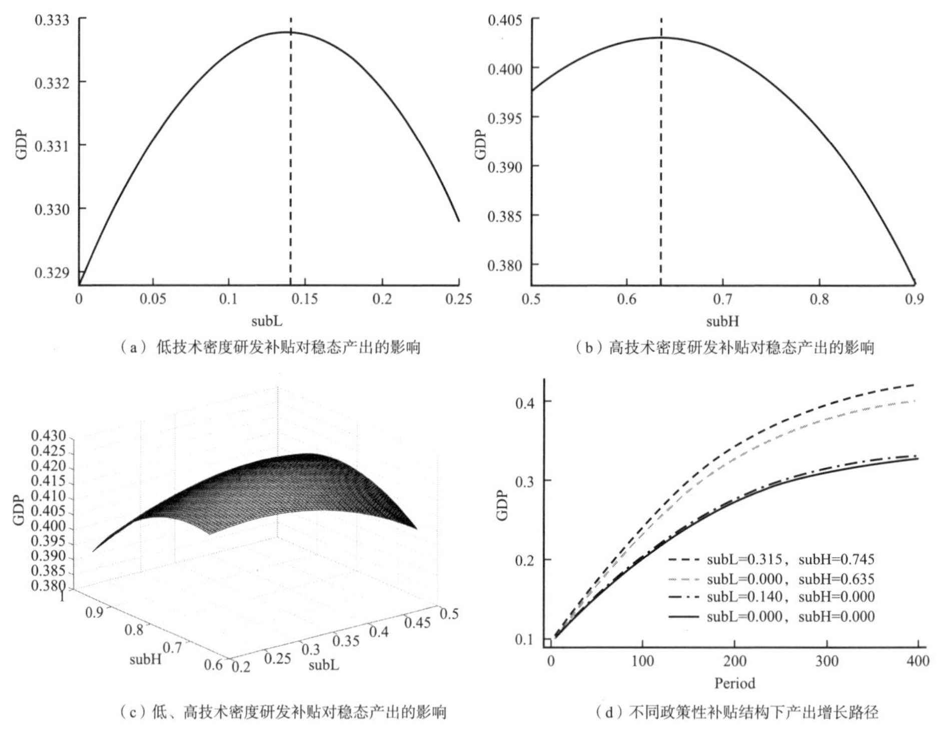

（a）低技术密度研发补贴对稳态产出的影响

（b）高技术密度研发补贴对稳态产出的影响

（c）低、高技术密度研发补贴对稳态产出的影响

（d）不同政策性补贴结构下产出增长路径

图 5－1　差异化研发补贴对经济增长的影响

图 5－1（b）给出了稳态经济增长随高技术密度研发补贴的关系，同样呈倒 U 型曲线关系：当补贴率低于 0. 635 时，产出随补贴强度的提高而增加，但继续提高补贴强度会引起产出水平的下降。高技术密度创新部门的研发积极性同时受外部性和融资约束的影响（金融中介借贷利率约为无风险市场利率的两倍），增加高技术密度研发补贴不仅能够矫正外部性，还能缓解高技术密度创新部门的融资约束。在补贴强度为 0. 635 时，与基准模型相比，高技术密度创新部门资本使用占社会总资本的比例提高了 7. 493%，高技术密度创新部门的研发产出提高了 56. 612%，稳态产出水平提高了 22. 548%，并且该产出水平高于仅增加低技术密度研发补贴的产出。然而，高技术密度研发补贴的“要素扭曲效应”使得市场无

风险利率上升了12.214%，提高了低技术密度创新部门和最终产品部门的资本使用成本，两部门资本占社会总资本的比例分别下降了1.873%和5.620%。当补贴强度低于0.635时，稳态产出水平不断提高；但过高的补贴强度会挤出低技术密度创新部门和最终产品部门的资本使用，降低稳态产出水平。

图5-1（c）考虑了同时增加低、高技术密度补贴时，经济增长水平与补贴强度的关系。从图5-1可以看出，经济发展水平和两类补贴的关系呈“马鞍”型，补贴强度过高或过低均不利于释放经济发展潜力，当低、高技术密度创新部门的补贴强度分别为0.315和0.745时，稳态产出水平最高①。与单独增加低或高技术密度补贴相比，同时增加两类补贴能够矫正低、高技术密度创新部门研发产出的外部性，缓解融资约束，提高研发产出，进而增加最终产品产量。在最优补贴强度的情况，与基准模型相比，低、高技术密度创新部门资本使用占社会总资本的比例分别提高了4.062%和8.959%，研发产出分别提高了36.349%和65.631%，稳态产出水平提高了24.804%，该产出水平高于单独增加低或高技术密度补贴的产量。然而，增加两类补贴会将市场无风险利率推高35.787%，最终产品部门的资本使用占社会总资本的比例下降13.021%，当补贴强度继续增强时，“要素扭曲效应”会抑制最终产品的生产。

为进一步研究政策性补贴对经济增长的影响，本章从经济增长路径上分析不同政策性补贴结构对经济增长的差异化影响，给出了无政策性补贴（基准模型），以及三种最优补贴结构下的增长路径。从图5-1（d）可以看出，第一，无论是单独或同时增加低、高技术密度补贴，增加补贴后的经济增长水平在整条路径上始终高于基准模型；第二，三种补贴结构的效果具有差异性，单独增加高技术密度补贴优于仅增加低技术密度补贴的效果，并且同时增加两类补贴比单独增加一种补贴对产出的提升水平更高。因此，在存在外部性和融资约束时，合理增加政策性补贴均能够有效提高创新部门的研发积极性，提高经济产出水平。然而，由于高技术密度创新部门面临的融资约束高于低技术密度创新部门，因此制定补贴政策时应考虑到两类创新部门的差异性，适当向高技术密度创新部门倾斜，以充分发挥政策性补贴对研发产出和经济增长的刺激作用。

5.3.2 政策性补贴结构变迁的经济影响分析

选择合理的补贴结构能够使经济增长达到稳态均衡时的最优，然而稳态最优

① 此外，给定低（高）技术密度补贴后，经济发展水平与高（低）技术密度补贴呈倒U型曲线关系，与上述结果一致。

并不保证产出水平在整条经济增长路径上依旧保持最优。在现实中，政府不仅关注稳态产出水平，更倾向于考虑经济增长过程中各时期（特别是短期）的经济发展水平。相对于稳态最优水平下的政策性补贴，在短期经济增长目标的驱动下，政府可采用过度补贴政策来刺激短期经济增长。为对比稳态最优政策（OPT）和过度补贴政策（OBS）对经济增长的差异化影响，本章设定低技术密度研发补贴强度 0.490，高技术密度研发补贴强度 0.820 的过度补贴政策，从经济增长路径上研究过度补贴政策和稳态最优政策下长短期经济增长水平的相对关系①。图 5 -2 给出了稳态最优政策（“OPT”）和过度补贴政策（“OBS”）下的经济增长路径，其中左图给出了经济水平的原值，右图给出了两类政策与基准模型比较的差值。对比两类政策的增长路径和与基准模型的差值可看出，在经济发展初期（如 39 期前），过度补贴政策的经济发展水平高于稳态最优政策，但随着经济的不断发展，稳态最优政策下的经济增长水平逐渐超过过度补贴政策。在前 39 期，稳态最优政策和过度补贴政策贴现产出水平分别为 0.0848 和 0.0849，过度补贴政策带来了 0.118% 的产出增长；然而，考虑整条经济增长路径时，稳态最优政策和过度补贴政策的折现产出为 0.183 和 0.182，过度补贴政策导致 0.546% 的产出损失。因此，过度补贴政策能够提高短期经济增长水平，但会抑制长期经济增长潜力；稳态最优政策能够最大化长期经济增长，但短期经济增长水平并非最优。

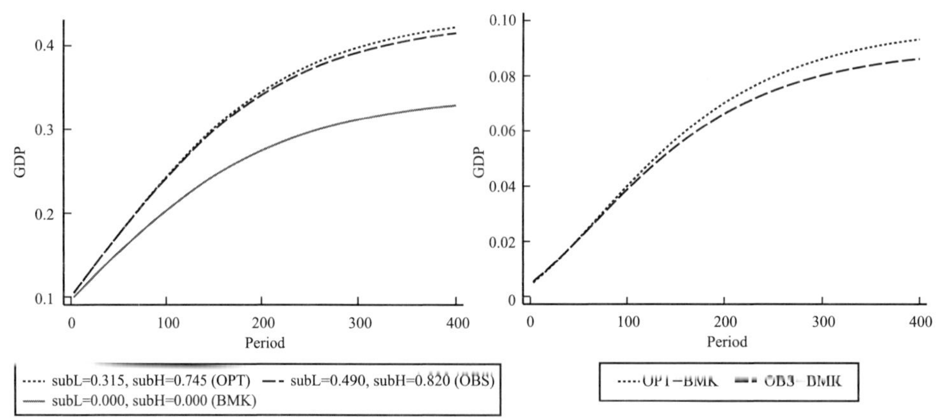

图 5 -2 过度补贴和稳态最优政策下的经济增长路径

注：“OPT”“OBS” 和 “BMK” 分别表示稳态最优政策、过度补贴政策和无补贴基准模型的经济增长路径。其中左图为经济增长原值，右图为两类补贴政策与基准模型产出水平的差值。

① 本章尝试了多种过度补贴政策，如低、高技术密度研发补贴强度分别为 0.485 和 0.815，0.475 和 0.805，以及 0.500 和 0.870 等组合，分析结果相似。

在制定补贴政策时，政府需权衡短期和长期经济增长水平，即同时在经济增长路径和稳态角度优化经济增长。然而，在当前中国所处的经济发展阶段，政府对短期经济增长水平更为关注（耿强等，2011；江飞涛等，2012；范庆泉等，2016）。由上述分析可知，过度补贴政策和稳态最优政策对长、短期经济增长的影响具有差异性，过度补贴政策能够在短期内促进经济增长，而稳态最优政策能够在长期内最大化经济增长水平。通过变迁补贴政策，政府可以充分发挥两种政策的长、短期经济刺激作用，因此，政府需要选择合理的政策变迁时点以实现长、短期经济增长水平的最大化。

本章参考范庆泉等（2016），设定政府的经济目标如下：

$$\text{Max}\psi\sum_{t=1}^{\hat{T}}\ln(Y_t)+(1-\psi)\sum_{t=\hat{T}+1}^{T}\ln(Y_t) \tag{5.20}$$

其中，T 表示政府考虑经济初始状态到第 T 期的经济增长目标；ψ 表示政府对短期经济增长目标的关注程度，ψ 越大则政府对短期经济增长目标的关注程度越高；$\hat{T}$ 表示政府关注短期经济增长目标的时限，$\hat{T}$ 越小则政府关注短期增长目标的时间段越短。

调整 ψ 和 T 的组合，本章设定不同的政府目标函数，假定政府关注前 120 期的经济增长水平，通过理论模型的数值模拟，求解得到政府不同经济目标下最优变迁时间点的选择，表 5－1 给出了各目标下的结果[①]。从表 5－1 可以看出，当政府短期目标的权重越大，政府越晚变迁政策性补贴结构；当政府关注的短期目标期限越短，政府也会越晚变迁政策性补贴结构。以上结果表明，政府对短期经济增长目标的关注程度越高，变迁政策性补贴结构的时间点会越晚，这与本章的理论分析结果一致。

表 5－1　政策性补贴结构变迁的最优时点选择

项目		短期目标权重 ψ					
		0.3	0.4	0.5	0.6	0.7	0.8
短期目标时长 $\hat{T}$	15	1	1	3	4	4	12
	20	1	1	3	4	4	4
	25	1	1	3	4	4	4
	30	1	1	3	4	4	4
	35	1	1	3	4	4	4
	40	1	1	3	3	4	4
	45	1	1	3	3	4	4

注：以 ψ＝0.6、$\hat{T}$＝25 为例，在该经济目标下，能够最大化经济水平的选择是在第 4 期转变政策性补贴结构。

① 本章还考虑政府关注 80 和 100 期时的政策变迁时点选择，得到相似结论。

5.3.3 政策性补贴变迁方式变化的经济影响分析

政府在变迁政策性补贴结构时，政策变迁的路径选择可能会对经济增长水平产生影响。除从过度补贴政策（“OBS”）一次性调整为稳态最优政策（“OPT”）外，本章还考察了不同类型政策变迁方式对经济增长水平的差异化影响。假定政府可选择匀速转变（即每期降低相同补贴强度，“PUni”）、减速转变（即补贴强度初期下降快、后期下降慢，“PDec”）以及加速转变（即补贴强度初期下降慢、后期下降快，“PAcc”）三种政策变迁路径。图 5 – 3 展示了三条转变路径下的低、高技术密度补贴参数选择，本章假定政府在前 15 期内由过度补贴政策转变为稳态最优政策①。

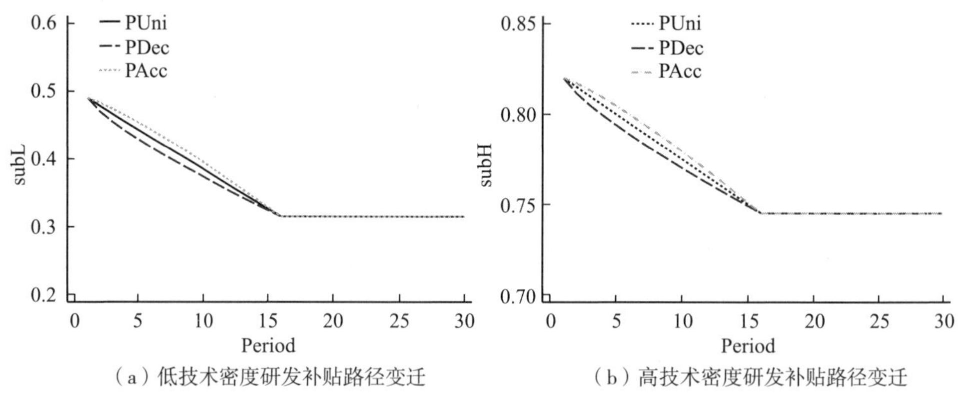

（a）低技术密度研发补贴路径变迁　（b）高技术密度研发补贴路径变迁

图 5 – 3　补贴政策路径变迁选择

数值模拟的结果表明渐进式的转变补贴政策优于一次性转变补贴政策；同时，相对于匀速和减速转变，加速转变补贴政策的方式能够最大化折现产出。具体来说，与一次性转变相比，匀速、减速和加速转变补贴政策分别能够带来 0.031%、0.022% 和 0.033% 的折现产出增加。上述结果说明，在转变补贴政策时，渐进式的转变方式优于一次性转变，其中以补贴强度初期下降慢、后期下降快的加速转变方式最优。由于资本和劳动力市场具有一定的时滞性，突然转变补

① 具体来说，本章分别选定低技术密度补贴 $0.490 - (0.490 - 0.315) \cdot (1/T)^a \cdot t^a$，高技术密度补贴 $0.490 - (0.490 - 0.315) \cdot (1/T)^a \cdot t^a$ 的转变路径，其中 T 表示转变路径总期数，t 表示所在时期，匀速、减速和加速时 a 分别取值 1，4/5 和 6/5。图 5 – 3 展示 30 期前参数选择，30 期后参数与第 30 期相同。本章也模拟了 5 期、10 期和 20 期转变政策的结果，结论保持一致。

贴政策后企业需迅速转变资本和劳动力的使用，从而损害潜在经济产出，但在渐进式的转变路径下，企业可以平缓转变要素投入方式，逐渐过渡到稳态最优的路径上。此外，由于过度补贴政策存在短期刺激经济、长期抑制产出的特点，采用初期高补贴、后期迅速转变为稳态最优的补贴政策更有利于经济发展。因此在经济发展初期，政策性补贴强度宜缓慢降低，而当社会资本和知识积累到一定程度后，政府应加速转变到稳态最优政策上，从而避免扭曲要素市场和降低潜在产出。

5.4　政策性补贴与经济增长关系的实证检验

根据理论模型的结果，低、高技术密度政策性补贴与经济增长存在倒U型曲线关系，并且在不同经济发展阶段，政策性补贴对经济增长的影响存在差异。通过现实数据实证检验政策性补贴与经济增长的关系，量化政策性补贴的影响，有助于为制定补贴政策提供现实依据。本部分利用中国省际面板数据，实证检验政策性补贴对经济增长的影响。

5.4.1　计量模型设定与变量选取

1. 计量模型设定

为量化研究政策性补贴与经济增长的关系，本章设定的计量模型如下：

$$rgdp_{it} = \alpha_0 + \alpha_2 subL_{it} + \alpha_3 subL_{it}^2 + \alpha_4 subH_{it} + \alpha_4 subH_{it}^2 + Z_{it}\gamma + \alpha_i + \lambda_t + u_{it} \tag{5.21}$$

其中，$rgdp_{it}$表示i地区t年的实际GDP增长率；$subL_{it}$和$subH_{it}$表示i地区t年对低、高技术密度创新部门的补贴强度，$subL_{it}^2$和$subH_{it}^2$表示补贴强度的平方项；Z_{it}为其他控制变量，包括通货膨胀率增长率（cpi_{it}）、财政支出占GDP比重（rto_pub_{it}）、产业结构（$indstr_{it}$）、开放度（$open_{it}$）、劳动力教育水平（edu_{it}）、城市化水平（$urban_{it}$）和基础设施水平（fs_{it}）；α_i 和 λ_t 分别代表地区和时间固定效应；u_{it}代表随机扰动项。

2. 变量选取

（1）被解释变量和解释变量。参考周浩和郑筱婷（2012）、梅冬州等（2014）和童健等（2016），本章选取实际GDP的增长率来衡量经济增长。本章的重要解释变量包括政府对低、高技术密度创新部门的政策性补贴强度，将政策性补贴强度定义为政府补贴占创新部门固定资产的比重。创新部门的补贴和资本投入的数据来自《中国工业企业数据库》，参考黄先海等（2015），低技术密度创新部门包括能源开采业、橡胶制品业和印刷业等280个行业，高技术密度创新部门包括电子器械制造、航空航天器制造和专业仪器仪表制造等186个行业。两类创新部门的政策性补贴强度用创新部门的补贴收入占企业资本投入的比重衡量，其中企业资本投入以企业固定资产衡量。为保证实证结果的稳健性，本章还使用固定资产净值年平均余额作为企业资本投入的代表变量进行稳健性检验。

（2）控制变量。根据严成樑和龚六堂（2009）、刘生龙和胡鞍钢（2010）、毛捷等（2011）、李尚骜和龚六堂（2012）以及钞小静和沈坤荣（2014），政府支出规模、城镇化程度、产业结构、通货膨胀率、基础设施水平、开放程度和人力资本对经济增长具有重要影响。在实证分析中，政府支出规模用财政支出占GDP的比重衡量，城镇化程度用非农业人口占人口的比重衡量，产业结构用第三产业增加值占GDP的比重衡量、通货膨胀率用居民消费价格指数的增长率衡量，基础设施水平由人均公路铁路里程衡量、人力资本由劳动力平均受教育年限衡量，开放程度用外商直接投资和进出口总额占GDP的比重衡量。

5.4.2 数据来源及说明

本章实证分析的数据为1998～2007年中国30个省份的面板数据（由于部分数据缺失，本章剔除西藏自治区）。实际经济增长率（rgdp）、政府财政支出占比（rto_pub）和通货膨胀率增长率（cpi）等数据来自《中国统计年鉴》（1999～2008年）；基础设施水平（fs_{it}）等数据来自《中国固定资产投资年鉴》（1999～2008年）。两类创新部门的补贴收入和固定资产数据来源于《中国工业企业数据库》，本章按年份和地区加总补贴收入和固定资产数据，以补贴收入占固定资产的比重作为政策性补贴强度的代理变量。由于《中国工业企业数据库》时间长度的限制，本章仅能考察1998～2007年的省际面板数据。

表5-2为变量的描述性统计，由于中国的经济发展具有区域不平衡特点，东部、中部和西部地区的经济水平具有较大差异，因此表5-2还给出了分地区的统计。其中，东部地区包括北京、天津、河北、辽宁、上海、江苏、浙江、福建、山东、广东和海南，中部地区包括山西、吉林、黑龙江、安徽、江西、河南、湖北和湖南，西部地区包括内蒙古、广西、重庆、四川、贵州、云南、陕西、甘肃、青海、宁夏和新疆。

表 5-2 变量描述性统计

变量名称	全国		东部		中部		西部	
	均值	标准差	均值	标准差	均值	标准差	均值	标准差
rgdp	0.113	0.025	0.119	0.021	0.108	0.024	0.110	0.028
subL	0.007	0.004	0.008	0.006	0.007	0.003	0.006	0.003
subH	0.006	0.005	0.007	0.007	0.006	0.003	0.006	0.003
edu	7.826	0.960	8.392	1.022	7.925	0.537	7.189	0.730
rto_pub	0.145	0.055	0.111	0.031	0.128	0.024	0.192	0.059
open	4.066	1.736	5.643	0.998	4.088	0.816	2.473	1.309
urban	0.329	0.157	0.378	0.155	0.288	0.095	0.310	0.181
ind_str	0.404	0.066	0.429	0.095	0.379	0.039	0.399	0.027
fs	18.975	13.299	12.734	6.058	16.993	8.152	26.658	17.278
cpi	0.005	0.047	0.003	0.034	0.006	0.047	0.008	0.059
Obs	300		110		80		110	

5.4.3 实证结果及分析

1. 模型估计结果

表5-3给出了政策性补贴对经济增长影响的估计。表5-3第一列是全样本回归结果，系数的估计值显示政策性补贴显著影响经济增长，并且低、高技术密度政策性补贴的作用具有差异性。两类创新部门的政策性补贴均与经济增长呈倒U型关系。具体来说，低、高技术密度政策性补贴与GDP增长率呈显著正相关关系，低技术密度政策性补贴的系数估计值为0.016，高技术密度政策性补贴的系数估计值为0.017，二者均在5%的水平下显著；与此同时，低、高技术密度政策性补贴的二次项与GDP增长率呈显著负相关关系，低技术密度政策性补贴二次项的系数估计值为-0.006，且在5%的水平下显著，高技术密度政策性补贴的系数估计值为-0.003，且在1%的水平下显著。由理论分析可知，政策性补贴有助于矫正外部性，提高创新部门的研发投入和研发积极性，进而促进经济增长，但过度的补贴可能会造成要素市场扭曲，损害经济发展潜力，因此观察到回归方程中补贴一次项系数估计值为正、二次项系数估计为负的结果。此外，低、高技术密度政策性补贴对经济增长的影响具有差异性。从回归结果可以看出，高技术密度政策性补贴的一次项和二次项系数估计值均高于低技术密度补贴，这说

明高技术密度政策性补贴对经济增长的促进作用高于低技术密度补贴，对经济增长的抑制作用低于低技术密度补贴。相对于低技术密度创新部门，高技术密度创新部门面临较高的研发失败风险和较高的融资压力，因此政策性补贴适当向高技术密度创新部门倾斜更有利于刺激经济增长。上述回归结果验证了理论模型中政策性补贴与经济增长的倒 U 型关系，以及两类补贴差异性影响的推论。

表 5－3　政策性补贴对经济增长的影响

变量名称	全国	东部	中部	西部
	(1)	(2)	(3)	(4)
subL	0.016** (0.008)	0.015** (0.007)	0.011 (0.034)	0.052** (0.021)
$subL^2$	-0.006** (0.002)	-0.005** (0.002)	-0.004 (0.019)	-0.034** (0.014)
subH	0.017** (0.006)	0.014** (0.006)	0.029** (0.012)	0.034* (0.019)
$subH^2$	-0.003*** (0.001)	-0.003** (0.001)	-0.010 (0.006)	-0.018 (0.011)
edu	0.008** (0.003)	0.009 (0.005)	0.010** (0.003)	0.000 (0.004)
rto_pub	0.191*** (0.051)	0.046 (0.169)	0.360** (0.122)	0.198** (0.071)
open	0.009*** (0.001)	0.015*** (0.004)	0.016** (0.007)	0.012*** (0.003)
urban	0.018 (0.014)	-0.011 (0.061)	-0.081* (0.040)	0.166*** (0.046)
indstr	-0.115* (0.061)	-0.131* (0.068)	-0.099* (0.048)	0.033 (0.046)
fs	0.000 (0.000)	0.000 (0.000)	0.000 (0.000)	-0.000* (0.000)
cpi	0.015 (0.015)	0.080* (0.040)	-0.026 (0.033)	-0.008 (0.018)

续表

变量名称	全国	东部	中部	西部
	(1)	(2)	(3)	(4)
Constant	0. 006 (0. 015)	-0. 019 (0. 052)	-0. 041 (0. 024)	-0. 034 (0. 042)
Observations	300	110	80	110
R^2	0. 552	0. 682	0. 674	0. 713

注：(1) 括号内报告稳健标准误，*** 、** 和 * 分别表示在 1% 、5% 和 10% 水平下显著。(2) 为便于解释补贴系数估计值，本章将两类补贴强度均乘以 100 后进行回归。(3) 模型控制了地区固定效应和年份固定效应。

理论模型考察了补贴政策与经济发展的动态关系，然而由于数据时长的限制，本章未能对不同经济发展时期进行分别考察。考虑到中国区域发展不平衡的特点，本章利用东部、中部和西部所处发展阶段的差异性来检验不同经济发展阶段下补贴政策的差异化影响。此外，分区域考察也有助于政府根据区域发展特点制定差异化补贴政策，以最大化补贴政策的刺激作用。

表 5 -3 中分区域的估计结果表明，在三大区域，低、高技术密度创新部门的政策性补贴与经济增长的倒 U 型关系同样存在。另外，由于经济发展水平、要素禀赋和区位特征等因素的差异，政策性补贴对经济增长的影响存在区域异质性。对于东部地区，低、高技术密度政策性补贴对经济增长的影响与全样本相仿，政策性补贴的一次项系数估计值显著为正，二次项系数估计值显著为负；而对于中部和西部地区，低技术密度政策性补贴与经济增长呈倒 U 型关系，高技术密度补贴一次项系数估计显著为正而二次项系数估计值不显著。对经济发展水平较高的东部地区来说，两类创新部门的发展水平相对较高，政策性补贴虽然能刺激经济增长，但“要素扭曲效应”也会更强。对于中部和西部地区，经济发展水平和市场完善程度仍有待提高，创新部门的融资压力和难度较大，特别是对研发失败可能性高、资金需求量大的高技术密度创新部门。中西部地区对高技术密度创新部门的政策性补贴能够有效缓解其融资压力，分担研发失败风险，从而提高研发创新的积极性，由此观察到了高技术密度补贴的正向刺激作用。从分区域的估计结果来看，东部地区应合理分配补贴资源，优化变迁补贴结构，避免要素市场扭曲的不良后果；而中部和西部地区的补贴政策需继续引导两类创新部门的研发积极性，并适当向高技术密度创新部门倾斜，以充分发挥政策性补贴对经济增长的刺激作用，促进经济快速增长，缩小区域差距。

2. 稳健性检验

为检验实证结果的稳健性，本章以补贴占企业固定资产净值平均余额的比重作为政策性补贴强度的代理变量，重新估计模型式（5.21），表5-4给出了回归结果。从表5-4的回归结果可以看出，对于全国样本，低、高技术密度政策性补贴对经济增长具有显著影响，政策性补贴的一次项与经济增长呈显著正相关关系，而二次项与经济增长则呈显著负相关关系。此外，低技术密度政策性补贴和高技术密度政策性补贴，以及三大区域中政策性补贴结构对经济增长的影响具有差异性，与表5-3的回归结果基本一致。以上结果再次说明了政策性补贴结构对经济增长的影响，验证了实证结果的稳健性①。

表5-4 政策性补贴对经济增长的影响：稳健性检验

变量名称	全国	东部	中部	西部
	(1)	(2)	(3)	(4)
subL	0.010** (0.005)	0.012** (0.005)	0.006 (0.025)	0.040** (0.016)
$subL^2$	-0.003*** (0.001)	-0.002** (0.001)	-0.001 (0.012)	-0.022** (0.009)
subH	0.012** (0.006)	0.005** (0.002)	0.020* (0.010)	0.027 (0.016)
$subH^2$	-0.002** (0.001)	-0.001*** (0.000)	-0.005 (0.004)	-0.011 (0.007)
edu	0.012*** (0.004)	-0.001 (0.006)	0.011*** (0.003)	0.005 (0.003)
rto_pub	0.218** (0.079)	0.356 (0.229)	0.319 (0.191)	0.254*** (0.077)
open	0.010*** (0.002)	0.008** (0.003)	0.017 (0.010)	0.013*** (0.004)
urban	0.000 (0.012)	0.057*** (0.014)	-0.081* (0.041)	0.130** (0.050)

① 本章还用补贴收入占研发费用的比重作为政策性补贴强度的代理变量，由于研发费用数据仅有2005～2007年的数据，本章只对全国数据进行回归，得到相似结果。

续表

变量名称	全国	东部	中部	西部
	(1)	(2)	(3)	(4)
indstr	0.039 (0.117)	-0.140 (0.078)	-0.072 (0.122)	0.052 (0.070)
fs	0.000 (0.000)	0.001* (0.000)	0.000 (0.000)	-0.000 (0.000)
cpi	0.024 (0.018)	0.057 (0.035)	-0.026 (0.032)	0.017 (0.018)
Constant	-0.078** (0.032)	0.060 (0.037)	-0.055 (0.063)	-0.076 (0.054)
Observations	300	110	80	110
R^2	0.581	0.822	0.673	0.688

注：(1) 括号内报告稳健标准误，***、** 和 * 分别表示在1%、5%和10%水平下显著。(2) 为便于解释补贴系数估计值，本章将两类补贴强度均乘以100后进行回归。(3) 模型控制了地区固定效应和年份固定效应。

5.5 本章小结

政策性补贴是矫正研发投入外部性、缓解融资约束、实现经济增长动力向创新驱动转变的重要产业政策。本章构建了政策性补贴与经济增长的理论模型，从增长路径上研究政策性补贴结构与经济增长的动态关系，并从补贴政策结构的优化和变迁时机选择两方面探讨政策性补贴的设计。理论研究表明，低（高）技术密度政策性补贴与稳态经济增长水平之间呈倒U型的关系，政策性补贴能够促进经济增长，但当政策性补贴的强度超过一定阈值后，过度的政策性补贴反而会抑制经济增长。在经济发展初期，过度补贴有利于提高短期经济增长水平，但随着经济的不断发展，政府应及时转变补贴政策，选择合理的补贴结构以促进经济的平衡发展，避免过度补贴带来的负面影响。因此，政府应结合经济发展水平来制定合理的补贴政策，并根据长、短期政策性目标设定来优化补贴结构，以最大化发挥政策性补贴的经济刺激和创新激励作用。

在理论分析的基础上，本章利用中国省际面板数据实证检验了政策性补贴与经济增长的关系。实证结果表明，低、高技术密度政策性补贴与经济增长水平之间存在倒U型关系，并且低技术密度补贴与高技术密度补贴的影响具有差异性。进一步分区域研究发现，经济较为发达的东部地区需调整低、高技术密度政策性补贴的结构，而中部和西部地区则应适当向高技术密度创新部门倾斜，从而加快创新驱动经济增长的进程。

上述结论对优化和调整中国政策性补贴结构具有重要参考意义。

第一，随着经济水平的不断提高，低技术密度创新部门的资本回报率逐渐下降，高技术密度创新部门对经济增长的推动作用更为凸显，政府应及时调整政策性补贴结构，优化政策变迁时机选择。对低技术密度创新部门的过度补贴会导致要素市场扭曲和产能过剩等一系列问题，相对而言，对高技术密度创新部门的补贴仍稍显不足。在中国经济转轨的关键时期，创新驱动成为中国经济发展的重要动力，政府应加大对高技术密度创新部门的补贴力度，提高企业研发积极性和研发效率，从而实现创新发展。

第二，政府需重视区域发展不平衡的现状，根据各区域的经济发展阶段和区域特点制定针对性的补贴政策。由于区域发展不平衡，照搬中央补贴政策不仅无法充分发挥政策性补贴对经济增长的促进作用，还可能导致竞争性补贴和重复补贴等问题，从而进一步加剧区域发展的不平衡。为避免区域发展差距的固化，各地区需根据自身特点选择差异化的补贴结构，发挥各自的比较优势，提高补贴资金的使用效率，从而最大化补贴政策对经济增长的刺激作用，实现跨越发展，不断缩小区域发展不平衡。

第三，政策性补贴的实施需要建立科学的事前设计、监督实施和事后评估的流程体系。政策性补贴的实际效果受地区发展阶段和行业发展特点等一系列复杂因素的影响，充分的事前设计能够明确适用对象和补贴力度等关键因素，从而避免过度补贴或补贴流向生产效率较低部门。另外，研发创新活动存在信息不对称，易引发道德风险等问题，为避免企业通过策略性创新等手段不当获取补贴，政府应当监督补贴资金的流向和使用，保证补贴资金得到有效利用。由于产业的发展演进和经济形势的变化，政策性补贴实施效果需要及时评估，分析补贴政策对创新和经济增长的促进作用以及实施过程中的不足，不断提高政策性补贴的作用，为设计相关配套政策提供经验借鉴。

第6章　收入不平等演化进程中的公共消费支出结构变迁

经过30多年快速发展后，中国经济总量已跃居世界第二，但与之相伴的突出问题就是收入不平等的持续扩大。2015年《中国家庭追踪调查报告》显示，1%的收入最高的家庭掌握了近1/3的全国财富，而收入最低的1/4家庭仅掌握1%的全国财富。王小鲁和樊纲（2005）、王少平和欧阳志刚（2007）等表明近十年来收入不平等在持续扩大，且收入不平等对经济增长的影响呈现倒U型关系。库兹涅茨（Kuznets，1955）提出的库兹涅茨曲线是指经济持续增长过程中收入不平等呈现先增后减的变化，这与中国当前现状截然不同，本章将收入不平等对经济增长的倒U型影响称之为“反库兹涅茨”事实。然而，中国当前的“反库兹涅茨”事实的谜题尚未明确理论根源，仅从实证检验中进行了验证。

为改善收入不平等的负面影响，各国政府采取了一系列财政系统内的再分配政策，效果却存在较大的不确定性。罗兰（Roland，2000，2002）、布莱尼和格林纳威（Bleaney and Greenaway，2001）研究发现，某些类型的公共政策支出可以在改善不平等问题的同时促进经济增长，如基础设施投资、教育、卫生、社保等相关支出；而另一些公共政策支出不仅不能改善不平等，还会抑制经济增长。造成公共政策效果不确定性的根源在于政策的着力点，如果政策聚焦在静态不平等而非动态不平等，这些政策效果将很难实现。这是因为，静态不平等与动态不平等在一定程度上是存量和流量的关系，改变静态不平等的再分配政策是一种治标不治本的措施，这些政策效果可能会被动态不平等的加剧而抵消。

有关收入不平等与经济增长的库兹涅茨曲线的研究中，收入不平等外生性核心假设备受质疑。例如，当收入不平等对经济增长的负面影响足够大时，经济增长将下滑甚至停滞，收入不平等的库兹涅茨拐点自然不可能出现。经济发展进程中静态不平等和动态不平等动态演绎关系十分重要，静态不平等只能通过动态不平等的逐步改善而下降，否则将进入恶性循环。此外，假定收入不平等的库兹涅茨曲线拐点可以出现，有关政府的公共财政政策在倒U型库兹涅茨曲线形成中的作用，现有的理论和实证研究并未对其给出明确解释。

因此，本章从静态不平等与动态不平等间的动态演绎关系出发，将静态不平等、动态不平等与经济增长同时内生在模型中，设计公共财政支出结构的动态演进，构建公共消费支出结构与收入不平等演化进程的 OLG 模型，研究经济增长与收入不平等间的动态演进关系，并且在不同公共消费支出结构变迁下分析经济发展进程中静态不平等与动态不平等间的动态演绎关系，不仅能准确揭示收入不平等与经济增长间的内在关系，也可以为公共消费支出结构变迁政策的合理制定提供切实可行的理论依据。

6.1 收入不平等与经济增长关系概述

库兹涅茨（1955）最早提出了收入不平等与经济增长之间的倒 U 型关系，认为经济增长过程中的贫富差距会呈现先增后减的变化。保克特（Paukert，1973）、阿卢瓦利亚（Ahluwalia，1976）等从实证上对这一倒 U 型关系进行验证，并称为“库兹涅茨曲线”。但王小鲁和樊纲（2005）、王少平和欧阳志刚（2007）、何其春（2012）等表明，从中国经济数据出发，研究发现中国城乡间、区域间、社会阶层间收入差距呈现出明显的“反库兹涅茨”事实。此后学术界涌现了大量文献对收入不平等与经济增长之间的关系进行全方位研究，但在理论上还没有形成一致性的结论。从收入不平等对经济增长的影响渠道来看，这些研究可以归纳成五个方面，即税收扭曲性、信贷完善性、储蓄率差异、生育选择差异和资本积累差异（Galor and Moav，2004；陆铭等，2005）。

具体而言，在理论与实证研究中主要有以下六类处理方法：一是将异质行为人引入一般均衡模型中，如皮尔森和塔贝利尼（Persson and Tabellini，1994）、亚历辛和罗德里克（Alesina and Rodrik，1994）、李和周（Li and Zou，1998）以及费什曼和西蒙（Fishman and Simhon，2002）在模型中引入异质行为人假定以研究收入不平等和经济增长之间的关系，认为收入不平等倾向于引发高额税赋，税收的扭曲性抑制了企业的生产积极性，阻碍了经济增长；二是在动态博弈框架下考虑资本积累差异，如贝哈鲍比和拉切奇尼（Benhabib and Rustichini，1996）在动态博弈框架下研究财富不平等与经济增长之间的关系，认为经济增速与初始财富分配有关，收入不平等容易造成产权保护缺位，继而影响资本积累和经济增长，故欠发达国家的资本积累速度小于发达国家；三是在理论模型中引入信贷市场，如费什曼和西蒙（2002）认为信贷市场不完善制约了低收入者的信贷可得性，财富分配不公平又降低了低收入者的投资机会，延缓了资本积累与专业化分工进程，进而不利于经济增长；四是在模型中考虑不同收入阶层的储蓄率差异，如赫尔普曼（Helpman，2004）认为高收入阶层的储蓄率要高于低收入阶层，偏向高收入阶层的分配政策利于资本积累，促进经济增长；五是在模型中引入人力资本考察经济转型期增长动力转换，如高卢和摩亚（Galor and Moav，2004）、尹恒等（2005）认为经济发展进程中收入不平等与经济增长的关系呈现倒U型，即在经济发展水平较低时，收入不平等有助于物质资本积累，促进经济增长，当经济发展水平较高时，人力资本作用凸显，收入不平等不利于低收入阶层的人力资本积累，继而抑制经济增长；六是在实证模型中考虑空间、经济发展阶段、内生性问题等诸多因素搭建更完善的研究框架，如佩罗蒂（Perotti，1996）、巴罗（Barro，2000）、福布斯（Forbes，2000）、帕尼萨（Panizza，2002）、张春安和唐杰（2005）、王少平和欧阳志刚（2007，2008）、廖信林（2012）等分别从跨国、美国洲际和中国省际等面板数据样本实证检验了收入不平等与经济增长间的关系，近期研究多认为收入不平等对经济增长呈现类似的倒U型库兹涅茨曲线，即改革开放初期的收入不平等促进了经济增长，而当前收入不平等抑制了经济增长。

尽管国内学界在理论上未就收入不平等与经济增长的关系达成共识，但多数认为现阶段的收入不平等已经抑制了经济增长（李亚玲、汪戎，2006；杨俊、李雪松，2007；王少平、欧阳志刚，2007，2008；钞小静、沈坤荣，2014）。针对这一问题，学者们提出了多种手段来改善收入不平等以期达到改善经济增长的效果：一是完善社会保障和转移支付制度，加大对低收入阶层政策性补贴力度（廖信林等，2012）；二是深化税制改革，加大税收在调节收入分配中的力度（何其春，2012；米增渝等，2012）；三是加强信贷扭曲、垄断等行为监管，降低财富分配中的不平等（张春安、唐杰，2004；聂海峰、岳希明，2016）；四是推进户籍制度改革，缩小城乡收入差距（陆铭、陈钊，2004；沈凌、田国强，2009；陈斌开、林毅夫，2013）。

上述研究虽然对不平等的改善具有一定作用，但未能从根源上解决问题，其原因在于上述研究均聚焦在静态不平等，忽略了不平等演绎的动态路径——动态不平等①。静态不平等和动态不平等是存量和流量的关系，单纯改善静态不平等

① 动态不平等是指社会各阶层固化在其所处的社会地位，难以向新地位转变，即社会流动性不足（蔡洪滨，2011）。

而忽视动态不平等是治标不治本的措施，因为改善静态不平等的政策效果可能被动态不平等的加剧所抵消，甚至加剧静态不平等，因此不能起到促进经济增长的效果（Fan et al.，2015）。陈琳和袁志刚（2012）认为改革开放以来，在国民经济快速增长的同时，中国社会呈现贫富分化加剧（静态不平等）和社会流动性不足（动态不平等）并存的现象。当一个经济的社会流动性长期不足，社会各利益阶层逐步固化，最终会带来经济增长的长期停滞（蔡洪滨，2011），那么收入不平等与经济增长倒U型关系的分析将是有偏的。因此，将静态不平等、动态不平等同时内生于理论模型中，从静态不平等与动态不平等间的动态演绎路径出发研究收入不平等与经济增长之间的内在反馈机制，明确中国出现“反库兹涅茨事实”的根源是本章研究的重点之一。

在收入不平等与经济增长之间关系的研究中，动态不平等（社会流动性）的改善作用十分关键。关于社会流动性的研究最早可追溯到贝克尔和托姆斯（Becker and Tomes，1979），但未讨论如何改善社会流动性。梭伦（Solon，2004）在贝克尔和托姆斯（1979）的基础上进行扩展，假定子女的人力资本水平由父母的私人教育支出和政府的公共教育支出决定，这一机制表明公共政策对改善社会流动性的效果显著。梅尔和罗布（Mayer and Lopoo，2008）基于PSID和美国洲际统计调查数据研究发现，政府支出的提高有助于改善社会流动性。周波和苏佳（2012）基于“中国健康与营养调查”数据库和县级财政支出数据研究发现，政府的教育支出有助于提升代际流动性，实现机会均等；李力行和周广肃（2014）认为公共教育支出有助于缓解低收入家庭人力资本投资不足的问题，提高社会流动性。

上述研究多基于计量经济模型和新古典模型研究公共政策、社会流动性与经济增长之间的关系，大多数聚焦在经济稳态处进行比较静态分析，或在统计上检验收入不平等与经济增长间的关系。显然，在稳态上或统计上分析不能解释公共财政作用下收入不平等与经济增长关系随时间的动态变化特征。从收入不平等与经济增长之间的内在演变路径上分析公共消费支出结构变迁是未来研究的重要方向，李稻葵等（2012）表明中国经济仍处于走向稳态经济的动态路径上，因此从最终稳态上研究公共政策变化是有误的。因此，构建理论模型从不平等与经济增长间的动态演进关系出发研究经济发展进程中的公共消费支出结构变迁，具有重要的理论与现实意义，也是本章研究的另一重点。

6.2 公共消费支出结构与收入不平等演化进程的理论框架构建

本章在两阶段OLG模型基础上，借鉴郭凯明等（2011）的研究框架，通过引入两种类型的劳动力来刻画经济中的静态不平等和动态不平等，继而构建了公共财政、社会流动性与经济增长的理论模型，从不平等与经济增长间的动态演进关系出发研究经济发展进程中的公共消费支出结构变迁。

6.2.1 模型设定

1. 家庭行为决策与人力资本形成机制

假设t期经济中存在三代人：青少年、成年和老年。青少年接受教育形成人力资本；成年人参加劳动获取报酬，继而进行消费、储蓄、子女教育投入和赡养老人支出的行为决策；老年人在t期不参加工作，其消费来源是其上一期（成年时期）的储蓄、子女支付的赡养费和政府支付的社会养老金。同时，模型假设t期参与工作的成年人总数为N_t，其中高能力劳动力占比为λ_t，低能力劳动力占比为$1-\lambda_t$。不同能力水平的劳动力直观体现在人力资本水平的差异上，高能力劳动力的人力资本水平为h_t^s，低能力劳动力的人力资本水平为h_t^u。生产部门依据不同类型劳动力的人力资本水平分别向高能力劳动力和低能力劳动力支付工资w_t^s和w_t^u。

成年人在t期同时关心其当前消费C_t^t和老年期消费C_{t+1}^t。参考埃里希和卢伊（Ehrlich and Lui，1991），本章假设父母关心子女的健康成长，即由生育子女数量n_t和子女的人力资本水平h_{t+1}共同形成优质子女数量m_t，其中$m_t^i=(n_t^i)^\eta(h_{t+1}^i)^\rho$，η和ρ分别表示子女数量和子女人力资本水平对优质子女数量的贡献程度。因此，居民的效用函数是：

$$U(C_t^{t,i},\ C_{t+1}^{t,i},\ m_t^i)=\phi_1\ln C_t^{t,i}+\phi_2\ln C_{t+1}^{t,i}+\gamma\ln m_t^i \tag{6.1}$$

其中，ϕ_1表示父母的消费理念，反映父母对自身消费和养育子女之间的选择偏好；ϕ_2是时间偏好率因子；γ是父母对子女健康成长的关注程度；$i=s,\ u$分别表示高能力和低能力两种类型劳动力，如$C_t^{t,s}$表示高能力劳动力在其成年期的消费，$C_t^{t,u}$表示低能力劳动力在其成年期的消费，其余变量不再一一赘述。

与克罗伊和德普克（Croix and Doepke，2003）、郭凯明等（2011）类似，本

章假定公民在成年阶段提供一单位劳动，获取 $w_t^i h_t^i$ 的工资报酬，同时需要为每个子女支付 $e_t^i w_t^i h_t^i$ 的教育支出、为父母提供 $\chi_t^i w_t^i h_t^i$ 的赡养支出，为老年生活储蓄 $s_t^i w_t^i h_t^i$。此外，政府对公众的劳动报酬征收所得税，税率为 τ。因此，公众在 t 期面临的预算约束具体形式如下：

$$C_t^{t,i} + \chi_t^i w_t^i h_t^i + e_t^i w_t^i h_t^i n_t^i + s_t^i w_t^i h_t^i = w_t^i h_t^i (1 - \tau) \tag{6.2}$$

$$C_{t+1}^{t,i} = \chi_{t+1}^i w_{t+1}^i h_{t+1}^i + R_{t+1} s_t^i w_t^i h_t^i + f_{t+1} \tag{6.3}$$

其中，χ_t^i 表示 t 期成年人为父母提供的赡养支出比重，e_t^i 表示 t 期成年人为子女提供的教育支出占比，s_t^i 表示 t 期成年人储蓄率，$R_{t+1} = 1 + r_{t+1}$ 表示 t+1 期成年人的储蓄回报率，r_{t+1} 表示 t+1 期的资本回报率，f_{t+1} 表示 t+1 期政府为退休老人提供的社会养老金。

子女的人力资本水平 h_{t+1}^i 是由 t 期成年人为子女提供的教育支出 e_t^i、父母的人力资本水平 h_t^i 和政府的公共教育支出 E_t 共同决定，其具体形式为：

$$h_{t+1}^i = A_1 \left(\frac{E_t}{N_{t+1}} \right)^{\kappa} (h_t^i)^{1-\kappa} (e_t^i)^{\theta} \tag{6.4}$$

其中，A_1 表示人力资本形成中的全要素生产率；e_t^i 表示 t 期成年人为子女提供的教育支出比重，N_{t+1} 表示 t+1 期成年人的数量，即 t 期青少年的数量；E_t 表示公共教育支出，$\frac{E_t}{N_{t+1}}$ 表示公共教育支出的拥挤程度；h_t^i 表示父母的人力资本水平。式（6.4）显示公共教育支出和父母的人力资本水平互为替代关系，即公共教育支出有助于缩小子女间的人力资本水平差距，而父母的人力资本水平会放大子女间人力资本水平差距。

2. 静态不平等与动态不平等的演绎机制

如前面所述，经济中劳动力有高能力和低能力两种类型，不同类型劳动力的人力资本水平差异带来了劳动报酬差异，因此，本章用不同类型劳动力间的收入差距来衡量静态不平等，而收入差距用潜在收入的方差表示。

$$E_t(w_t^p) = \lambda_t w_t^S h_t^S + (1 - \lambda_t) w_t^U h_t^U = \lambda_t (w_t^S h_t^S - w_t^U h_t^U) + w_t^U h_t^U \tag{6.5}$$

$$\begin{aligned} Var_t(w_t^p) &= \lambda_t [w_t^S h_t^S - E_t(w_t^p)]^2 + (1 - \lambda_t) [w_t^U h_t^U - E_t(w_t^p)]^2 \\ &= \lambda_t (1 - \lambda_t) [w_t^S h_t^S - w_t^U h_t^U]^2 \end{aligned} \tag{6.6}$$

其中，w_t^p 表示劳动力提供一单位劳动所获得的潜在收入，$E_t(w_t^p)$ 表示潜在收入的期望值，$Var_t(w_t^p)$ 表示潜在收入的方差，方差越大表明静态不平等程度越强。

由式（6.6）可知，静态不平等程度取决于两类劳动力的工资差异 $w_t^S h_t^S -$

$w_t^U h_t^U$ 和高能力工人占比 λ_t。且高能力工人占比 λ_t 对静态不平等的影响呈现倒 U 型，当 $\lambda_t = 0.5$ 时，静态不平等达到峰值。

同时，社会阶层之间不是完全固化的，存在流动性。假定高能力劳动力的子女成为高能力劳动力的概率为 p_t，低能力劳动力的子女成为高能力劳动力的概率为 q_t，且 $p_t = p(h_{t+1}^S) = 1 - \exp(-h_{t+1}^S) \in [0, 1]$，$q_t = q(h_{t+1}^U) = 1 - \exp(-h_{t+1}^U) \in [0, 1]$。由于 t 期高能力劳动力的生育率为 n_t^S，低能力劳动力的生育率为 n_t^U，则 t+1 期劳动力总数为：

$$N_{t+1} = \lambda_t N_t n_t^S + (1 - \lambda_t) N_t n_t^U \tag{6.7}$$

其中，高能力劳动力总数为 $\lambda_t N_t n_t^S p_t + (1 - \lambda_t) N_t n_t^U q_t$，因此，t+1 期高能力劳动力占比：

$$\lambda_{t+1} = \frac{\lambda_t n_t^S p_t + (1 - \lambda_t) n_t^U q_t}{\lambda_t n_t^S + (1 - \lambda_t) n_t^U} \tag{6.8}$$

借鉴伊云（Iyigun，1999），本章用低能力劳动力的子女成为高能力劳动力的概率为 q_t 与高能力劳动力的子女成为高能力劳动力的概率为 p_t 的比重来衡量社会流动性 M_t，因此，社会流动性 M_t 的具体形式如下：

$$M_t = \frac{q_t}{p_t} \tag{6.9}$$

由于 $p_t \in [0, 1]$ 且 $q_t \in [0, 1]$，则社会流动性 $M_t \in [0, \infty)$。$M_t = 1$ 表示社会流动性最强；当 M_t 向 1 逼近时，社会流动性处于增强过程中；当 $M_t = 0$ 或 ∞ 时，社会流动性最差。

动态不平等 $DIne_t$ 可用社会流动性 M_t 来表示，但考虑到二者间的非对称函数关系，本章采用分段函数来刻画动态不平等与社会流动性间的非对称性，具体形式如下：

$$DIne_t = \begin{cases} \dfrac{1}{M_t} - 1, & M_t \leqslant 1 \\ \dfrac{1}{10^4}(M_t - 1)^2, & M_t \geqslant 1 \end{cases} \tag{6.10}$$

如式（6.10）所示，当 $DIne_t = 0$ 时，经济体处于动态完全平等；当 $DIne_t = \infty$ 时，经济体处于动态完全不平等，随着 $DIne_t$ 的增加，动态不平等程度在不断上升。

3. 企业生产决策机制

假设经济中存在一个代表性企业，通过雇佣物质资本和两类人力资本生产最终产品，其具体形式为：

$$Y_t = AK_t^{\alpha}(H_t^U)^{\beta}(H_t^S)^{1-\alpha-\beta} \tag{6.11}$$

其中，$0<\alpha$，$\beta<1$，$A>0$，K_t、H_t^U、H_t^S 分别表示最终产品生产中的物质资本、低能力的人力资本和高能力的人力资本。

依据厂商的利润最大化决策可以得出：

$$w_t^U = \beta AK_t^{\alpha}(H_t^U)^{\beta-1}(H_t^S)^{1-\alpha-\beta} \tag{6.12}$$

$$w_t^S = (1-\alpha-\beta)AK_t^{\alpha}(H_t^U)^{\beta}(H_t^S)^{-\alpha-\beta} \tag{6.13}$$

$$r_t = \alpha AK_t^{\alpha-1}(H_t^U)^{\beta}(H_t^S)^{1-\alpha-\beta} \tag{6.14}$$

其中，r_t、w_t^U、w_t^S 分别表示最终产品生产中的物质资本回报率、低能力劳动力的人力资本工资报酬和高能力劳动力的人力资本工资报酬。

4. 政府的公共财政支出分配机制

政府对消费者工资报酬征收所得税，税率为 τ_t，并将税收收入用于公共教育支出、养老保障支出和其他社会保障支出。考虑到现实情况，参考郭凯明等(2011)，假设养老保障机制实行现收现付制度，即政府将当期的税收收入用作社会养老金补贴给老年人。

$$T_t = \tau[\lambda_t N_t w_t^S h_t^S + (1-\lambda_t)N_t w_t^U h_t^U] \tag{6.15}$$

$$E_t = \tau_E T_t \tag{6.16}$$

$$f_t = \frac{\tau_f T_t}{N_{t-1}} \tag{6.17}$$

$$P_t = (1-\tau_f-\tau_E)T_t \tag{6.18}$$

其中，T_t 表示 t 期总税收收入，E_t 表示公共教育支出，f_t 表示社会养老补贴，P_t 为其他社会保障支出，τ_E 为公共教育支出占总税收收入比重，τ_f 为社会养老补贴占总税收收入的比重。

5. 家庭养老保障机制

考虑到中国传统思想的影响，家庭养老保障机制是公共养老保障机制的重要补充。正如贝克尔和墨菲（Becker and Murphy，1988）所述，家庭养老保障源自社会道德规范约束下子女的赡养支出，即代际间收入转移。假设子女赡养父母的行为习惯决定于社会道德规范，则 t+1 期代际间收入转移取决于 t 期社会养老习惯和 t+1 期社会养老保障缺口，其中社会养老习惯的影响程度为 π，社会养老保障缺口的影响程度为 $1-\pi$。因此，t+1 期的子女赡养比 χ_{t+1} 满足：

$$\chi_{t+1}W_{t+1} = (1-\pi)(u-\tau\times\tau_f)W_{t+1} + \pi\chi_t W_t \tag{6.19}$$

$$W_t = \lambda_t N_t w_t^S h_t^S + (1-\lambda_t)N_t w_t^U h_t^U \tag{6.20}$$

其中，u 表示社会养老保障需求占 t+1 期总收入的比重，$u-\tau\times\tau_f$ 表示社会养老保障缺口占 t+1 期总收入的比重，W_t 表示 t 期社会总收入，χ_t 表示 t 期的子女赡养比，即 t 期社会养老习惯。不难发现，家庭养老保障支出与政府的社会养老保障机制相互替代，社会养老保障体系越完善，代际间收入转移越少，子女赡养比越低。

6. 市场出清条件

$$H_t^S = \lambda_t N_t h_t^S \tag{6.21}$$

$$H_t^U = (1-\lambda_t) N_t h_t^U \tag{6.22}$$

$$K_{t+1} = \lambda_t N_t w_t^S h_t^S S_t^S + (1-\lambda_t) N_t w_t^U h_t^U S_t^U \tag{6.23}$$

式（6.21）和式（6.22）是劳动力市场出清条件，式（6.23）是资本市场出清条件。

6.2.2 参数校准

在理论模型的基础上，本章结合中国经济的典型特征数据进行参数校准，分析公共财政支出结构变迁过程中静态不平等与动态不平等的演绎机制，探究经济增长路径上公共消费支出结构变迁的路径选择。如无特别说明，本章所采用的数据均来自《中国统计年鉴》《中国人口和就业统计年鉴》和《中宏年度数据库》。

在消费者效用函数相关参数的校准中，与刘永平和陆铭（2008）、郭凯明和龚六堂（2012）一致，本章假定模型中每年的时间偏好因子为 0.98，每一期为 25 年，模拟 7 期经济增长，则时间偏好因子 $\phi_2 = 0.98\hat{}25 = 0.60$。与贝克尔等（Becker et al，1990）一致，本章选取 $\gamma = 0.24$，$\phi_1 = 0.8$。$\phi_1 < 1$ 表示受中国传统思想影响，父母愿牺牲自己的消费来保障子女的健康成长。参考郭凯明等（2011），本章选择子女数量和人力资本水平对优质子女的弹性分别为 $\eta = 0.5$ 和 $\rho = 0.5$，这表明父母视子女的数量和人力资本水平同等重要程度。参考童健等（2016），本章选取个人所得税税率 $\tau = 0.2$。

在子女人力资本形成函数相关参数的校准中，$1-\kappa$ 是父母人力资本水平对子女人力资本水平的影响弹性，即代际收入弹性。李力行和周广肃（2014）、阳义南和连玉君（2015）估算 2012 年中国城市和农村的代际传递弹性分别为 0.3278 和 0.2872，基于此取中间值 $1-\kappa = 0.3075$，则 $\kappa = 0.6925$。借鉴贝克尔等（1990）和埃里希和卢伊（1991），本章选取 $\theta = 0.4$，$A_1 = 32.68$。

在企业生产函数相关参数的校准中，本章选取张军和章元（2003）、郭庆旺和贾俊雪（2005）对中国资本存量的测算结果，以 1990 年的资本存量定为初始资本，资本折旧率定为 $\delta = 9.6\%$，并基于永续盘算法测算中国的资本存量。在此基础上，依据受教育程度（接受过本科及以上教育）将劳动力区分成高能力劳动力和低能力劳动力两种类型，再对生产函数中各要素弹性进行估计，得到物质资本和人力资本的弹性系数分别为 $\alpha = 0.38$、$\beta = 0.21$、$A = 2.21$。

在家庭养老保障机制相关参数的校准中，考虑到中国传统思想的影响，家庭养老支出始终为正，本章选取郭凯明等（2011）对社会养老保障需求占比的测算数据，取 $u = 0.15$。此外，本章认为社会养老习惯和社会养老保障缺口对子女赡养支出同等重要，故选取 $\pi = 0.5$。

在模型各变量初始值设定中，本章同样选取郭庆旺和贾俊雪（2005）对中国资本存量的测算结果，以 1990 年为初始状态，物质资本与人力资本的比值为 7.1595，并以 1998 年接受大学本科及以上教育程度的新增劳动力人口占当年总新增劳动力人口的比值作为初始设定。同时，为计算方便，本章将初始劳动力总数进行标准化，选取为 $N_0 = 100$。子女赡养比的初值设定为 $\chi_0 = 0.06$。为考察公共财政支出结构变迁对不平等与经济增长动态演进关系的影响，本章选取 $\tau_f = \tau_E = 0.10$ 作为基准模型，并在此基础上考察公共财政政策变化对经济增长的影响。至此，理论模型中所有参数校准均已完成。

6.3 经济增长与收入不平等的动态演进关系分析

传统观点认为收入不平等与经济增长间呈现倒 U 型关系，即在经济增长水平较低时，不平衡变化占优，少数部门率先发展，收入差距扩大；在经济增长水平较高时，补偿性变化占优，先发部门的经济增长扩散到其他部门，外溢效应促使收入分配得到改善（Paukert，1970；Ahluwalia，1976）。但王小鲁和樊纲（2005）、王少平和欧阳志刚（2007）、何其春（2012）等表明，20 世纪 90 年代以来中国城乡间、区域间、社会阶层间收入差距呈现扩大效应，且 2003 年以来收入差距扩大呈现严格递增趋势，即中国已出现“反库兹涅兹”事实。不难发现，上述文献中讨论的收入差距均是指静态不平等，而非动态不平等。静态不平等的出现带来了社会各阶层间资源分配不均，继而引发动态不平等；而动态不平等的演变又会加剧静态不平等。本部分首先从经济增长路径上分析静态不平等和动态不平等的演进路径，试图找出中国出现“反库兹涅兹”事实的根源。

图 6－1 和图 6－2 分别是静态不平等和动态不平等的演进路径。如图所示，

在同时考虑静态不平等和动态不平等后，经济增长路径上静态不平等呈现单调递增的形态，动态不平等呈现J型形态。造成这一现象的原因在于，人力资本水平不同的家庭收入水平也不同，继而带来生育选择和教育投入的差异。在经济发展初期，人力资本水平越高的家庭，收入水平高，储蓄率也高，其下一期财富的分配比例也越高，静态不平等进一步扩大。与此同时，静态不平等程度较低，财富分配的差别略小，但经济活力被释放，劳动力通过自由流动进入到工业化进程中，受劳动力需求增加的影响，中低收入家庭的劳动力能够获取提高收入的机会，动态不平等减弱。当经济发展到一定阶段，静态不平等（收入差距）上升带来教育支出差距的扩大，继而带来子女人力资本水平的差异，最终加剧动态不平等。换言之，当静态不平等上升到一定程度，既得利益集团逐渐形成，若公共财

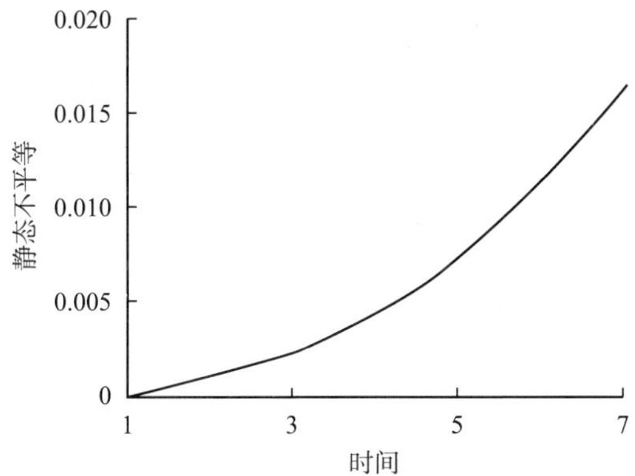

图6-1　静态不平等的演进路径

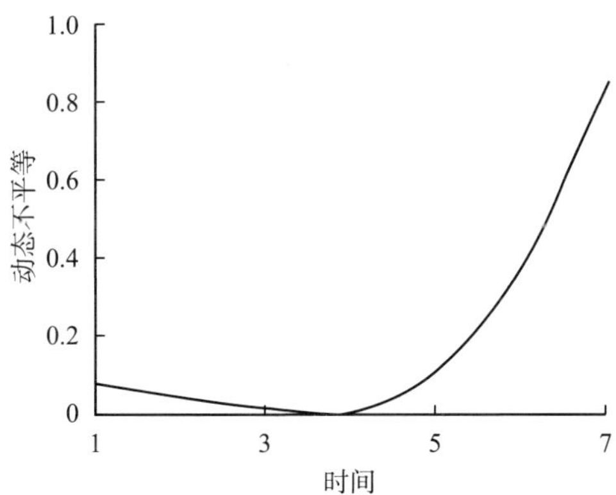

图6-2　动态不平等的演进路径

政政策未发生变化，要素市场和户籍制度等改革相对滞后，市场化带来的动态不平等改善走向转折点，此时静态不平等成为动态不平等的驱动力。同时，动态不平等又会加剧下一期的静态不平等。正如图 6－1 和图 6－2 所示，动态不平等上升阶段，恰是静态不平等强度增长率加速上升的阶段。因此，动态不平等就是造成经济增长进程中静态不平等呈现单调递增的根源。

图 6－3 和图 6－4 分别是静态不平等与经济增长间的动态演进关系、静态不平等与动态不平等间的动态演绎机制。如图所示，静态不平等对经济增长的影响呈现倒 U 型。其原因在于，在经济增长初期，由于高收入阶层的储蓄率高于低收入阶层，收入不平等有助于促进物质资本积累，促进经济增长；但当经济增长到一定程度时，物质资本回报率降低，经济增长的驱动力由物质资本投资转向人力资本投资。随着经济发展，收入差距扩大，静态不平等加剧，低收入阶层的总数增加。同时，低收入阶层的生育率高于高收入阶层，但教育投资比例要低于高收入阶层，低收入阶层的教育水平低下，而高收入阶层教育水平的提高难以弥补低收入阶层教育水平下降带来的负面影响，原因有二：一是高收入阶层总人数较少，难以提高社会平均教育水平；二是人力资本投资边际回报率较高的是接受本科教育，本科以上教育的投资回报率趋于平缓。当低收入阶层的人力资本水平进一步降低时，全社会平均人力资本水平将减少。与此同时，当经济增长到一定阶段，低收入阶层父母受较低人力资本水平带来的负效用，低收入阶层开始增加教育支出，降低生育率，劳动力供给的刘易斯拐点出现。受人力资本水平较低和劳动力供给减少的共同作用，经济增长开始下滑。

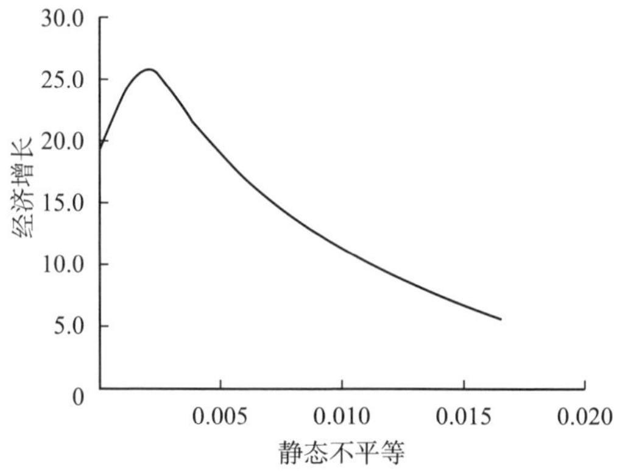

图 6－3 静态不平等与经济增长的动态演进关系

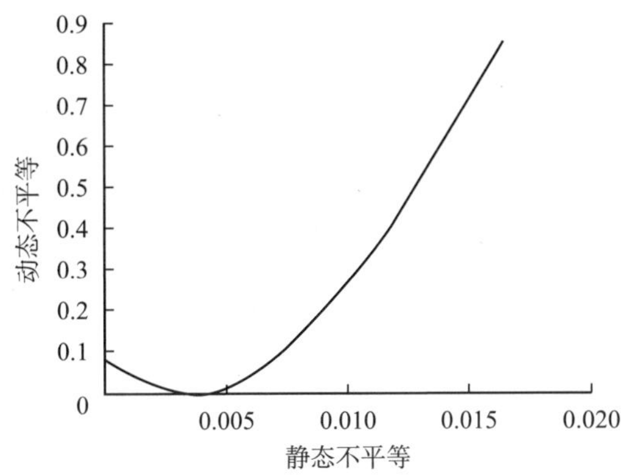

图6－4　静态不平等与动态不平等的动态演绎机制

如图6－4所示，伴随着教育差距的扩大，动态不平等加剧，进一步扩大了静态不平等程度，增强了静态不平等对经济增长的抑制作用。因此，在不存在政策干预的情况下，受动态不平等的影响，静态不平等呈现出严格单调递增的状态，且其对经济增长的影响呈现倒U型关系，这与王小鲁和樊纲（2005）、王少平和欧阳志刚（2007）、何其春（2012）等发现的“反库兹涅茨”事实是一致的。不难发现，扭转静态不平等对经济增长的抑制作用的根源在于改善动态不平等程度。故本章以下部分将从改善动态不平等角度出发研究经济增长路径上的公共财政支出结构变迁，以及库兹涅茨曲线出现的条件。

6.4　收入不平等演化进程中的公共消费支出结构优化选择

格洛姆和拉维库马（Glomm and Ravikumar，1992）、格罗姆和卡加诺维奇（Glomm and Kaganovich，2008）等学者研究发现公共政策（如公共教育支出和社会保障支出等）有助于改善收入不平等程度，但对经济增长的影响不是单向的。基于此，本部分将着重研究公共财政政策变迁下（主要包括公共教育支出和社会保障支出）经济发展进程中静态不平等、动态不平等和经济增长的演进路径，并对库兹涅茨曲线理论提供一个新解释。

6.4.1　经济增长与不平等演进路径上公共消费支出结构优化研究

本章以 $\tau_f = \tau_E = 0.10$ 时得出“反库兹涅茨”事实关系作为基准模型，分别以增加社会保障支出占比至 $\tau_f = 0.20$ 和增加公共教育支出占比至 $\tau_E = 0.20$ 来分析经济发展进程中静态不平等、动态不平等和经济增长的演进路径的变化。

图6-5、图6-6和图6-7分别是公共财政政策变化下静态不平等、动态不平等和经济增长的动态演进路径。如图所示，增加公共教育支出与增加社会保障支出对经济增长和收入不平等的影响存在明显差异，即在增加社会保障支出情形下，静态不平等单调递增，动态不平等呈现J型，经济增长呈现倒U型关系；在增加公共教育支出情形下，静态不平等和动态不平等均呈现倒U型关系，经济增长呈现单调递增型。这是因为，社会保障支出是一种变相的转移支付，降低家庭可支配收入间的不平等程度，低收入阶层的家庭教育支出增量更高，教育不平等降低，动态不平等也略有下降；公共教育支出不仅对人力资本的形成具有正的外部性，还会提高家庭教育支出的边际回报率，继而提升子女的人力资本水平，增强社会流动性，降低动态不平等，最终传导到静态不平等。

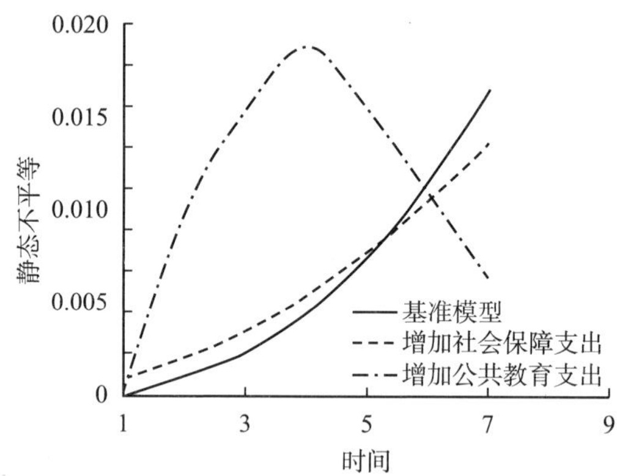

图6-5　公共财政政策下静态不平等的动态演进路径

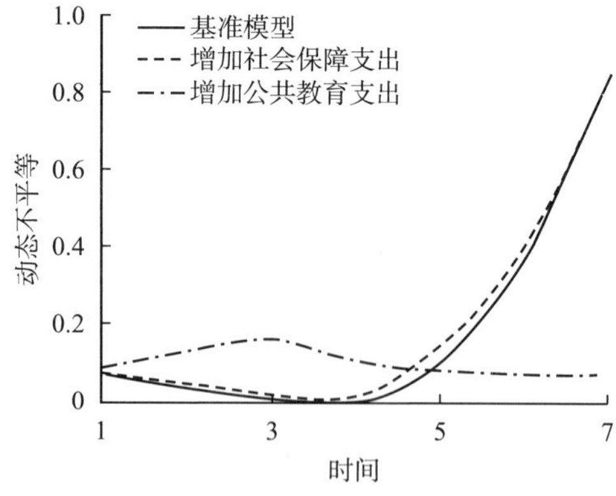

图6-6　公共财政政策下动态不平等的动态演进路径

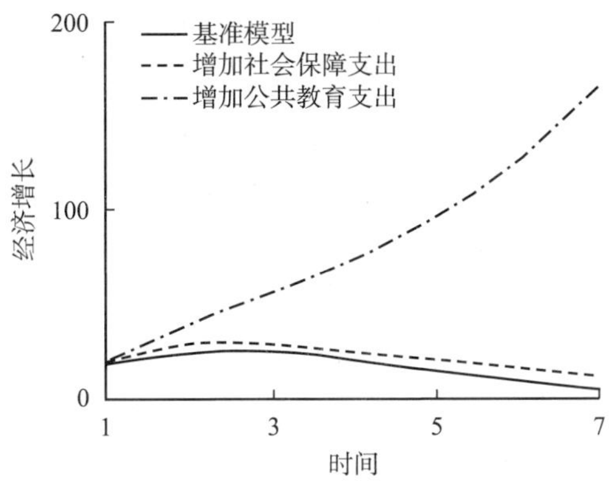

图6－7　公共财政政策下经济增长的动态演进路径

在增加社会保障支出的情形下，静态不平等与经济增长间的“反库兹涅茨”事实依然存在。造成这一现象的原因在于，经济增长初期，受社会养老支出增加的影响，家庭养老支出下降，可支配收入间的不平等程度下降。对低收入阶层家庭来说，可支配收入增加会带来更高教育支出占比增加，继而人力资本水平增量也更大，低收入家庭的子女转变成高能力劳动力的概率更高，社会流动性增强，动态不平等减弱。当经济增长到一定阶段，家庭养老支出占比趋于稳定，增加社会保障支出带来可支配收入间增加的激励效应逐步消失，静态不平等进一步增加，教育不平等增强，继而低收入阶层的人力资本水平下降。为保障子女的人力资本水平，低收入阶层的生育率下降。受生育率和人力资本水平下降的影响，静态不平等对经济增长的抑制作用逐步增强。同时，教育不平等会带来社会流动性下降，动态不平等进一步加剧，静态不平等程度扩大，静态不平等对经济增长的抑制作用进一步加强。

在增加公共教育支出的情形下，静态不平等和动态不平等均呈现倒U型，经济增长呈现严格递增的形态，经济增长与静态不平等之间的关系呈现倒U型库兹涅茨形态。造成这一现象的原因在于，在经济增长初期，经济增长的驱动力仍为物质资本，静态不平等会持续上升。公共教育支出的增加会提高家庭教育支出的投资回报，促使家庭教育支出占比提高，叠加公共教育支出的正外部性，快速提升人力资本水平，促进经济增长。但受静态不平等的影响，低收入家庭的教育支出占比相对有限，社会流动性持续恶化，静态不平等和动态不平等都在上升。当经济增长到一定阶段，经济增长的驱动力由物质资本转为人力资本，静态不平等会受动态不平等的影响。公共教育支出对高收入阶层提升家庭教育支出的激励作用逐渐消失，但对低收入阶层提升家庭教育支出的激励却在不断增强，教育不平等降低，社会流动性增强，动态不平等也逐步降低。当动态不平等下降到一定阶段后，静态不平等开始下滑。与此同时，低收入阶层子女的人力资本水平快速上升，社会总人力资本水平上升，经济持续增长。换言之，与郭凯明（2011）认为公共教育支出只能通过经济增长来间接改变静态不平等相反，本章发现，公共教育支出有助于改善社会流动性，降低动态不平等，继而改善静态不平等与经济增长之间的关系。

对比来看，政府实施不同的公共财政政策对静态不平等与经济增长的动态演进关系影响差异较大。实施增加社会保障支出政策时，虽然静态不平等与经济增长间的“反库兹涅茨”事实依然存在，但经济增长初期的静态不平等水平相对较低。而实施增加公共教育支出政策时，虽然静态不平等与经济增长间的库兹涅茨关系呈现倒U型，但经济增长初期的静态不平等水平相对较高。因此，政府在制定公共财政政策结构变迁时，需在效率与公平间进行权衡。在经济增长初期，静态不平等程度在不断恶化，公共财政政策可以多偏向社会保障支出，在促进经济增长的同时保持较低的静态不平等；当经济增长到一定阶段，公共财政政策应及时转向公共教育支出，通过改善社会流动性来降低动态不平等，在实现维持经济高增长的同时，降低静态不平等。

6.4.2　库兹涅茨曲线理论的新解释：社会流动性改善的作用

在上述理论分析的基础上，本章绘制了增加公共教育支出政策下经济增长与静态不平等的演进曲线，如图6－8所示，曲线呈现倒U型的库兹涅茨形态，表明政府实施的增加公共教育支出政策，也是随着经济持续增长，静态不平等程度先升后降的又一种解释。不过政府实施的公共教育支出政策只是一个催化剂，

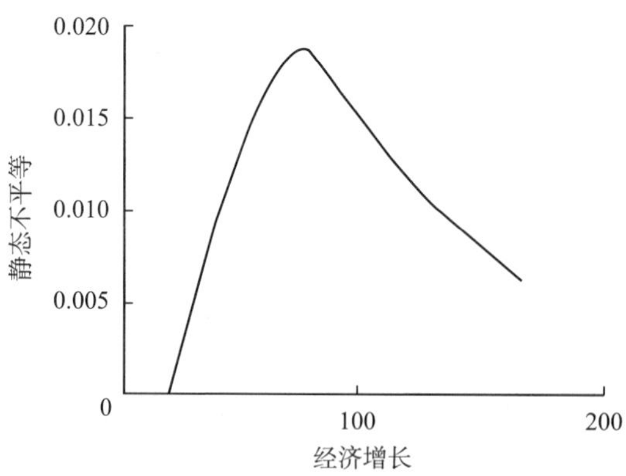

图6－8　经济增长与静态不平等的库兹涅茨曲线

其根源在于社会流动性改善带来的动态不平等下降，这就为库兹涅茨曲线的形成原因提供了一种新的解释。更为重要的是，通过将静态不平等、动态不平等和经济增长同时内生在理论模型中，解决了国内有关库兹涅茨曲线和“反库兹涅茨”事实相悖的长期争论，这也为中国尽快达到库兹涅茨曲线拐点提供了一条可实施的政策选择。

此外，如图6－8所示，增加公共教育支出政策下经济增长与静态不平等间的库兹涅茨曲线呈现出了明显的非对称性。在经济持续增长进程中，静态不平等强度的上升速度较快，但当静态不平等达到峰值后，其下降速度相对较慢，而这一特征是实证研究难以描述的。绝大多数的实证文献是在计量经济学模型中增加自变量的二次项等方式来检验库兹涅茨曲线的存在性，基于此得出的库兹涅茨曲线是对称的，与现实的差异较大。

6.5　收入不平等演化进程中公共消费支出结构优化效应的实证检验

王小鲁和樊纲（2005）、王少平和欧阳志刚（2007）等认为近十年来收入不平等在持续扩大，且收入不平等对经济增长的影响呈现倒U型关系。本章理论研究表明，在不存在公共政策干预的条件下，静态不平等会随着动态不平等的加剧而扩大，且对经济增长的影响呈现倒U型。1980年以来，中国社会保障支出占比、教育支出占比一直稳步提升。2008年后，中国财政性教育支出占GDP的比重平均约为3.2%，但是该比重低于发达国家的5%左右。伴随着公共财政支出体制的进一步改革，经济建设类财政支出占比缓慢下降，而公共消费支出占比呈现出明显的波动性特征。宏观数据为研究收入不平等演化进程中的公共消费支出结构优化效应提供了可能，本章将基于中国省际面板数据对理论结果进行实证检验，在收入不平等不断演化的背景下，分析公共消费支出对收入不平等与经济增长间关系的调节效应，为实现公共消费结构优化调整提供经验依据。

6.5.1　计量经济模型设定与变量选取

1. 计量经济模型设定

理论分析显示，不同类型的公共消费支出对收入不平等与经济增长间关系的调节效应存在明显差异，公共教育支出通过改善动态不平等来调节收入不平等与经济增长之间的关系，而社会保障支出是通过改善静态不平等来调节收入不平等与经济增长之间的关系。明晰不同类型公共消费支出对收入不平等与经济增长之间关系的调节效应，是优化公共消费支出结构的重要依据，也是“新常态”时期下缓解社会矛盾、探索经济新增长点的重要途径。

从理论模型可知，静态不平等、动态不平等、劳动力受教育水平与经济增长水平之间存在复杂的经济关联。在这种情况下，单方程模型难以全面地概括各变量之间的关系，而联立方程组模型就能够很好地刻画整个经济系统。本章以经济增长、劳动力受教育水平、静态不平等和动态不平等作为内生变量，通过构建联立方程组模型来检验不同类型公共消费支出对收入不平等与经济增长关系的调节效应，计量模型如下：

$$pgdp_{it} = \alpha_0 + \alpha_1 edu_{it} + X_{it}^1\gamma_1 + u_{it}^1 \quad (6.24)$$

$$edu_{it} = \beta_0 + \beta_1 inequ_{it} + X_{it}^2\gamma_1 + u_{it}^2 \quad (6.25)$$

$$inequ_{it} = \phi_0 + \phi_1 Dinequ_{it} + \phi_2 rto\_pen_{it} + X_{it}^3\gamma_1 + u_{it}^3 \quad (6.26)$$

$$Dinequ_{it} = \eta_0 + \eta_1 inequ_{it} + \eta_2 rto\_edu_{it} + X_{it}^4\gamma_1 + u_{it}^4 \quad (6.27)$$

其中，$pgdp_{it}$表示 i 地区第 t 期的人均实际 GDP，edu_{it}表示 i 地区第 t 期劳动力平均受教育水平，$inequ_{it}$表示 i 地区第 t 期的静态不平等程度，$DInequ_{it}$表示 i 地区第 t 期的动态不平等程度，rto_pen_{it}表示 i 地区第 t 期社会保障支出占公共财政预算支出的比重，rto_edu_{it}表示 i 地区第 t 期公共教育支出占公共财政预算支出的比重；X_{it}^j（j=1，…，4）是由财政支出占比、开放度和通货膨胀率增长率等各控制变量组成的行向量；u_{it}^j（j=1，…，4）表示随机误差项。

2. 变量选取

（1）被解释变量选取。联立方程组模型中，本章关注的被解释变量包括经济增长、劳动力受教育水平、静态不平等和动态不平等。对经济增长方程，参考王敏和黄滢（2015）、沈国兵和张鑫（2015）的指标选择，本章选取人均实际 GDP 作为经济增长水平 pgdp 的衡量，人均实际 GDP（1995=100）通过对各地区名义 GDP 平减后除以地区总人口得到。对劳动力教育水平方程，本章选取劳动力平均受教育年限 edu 作为劳动力教育水平的衡量（白雪梅，2004；樊纲等，2011）。对于收入不平等方程，由于统计方法、样本选择和收入定义等不同，学者们较为关注其测量误差。最常见的衡量收入不平等的指标是基尼系数，但王少平和欧阳志刚（2007，2008）认为基尼系数是通过将总人口分层来度量收入差距，因此基尼系数衡量的是总体收入差距，而非城乡收入差距。参考王少平和欧阳志刚（2007，2008），本章选取泰尔指数来衡量城乡收入差距，其计算公式为：

$$\text{Inequ}_{it} = \sum_{j=1}^{2} \frac{y_{ij,t}}{y_{i,t}} \ln\left(\frac{\frac{y_{ij,t}}{y_{i,t}}}{\frac{N_{ij,t}}{N_{i,t}}}\right) \tag{6.28}$$

其中，j = 1，2 分别表示城镇地区和农村地区，$N_{i,t}$表示第 i 地区总人口数量，$N_{ij,t}$表示第 i 地区农村或城镇人口数量，$y_{i,t}$表示第 i 地区总收入水平，$y_{ij,t}$表示第 i 地区农村或城镇区域的总收入。需要注意的是，泰尔指数对高收入和低收入阶层的收入变动更敏感，而基尼系数对中收入阶层的收入变动更敏感，故泰尔指数更适用于刻画城乡收入差距，即静态不平等。为避免收入不平等测量误差带来的估计结果有偏，本章参考王小鲁和樊纲（2005）、章元等（2011）的研究，取城乡绝对收入差距，即城镇人均可支配收入与农村人均纯收入的比值，作为静态收入不平等的另一个代理变量，并以此进行稳健性检验。对于动态不平等方程，区别于静态不平等，动态不平等是流量概念而非存量，目前现有文献多从微观数据出发以代际收入流动性来衡量动态不平等。为保持与理论模型一致，本章用城镇人均受教育年限（合并城镇两级数据）与乡村人均受教育年限的差异作为动态不平等的代理变量。

（2）解释变量选取。本章关注公共消费支出对收入不平等与经济增长间关系的调节作用，联立方程组模型中的重要解释变量为公共消费支出。根据理论研究，不同类型公共消费支出对静态不平等和动态不平等存在差异性影响，因此需要选取不同类型的公共消费支出。本章分别选取公共教育支出和社会保障支出来研究公共消费支出对收入不平等与经济增长间关系的调节效应，即分别选用教育支出占公共财政预算支出的比重 ratio_edu 和社会保障支出占公共财政预算支出的比重 ratio_pen 进行衡量。

（3）控制变量选取。由于经济增长水平和劳动力受教育水平等变量会受到其他因素的影响，在联立方程组模型中，本章还需要控制其他可能的影响变量。对于经济增长模型，参考童健等（2016）、唐未兵等（2014）、韦倩等（2014）的研究，本章控制了通货膨胀率 cpi、创新水平 log_qpnt、开放程度 open 和基础设施水平 infra 等变量。其中通货膨胀率以居民消费指数的增长率衡量，创新水平以发明专利的对数值衡量，开放程度以外商直接投资（FDI）和进出口总额（trade）占 GDP 的比值衡量，基础设施水平以人均公路铁路里程衡量。对于劳动力受教育水平模型，参考钞小静和沈坤荣（2014）、陆铭等（2005）的研究，本章控制了开放程度 open、基础设施水平 infra 和公共教育支出 ratio_edu。对于静态不平等和动态不平等方程，本章控制了开放程度 open、人均实际 GDP 水平 pgdp 以及人均实际 GDP 水平的平方项。

6.5.2　数据来源与说明

本章采用 1998 ~ 2013 年各省份的面板数据进行实证结果分析。由于西藏自治区部分数据缺失，在剔除西藏自治区后，本章共选取30个省份的面板数据进行分析。本章采用的人均实际GDP水平pgdp、外商直接投资FDI、进出口总额trade、基础设施水平infra、城镇居民人均可支配收入、农村居民家庭人均纯收入、公共教育支出和社会保障支出均来自1999~2014年历年的《中国统计年鉴》；发明专利数量来自1999~2014年的《中国科技统计年鉴》；劳动力的平均受教育年限来自1999~2014年《中国劳动统计年鉴》；城乡教育水平差异来自1999~2014年的《中国人口与就业统计年鉴》，由于2000年为人口普查数据，缺乏按城市、镇、乡村口径统计的数据，因此2000年的动态不平等数据缺失，本章最终的时间跨度为除2000年外的1998~2013年。

表6-1是全国、东部、中部、西部区域重要变量的描述性统计结果。由于中国的经济发展存在区域不平衡的特点，东部、中部和西部地区的经济水平和发展阶段等具有较大差异，因此表6-1还展示了分地区变量的描述性统计。根据胡李鹏等（2016），东部地区包括北京、天津、河北、辽宁、上海、江苏、浙江、福建、山东、广东和海南，中部地区包括山西、吉林、黑龙江、安徽、江西、河南、湖北和湖南，西部地区包括内蒙古、广西、重庆、四川、贵州、云南、陕西、甘肃、青海、宁夏和新疆。

表6-1 主要变量的描述性统计情况

变量定义	变量名称	东部		中部		西部		全国	
人均实际GDP	pgdp	22.842	11.937	11.054	5.268	10.246	6.353	15.080	10.450
受教育水平	edu	8.805	1.126	8.281	0.658	7.610	0.854	8.227	1.052
静态不平等	inequ	0.089	0.035	0.118	0.029	0.185	0.042	0.132	0.055
动态不平等	Dinequ	2.263	0.511	2.201	0.342	2.749	0.646	2.425	0.583
公共教育支出	rto_edu	0.167	0.027	0.162	0.020	0.153	0.025	0.161	0.025
社会保障支出	rto_pen	0.075	0.049	0.111	0.042	0.093	0.046	0.091	0.048
开放程度	open	5.980	1.009	4.655	1.004	3.071	1.548	4.560	1.753
创新能力	log_qpnt	9.810	1.559	8.854	1.039	7.875	1.358	8.845	1.592
通货膨胀	cpi	0.001	0.039	0.001	0.050	0.006	0.062	0.003	0.051
基础设施水平	infra	15.470	7.012	24.129	10.793	37.331	23.872	25.795	18.596
样本量	Obs	165		120		165		450	

注：2000年因人口普查动态不平等数据缺失，数据不包括2000年。

6.5.3 回归结果与分析

1. 回归结果

为检验公共消费支出对收入不平等与经济增长关系的调节效应，本章构建了经济增长、劳动力受教育水平、静态不平等、动态不平等和公共消费支出的联立方程组模型。根据联立方程组模型识别的秩条件和阶条件，本章构建的模型属于过度识别。由于三阶段最小二乘法（3SLS）能够对联立方程的全部结构方程同时进行估计，考虑了模型中参数、变量和方程之间的相互关系，因此本章采用3SLS进行估计。为区分不同地区公共消费支出调节效应的差异，本章对东部、中部、西部地区分别进行回归；为进一步检验模型回归结果的稳健性，本章以城乡收入比作为静态不平等的代理变量，重新估计模型的结果。

表6-2展示了联立方程模型的估计结果，从表6-2可以看出公共教育支出和社会保障支出通过不同的机制调节收入不平等与经济增长之间的关系。(1) 对于劳动力受教育水平方程的估计结果，静态不平等与劳动力受教育水平呈负相关，系数估计值为-11.98，在1%水平上显著。当静态不平等扩大时，低收入家庭面临更大的资金约束和经济压力，低收入家庭各级教育的入学率和完成率下降，参与高等教育的积极性下降；由于静态不平等对低收入家庭的抑制作用超过了高收入家庭，因此最终引起了劳动力平均受教育水平的下降。(2) 在静态不平等的方程中，静态不平等的系数估计值为0.0359，社会保障支出的系数估计值为-0.132，均至少在5%的水平下显著。动态不平等与静态不平等在5%的水平上显著正相关，这是因为动态不平等抑制了低收入家庭的子女通过接受高等教育转化为高能力的劳动力，从而加剧了静态不平等。此外，社会保障支出能够通过转移支付的方式缩小城乡居民的收入差距，降低静态不平等，进而缓解静态不平等对劳动力水平的负向影响。(3) 在动态不平等的方程中，静态不平等的系数估计值为1.923，公共教育支出系数估计值为-6.528，两者均在1%的水平上显著，这说明静态不平等会加剧动态不平等，而公共教育支出能够降低动态不平等的程度。静态不平等的扩大增加低收入家庭的资金约束，抑制低收入家庭的人力资本投资，从而引起动态不平等的进一步扩大。公共教育支出能够平衡地区教育资源，缓解低收入家庭教育投入的资金压力，提高低收入家庭子女各级教育，特别是高等教育的参与率和完成率，进而缩小城乡居民受教育程度的动态不平等。(4) 在经济增长的方程中，劳动力受教育水平的系数估计值为7.914，在1%的水平下显著，说明劳动力受教育水平提高能够显著促进经济的增长，这与钞小静和沈坤荣(2014) 的结论一致。综合经济增长、劳动力受教育水平、静态不平等和动态不平等方程的估计结果，可以发现静态不平等和动态不平等之间相互作用，不断推动收入不平等的扩大，进而降低劳动力平均受教育水平，最后影响经济增长水平；公共教育支出通过缓解动态不平等、社会保障支出通过降低静态不平等，避免了收入不

平等的扩大，进而调节了收入不平等与经济增长的关系。以上回归结果与理论模型中公共消费支出对动态不平等和静态不平等与经济增长的调节作用相符。

表 6－2　静态不平等、动态不平等、劳动力受教育水平和经济增长（3SLS）

变量名称	pgdp	edu	inequ	Dinequ
	(1)	(2)	(3)	(4)
edu	7.914*** (0.409)			
inequ		-11.98*** (0.991)		1.923*** (0.659)
Dinequ			0.0359*** (0.00793)	
rto_pen			-0.132** (0.0636)	
rto_edu		1.587 (1.652)		-6.528*** (0.928)
pgdp			0.000735 (0.00237)	-0.0202 (0.0153)
pgdp_2			-0.000115*** (3.89e-05)	0.000963*** (0.000339)
open	0.277 (0.256)		-0.00290 (0.00302)	-0.145*** (0.0247)
log_qpnt	1.475*** (0.299)			
cpi	0.842 (4.367)			
fs	0.0415*** (0.0136)	0.0139*** (0.00265)		

续表

变量名称	pgdp	edu	inequ	Dinequ
	(1)	(2)	(3)	(4)
Constant	-65.41 *** (2.597)	9.195 *** (0.287)	0.00808 (0.0212)	3.859 *** (0.171)
Observations	450	450	450	450
R - squared	0.751	0.318	0.658	0.374

注：括号内报告标准误，*** 、** 分别表示在1%、5%水平下显著。

中国的经济发展存在区域不平衡的特点，考虑到区域性差异，表6-3分别展示东部、中部和西部地区的回归结果。表6-3的回归结果表明，对于不同区域，动态不平等和静态不平等之间的正相关关系始终存在，静态不平等加剧了动态不平等，而动态不平等推动静态不平等的进一步扩大。首先，由于经济发展水平的不同，公共消费支出对静态、动态不平等的调节作用存在区域性差异。对于东部地区，社会保障支出能够显著降低静态不平等，公共教育支出能够显著降低静态不平等；而对中部和西部地区，公共教育支出能够显著降低动态不平等，但社会保障支出对静态不平等的作用却不再显著。对于经济较为发达的东部地区，由于经济的快速发展带来了收入差距的迅速扩大，通过增加社会保障支出等途径能有效减小城乡居民的收入差距。然后，由于经济发展到一定水平后随着教育成本的不断提高、私人教育投入的不断扩大，容易出现阶层固化的情况，通过增加公共教育支出有利于平衡公共教育资源，帮助农村居民子女提高人力资本投资，从而降低动态不平等。对于经济仍不够发达的中部和西部地区，动态不平等和静态不平等仍处于上升的阶段，主要动力来源可能是动态不平等，因此通过提高公共教育支出，能够有效地缓解动态不平等，进而降低静态不平等。最后，提高公共教育支出还有利于中部、西部地区的人力资本积累，从而发挥人力资本在经济增长中的重要推动作用，实现经济的快速高质增长。因此，从分区域的回归结果来看，东部地区需要同时利用社会保障支出和公共教育支出，双管齐下，降低动态和静态不平等；中部、西部地区则需要优先增加公共教育支出，控制并降低社会的动态和静态不平等，从而实现经济的快速增长以及社会公平的不断提高。

表 6-3　　分地区回归结果（3SLS）

变量	东部				中部				西部			
	pgdp	edu	inequ	Dinequ	pgdp	edu	inequ	Dinequ	pgdp	edu	inequ	Dinequ
	(1)	(2)	(3)	(4)	(5)	(6)	(7)	(8)	(9)	(10)	(11)	(12)
edu	8.714 *** (0.382)				5.792 *** (0.580)				3.988 *** (0.432)			
inequ		-32.89 *** (3.942)		7.895 ** (3.961)		-3.136 ** (1.391)		4.221 ** (1.747)		-12.82 *** (1.990)		5.083 *** (1.484)
Dinequ			0.0582 ** (0.0288)				0.0251 ** (0.0128)				0.0220 ** (0.0102)	
rto_pen			-0.208 ** (0.105)				0.171 (0.107)				0.0493 (0.119)	
rto_edu		-5.084 * (2.807)		-5.770 *** (1.611)		-0.949 (1.731)		-4.659 ** (1.981)		9.892 *** (2.683)		-9.002 *** (1.869)
pgdp			0.000994 (0.00261)	-0.0574 * (0.0327)			0.00920 * (0.00487)	-0.210 *** (0.0520)			-0.00430 (0.00432)	-0.0587 * (0.0323)
pgdp_2			-0.000123 *** (4.29e-05)	0.00188 *** (0.000677)			-0.000492 *** (0.000165)	0.00795 *** (0.00201)			0.000209 (0.000173)	0.00292 *** (0.00112)
open	0.687 (0.637)		0.00491 (0.00490)	-0.0821 (0.0555)	0.352 (0.269)		0.0155 *** (0.00424)	0.150 *** (0.0434)	1.235 *** (0.237)		-0.00259 (0.00355)	-0.207 *** (0.0350)
log_qpnt	2.484 *** (0.444)				0.520 * (0.281)				-0.235 (0.307)			
cpi	-4.352 (8.231)				-1.037 (2.783)				-1.212 (3.700)			

续表

变量	东部				中部				西部			
	pgdp	edu	inequ	Dinequ	pgdp	edu	inequ	Dinequ	pgdp	edu	inequ	Dinequ
	(1)	(2)	(3)	(4)	(5)	(6)	(7)	(8)	(9)	(10)	(11)	(12)
fs	-0.0188 (0.0490)	0.100*** (0.0171)			0.0290 (0.0325)	0.0510*** (0.00330)			0.0982*** (0.0116)	0.00825*** (0.00281)		
Constant	-82.06*** (3.411)	11.04*** (0.429)	-0.0843 (0.0744)	3.644*** (0.457)	-44.01*** (4.006)	7.574*** (0.285)	-0.0640* (0.0369)	2.840*** (0.354)	-25.71*** (2.579)	7.977*** (0.473)	0.131** (0.0523)	4.005*** (0.357)
Obs	165	165	165	165	120	120	120	120	165	165	165	165
R-square	0.863	0.361	0.346	0.315	0.877	0.651	0.249	0.122	0.765	0.302	0.304	0.143

注：括号内报告标准误，***、**和*分别表示在1%、5%和10%水平下显著。

2. 稳健性检验

为检验联立方程组模型估计结果的稳健性，本章以城乡收入比值作为静态不平等的度量，用3SLS的方法重新估计了联立方程组的模型，其中表6-4为总体样本估计结果，表6-5为分地区估计结果。从表6-4和表6-5的估计结果可以看出，使用城乡收入比值的模型估计结果与使用泰尔指数的结果基本一致，这说明了上述模型估计结果的稳健性，再次验证了理论模型中关于公共消费支出对收入不平等与经济增长关系存在调节作用的推论。

表6-4 稳健性检验：静态不平等、动态不平等、劳动力受教育水平和经济增长（3SLS）

变量	pgdp	edu	inequ	Dinequ
	(1)	(2)	(3)	(4)
edu	6.600*** (0.386)			
inequ		-0.896*** (0.0932)		0.140** (0.0547)
Dinequ			0.429*** (0.148)	
rto_pen			-3.640*** (0.622)	
rto_edu		0.707 (1.767)		-6.569*** (0.925)
pgdp			-0.0749*** (0.0244)	-0.0129 (0.0131)
pgdp_2			0.000586 (0.000385)	0.000662** (0.000280)
open	0.547** (0.256)		-0.103* (0.0568)	-0.138*** (0.0245)
log_qpnt	1.532*** (0.297)			
cpi	0.267 (4.613)			
fs	0.0441*** (0.0135)	0.00909*** (0.00271)		
Constant	-56.40*** (2.524)	10.51*** (0.371)	2.366*** (0.478)	3.673*** (0.225)
Observations	450	450	450	450
R-squared	0.766	0.228	0.700	0.382

注：括号内报告标准误，***、**和*分别表示在1%、5%和10%水平下显著。

表 6-5　稳健性检验：分地区回归结果（3SLS）

变量	东部				中部				西部			
	pgdp	edu	inequ	Dinequ	pgdp	edu	inequ	Dinequ	pgdp	edu	inequ	Dinequ
	(1)	(2)	(3)	(4)	(5)	(6)	(7)	(8)	(9)	(10)	(11)	(12)
edu	7.468 *** (0.358)				3.988 *** (0.515)				4.914 *** (0.442)			
inequ		-2.061 *** (0.516)		1.206 *** (0.358)		-0.413 *** (0.125)		0.375 ** (0.154)		-0.643 *** (0.127)		0.236 ** (0.106)
Dinequ			0.675 ** (0.312)				0.335 ** (0.142)				0.356 ** (0.172)	
rto_pen			-2.911 *** (0.948)				1.892 (1.243)				-1.745 (1.271)	
rto_edu		-13.48 *** (3.007)		-8.288 *** (1.647)		0.198 (1.633)		-5.073 ** (1.988)		8.629 *** (2.674)		-8.678 *** (1.850)
pgdp			0.0759 ** (0.0319)	-0.224 *** (0.0464)			0.0848 (0.0580)	-0.212 *** (0.0501)			-0.262 *** (0.0588)	-0.0619 * (0.0325)
pgdp_2			-0.00202 *** (0.000574)	0.00426 *** (0.000846)			-0.00518 *** (0.00195)	0.00823 *** (0.00196)			0.00631 ** (0.00251)	0.00311 *** (0.00114)
open	0.271 (0.651)		-0.0621 (0.0547)	0.0877 (0.0658)	0.126 (0.278)		0.188 *** (0.0485)	0.134 *** (0.0431)	1.210 *** (0.238)		-0.122 *** (0.0434)	-0.214 *** (0.0335)
log_qpnt	2.829 *** (0.449)				0.959 *** (0.288)				-0.479 (0.309)			
cpi	-8.014 (8.460)				3.128 (2.852)				-1.871 (3.756)			

续表

变量	东部				中部				西部			
	pgdp	edu	inequ	Dinequ	pgdp	edu	inequ	Dinequ	pgdp	edu	inequ	Dinequ
	(1)	(2)	(3)	(4)	(5)	(6)	(7)	(8)	(9)	(10)	(11)	(12)
fs	-0.0497 (0.0485)	0.0261 (0.0172)			0.131 *** (0.0300)	0.0539 *** (0.00358)			0.0862 *** (0.0117)	0.00812 *** (0.00260)		
Constant	-71.50 *** (3.326)	15.98 *** (1.167)	0.675 (0.794)	2.475 *** (0.404)	-34.32 *** (3.642)	8.005 *** (0.368)	0.679 (0.414)	2.440 *** (0.363)	-30.30 *** (2.621)	8.138 *** (0.480)	3.064 *** (0.766)	4.090 *** (0.393)
Obs	165	165	165	165	120	120	120	120	165	165	165	165
R - square	0.874	0.270	-0.653	-0.658	0.902	0.727	0.140	0.064	0.755	0.415	0.574	0.146

注：括号内报告标准误，***、** 和 * 分别表示在1%、5%和10%水平下显著。

6.6　本章小结

在经济快速发展的同时，收入不平等问题日益加剧。王小鲁和樊纲（2005）、王少平和欧阳志刚（2007）等表明近十年来收入不平等在持续扩大，且收入不平等对经济增长的影响呈现倒U型关系，这一结果与传统的库兹涅茨曲线相悖。因此，中国当前现状究竟是库兹涅茨曲线拐点尚未出现，还是"反库兹涅茨"事实[①]已经显现，这一问题值得深入研究。对这一问题的理解，需要从经济发展进程中收入不平等的演进路径入手。现有关于收入不平等与经济增长的库兹涅茨曲线的研究中，收入不平等外生性核心假设备受质疑。例如，当收入不平等对经济增长的负面影响足够大时，经济增长将下滑甚至停滞，收入不平等的库兹涅茨拐点自然不可能出现。经济发展进程中静态不平等和动态不平等动态演绎关系十分重要，静态不平等只能通过动态不平等的逐步改善而下降，否则将进入恶性循环。此外，假定收入不平等的库兹涅茨曲线拐点可以出现，有关政府的公共财政政策在倒U型库兹涅茨曲线中形成的调节作用，现有的理论和实证研究并未对其给出明确解释。

因此，本章构建公共财政、社会流动性与长期经济增长的理论模型，将静态不平等、动态不平等与经济增长同时内生在理论模型中，研究经济增长与收入不平等间的动态演进关系，对比在不同公共财政政策变迁下经济发展进程中静态不平等与动态不平等间的动态演绎关系，不仅能准确揭示收入不平等与经济增长间的内在关系，也可以为公共消费支出结构变迁政策的合理制定提供切实可行的政策建议。同时，从理论模型可知，静态不平等、动态不平等、劳动力受教育水平与经济增长水平之间存在复杂的经济关联。在这种情况下，单方程模型难以全面地概括各变量之间的关系，而联立方程组模型能够很好地刻画整个经济系统。本章以经济增长、劳动力受教育水平、静态不平等和动态不平等作为内生变量，通过构建联立方程组模型来检验不同类型公共消费支出对收入不平等与经济增长关系的调节效应。

理论研究发现，在不存在政策干预的情况下，受动态不平等的影响，静态不平等呈现严格单调递增的状态，且其对经济增长的影响呈现倒U型关系，这与王

① 本章将收入不平等对经济增长的倒U型影响称之为"反库兹涅茨"事实。

小鲁和樊纲（2005）、王少平和欧阳志刚（2007）、何其春（2012）等发现的“反库兹涅茨”事实是一致的。不难发现，扭转静态不平等对经济增长的抑制作用的根源在于改善动态不平等程度。同时，政府实施不同的公共财政政策对静态不平等与经济增长的动态演进关系影响差异较大。实施增加社会保障支出政策时，虽然静态不平等与经济增长间的“反库兹涅茨”事实依然存在，但经济增长初期静态不平等水平相对较低。而实施增加公共教育支出政策时，虽然静态不平等与经济增长间的关系呈现库兹涅茨形态，但经济增长初期的静态不平等水平相对较高。因此，政府在制定公共财政政策结构变迁时，需在效率与公平间进行权衡。在经济增长初期，静态不平等程度在不断恶化，公共财政政策可以多偏向社会保障支出，在促进经济增长的同时保持较低的静态不平等；当经济增长到一定阶段，公共财政政策应尽快增加公共教育支出占比，通过改善社会流动性来降低动态不平等，在实现维持经济高增长的同时，降低静态不平等。

通过将静态不平等、动态不平等和经济增长同时内生在理论模型中，本章为库兹涅茨曲线的形成提供了一个新的解释，即社会流动性改善带来的动态不平等下降是库兹涅茨曲线的形成原因，这一发现解决了国内有关库兹涅茨曲线和“反库兹涅茨”事实相悖的长期争论，这也为我国尽快跨越库兹涅茨曲线拐点提供了一条可实施的政策选择。

实证结果显示，公共教育支出和社会保障支出通过不同的机制调节收入不平等与经济增长之间的关系。静态不平等和动态不平等之间的相互作用，不断推高了收入不平等的扩大，降低了劳动力平均受教育水平，继而影响经济增长水平；公共教育支出通过缓解动态不平等、社会保障支出通过降低静态不平等，避免了收入不平等的扩大，对收入不平等与经济增长的关系具有显著调节效应。然而，由于经济发展水平的不同，公共消费支出对静态、动态不平等的调节作用存在区域性差异。对于东部地区，社会保障支出能够显著降低静态不平等，公共教育支出能够显著降低静态不平等；而对中部和西部地区，公共教育支出能够显著降低动态不平等，但社会保障支出对静态不平等的作用却不再显著。因此，从分区域的回归结果来看，东部地区需要同时利用社会保障支出和公共教育支出，双管齐下，降低动态和静态不平等；中部、西部地区则需要优先增加公共教育支出，控制并降低社会的动态和静态不平等，从而实现经济的快速增长以及社会公平的不断提高。为检验联立方程组模型估计结果的稳健性，本章以城乡收入比值作为静态不平等的代理变量，模型估计结果与前面一致，再次验证了理论模型中关于公共消费支出对收入不平等与经济增长关系存在调节作用的推论。

第7章　污染累积路径上的绿色财政支出结构优化

改革开放以来，中国工业创造了巨大的经济红利，工业增加值年均增长率高达11.5%。然而在工业规模快速扩张过程中，粗放式发展模式并未得到根本转变，高能耗、高污染现象突出，资源消耗与环境污染对经济可持续增长的负面影响日益凸显，环境污染给中国带来的经济损失约占GDP的8%～15%（韩超、胡浩然，2015）。现实的环境问题已经不允许中国等待环境库兹涅兹曲线中未知拐点的出现，需要通过适当干预来实现绿色增长模式。环境规制是政府解决环境问题"市场失灵"的手段，也是工业产业结构调整的重要途径。逯元堂等（2008）表明，在当前环境税制体系下，企业的环境守法成本是违法成本的46倍，环境污染的税费惩罚力度长期过低，从而促使企业愿意接受环境税费惩罚以获取合法排污权。现阶段中国税目、税基、税率的选择均没有考虑环境保护与可持续发展，与发达国家的环保型税收体系差距甚大。作为政府激发企业参与环境治理、实现可持续发展的重要经济手段，环境税的实施势在必行，这一点在学术界和实务界已基本达成共识。

耐摩特和贝克（Nemet and Baker，2009）、欧斯拉特（Oueslati，2014）、武康平和童健（2015）等研究认为征收环境税对污染治理是必要的，但环境税在实施过程中存在"环境困局"。同时，中国经济的二元特征决定了环境政策不能采用一刀切的方式，企业间和行业间的资源禀赋、要素投入结构差距依然较大，要素投入结构的差异决定了环境规制在不同行业间会产生悬殊的反应，继而直接影响环境税收政策的实施效果。破解环境税在实施过程中存在的"环境困局"是实现环境治理与经济增长协调发展的唯一途径。学者们认为环境财政补贴政策可以破除环境税实施过程中存在的"环境困局"，但不同学者对环境税的配套政策及环境财政支出方式的选择存在较大差异。同时，中国现阶段的环保财政支出以环境问题导向的应急式投资为主，缺乏持续性的制度保障。本书认为绿色财政政策应以激励企业内生性环境治理作为导向，实现由"大政府"向"小政府"转型。

由于环境财税体系的优化配置路径是将环境政策由“经济赶超”型向“功能”型转变，而绿色专项补贴①又是环境财政支出的重要方式，因此环境税与绿色专项补贴的组合是实现环境治理转型的方向。然而现有文献缺乏对环境税与绿色专项补贴组合政策效果的评价机制研究，以及环境财税体系的优化配置研究。

此外，基于不同的研究假设和研究方法，学者们对环境治理与经济增长能否协调发展得出了不同的结论。静态视角下，环境治理和经济增长之间存在两难选择，即实现一个目标的同时需要以牺牲另一个目标为代价。在技术、资源配置和消费者需求固定的假设下，企业已实现资源最优配置，而环境税收政策只会增加企业生产成本，削弱企业创新能力和产品竞争力。但从动态视角来看，环境治理和经济增长间存在协调发展的可能。波特等（1991，1995）认为恰当的环境规制政策会刺激企业资源配置效率的提升和技术水平的改进，刺激创新补偿效应，提高企业生产率和竞争力。在动态视角下，政府通过环境税收政策来约束企业污染排放行为，并以绿色财政专项补贴来激励公众和企业的环境治理行为，为经济增长与环境治理的协调发展提供了可能性方案，但现有研究对其少有关注。因此，动态模拟绿色财政支出的影响机理，优化绿色财政支出结构，实现经济增长与环境治理的协调发展，是本章研究的主要问题。

7.1 文献综述

关于绿色财税体系改革主要从税制结构变迁和财政支出结构变迁两个角度加以研究。从税制结构变迁视角来看，马加特和维斯库西（Magat and Viscusi，1990）、乔根森和威尔科森（Jorgenson and Wilcoxen，1993）认为增加碳税对经济增长的影响取决于消减何种税收。明德和普润斯（Milliman and Prince，1989）、拉普兰特和里尔斯通（Laplante and Rilston，1996）、荣格等（Jung et al.，1996）、乌尔夫（Ulph，1996）、帕纳尤图（Panayotou，1997）、科斯凯拉和舍恩（Koskela and Schob，1999）、巴因迪尔和赖斯（Bayindir and Raith，2003）认为在扭曲的劳动市场中，用环境税替代劳动税会增加就业和产出，但最终不利于环境。格里斯通（Greenstone，2002）、波雅戈－提奥托基（Poyago－Theotoky，2007）等研究发现用环境税替代资本税有助于降低污染排放量，激励企业技术创

① 政府的绿色专项补贴可归为绿色政府采购、绿色技术研发补贴、生产者绿色价格补贴和消费者绿色价格补贴。

新。格洛姆等（Glomm et al.，2008）认为用汽油税替代资本收益税会从消费量和环境质量两方面提升社会福利水平。耐摩特和贝克（2009）表明静态环境税不仅不能实现外部性内部化，还可能带来企业为抵消环境规制成本而扩大生产的行为，即“环境困局”。欧斯拉特（2014）在增长经济下研究不同类型环境税制结构变迁的增长效应，发现用环境税替代收入税会一直促进经济增长，但在短期不利于社会福利，而福利的长期效应取决于资本调整成本。武康平和童健（2015）认为环境税应以激发企业内生性环境治理动机为目标，并辅之以专项补贴来最大限度地实现环境税的政策效果。

然而，上述研究忽略了工业行业的异质性对环境税收政策效果的影响。近年来，张红凤等（2009）、李玲和陶锋（2012）、沈能（2012）、徐敏燕和左和平（2013）、聂普焱和黄利（2013）等学者开始关注工业行业异质性对环境规制与技术创新间关系的影响，但结论并不统一。例如，张红凤等（2009）认为环境规制与污染密集型产业的发展存在冲突，只有严格的环境规制才能抑制污染密集型产业的发展，实现产业结构调整。李玲和陶锋（2012）发现重度污染产业的环境规制强度可以促进绿色全要素生产率的提高，中度污染产业和轻度污染产业的环境规制与绿色全要素生产率、技术创新和技术效率的关系均呈现U型。聂普焱和黄利（2013）研究发现当前的环境规制强度阻碍了中度能耗产业全要素能源生产率的提高和技术创新，高度能耗产业环境规制强度对全要素能源生产率的影响不显著，低度能耗产业环境规制强度会促进技术进步。造成结论差异的根源在于这些文献对造成环境规制政策在异质性行业中差异化效果的作用机理的研究不足。阿吉翁等（Aghion et al.，2013）、苏普希（Suphi，2015）等从公司治理、产权结构和委托代理等角度来解释环境规制在异质性行业中的差异化效应，但这些视角并不能很好地解释不同工业行业在面对环境规制时的差异化行为机制。要素投入结构差异是异质性工业行业的固有属性，但现有研究大多忽略了工业行业的技术调整行为与要素投入结构中固定资本所占比重之间的关系。一般而言，固定资产投资比重越高的行业，环境技术调整成本越高，因此，要素投入结构将直接决定工业行业环境技术的调整意愿和环境规制的容忍程度①。环境税收政策的经济效应可分为资源配置扭曲效应和技术激励效应两方面，资源配置扭曲效应是指工业行业通过增加生产要素投入获取经济产出以抵消环境规制成本的上升，最终引发污染排放增加的效应。技术激励效应是指工业行业通过环境技术研发投入的增

① 此处容忍程度是指工业行业愿意不改变其环境技术水平，接受环境税惩罚所对应的环境规制强度的最高水平。

加来降低单位产出的污染排放量以规避环境规制成本的提升，最终实现降低污染排放的效应。而要素投入结构的差异将直接决定资源配置扭曲效应与技术激励效应的相对大小。因此，研究环境税收政策的经济效应就必须厘清由要素投入结构差异引发的环境规制扭曲性与外部性间的相互博弈。

从财政支出结构变迁视角来看，布索姆（Busom，2020）研究发现政府财政专项补贴会对企业 R&D 投资起到激励效应。佩特拉基斯和帕格古 - 提奥托基（Petrakis and Poyago - Theotoky，2002）认为研发补贴在降低成本的同时可以消减污染排放。刘易斯和维泽（Lewis and Wiser，2007）认为电价补贴能促进新能源产业发展。格雷克和罗森达尔（Greaker and Rosendahl，2008）比较了针对污染部门实施更严格的环境规制政策和研发补贴政策效果，发现严格的环境规制政策和研发补贴政策是互补的。严成樑和龚六堂（2009）研究发现，相对于生产性公共支出，政府对资本积累或研发进行补贴会有利于促进经济增长。耐摩特和贝克（2009）认为绿色价格补贴优于研发补贴，因为绿色价格补贴见效快，而研发补贴时间长且充满不确定性。姚昕等（2011）认为取消化石燃料补贴会损害经济增长，但若将补贴用于发展清洁能源会促进经济增长。魏玮和何旭波（2013）认为对生产部门实施适当的研发补贴有助于生产部门在节能减排的同时维持经济增长，但若补贴率太高就会损害经济增长。何小钢（2014）通过构建研发补贴与环境规制政策双重互动的绿色技术创新诱发机制模型，发现研究研发补贴政策与环境规制政策间存在明显的互动效应，研发补贴能透过绿色创新降低减排成本。费舍尔等（Fischer et al.，2014）研究发现补贴上游企业要优于补贴下游企业，因为补贴上游企业不仅能降低减排技术的价格，还能减少污染排放。不难发现，上述研究充分肯定了征收环境税对污染治理的必要性，但同时指出环境税在实施过程中存在“环境困局”。然而，对于环境保护税配套政策体系的效果和绿色财政支出结构的选择，学者们并未做出深入研究。

基于此，本章构建理论模型分析在异质性行业中环境税收政策的经济效应差异，模拟不同类型环境财税政策的经济收益和生态收益，并评估不同环境财税政策组合的政策效果差异，以期优化绿色财政支出结构来实现经济增长与环境治理协调发展。

7.2 绿色财政与经济增长的理论框架构建

环境税是约束企业污染排放行为的重要手段，但在短期内可能会抑制经济活力。环境财政是指有助于绿色经济发展的财政政策，包括绿色技术研发补贴、生产者绿色价格补贴和消费者价格补贴。由于生态效益在短时间难以转换成经济效益，因此，政府一方面需要开征环境税，将环境的负外部性内部化，约束企业排污行为；另一方面需要实施环境财政政策直接对清洁产业加以扶持。绿色专项补贴是政府对消费者购买或生产者生产清洁产品进行相应补贴的政策措施，引导企业生产清洁产品。然而绿色专项补贴并不会直接作用于企业的技术研发行为。绿色研发补贴是政府对生产者的技术研发行为进行相应补贴的政策措施，引导企业进行技术研发，但不会直接影响企业生产行为。由于本章在模型中未考虑所得税和消费税，只考察了环境税这一非一般性税源，因此，本章假定政府的各项环境财政补贴政策全部来源于环境税收收入，实现环境自我管理的专款专用，在环境费改税后，为建立相应的环境专项治理基金提供一系列的理论支持。

在理论模型设定中，本章假设环境技术由环境技术调整意愿和环境技术研发投入共同决定，污染密集行业和清洁行业都可以增加环境技术研发投入来提升环境技术水平，但两类行业在面对环境规制时的环境技术调整意愿略有差别。本章依据行业间要素投入结构的差异来刻画异质性行业在面对环境规制时环境技术调整意愿的差异，参考波特和范（Porter and Van，1995）、张成等（2011）等的研究，假定污染密集行业和清洁行业的环境技术调整意愿与环境规制间均呈现U型特征，但清洁行业环境技术调整意愿最低时对应的环境规制强度要低于污染密集行业环境技术调整意愿最低时的环境规制强度。这是因为要素投入结构中固定资产投资比重越高的行业环境技术调整成本越高，环境技术调整意愿U型曲线拐点处对应的环境规制水平也越高。本章将基于上述思想构建动态一般均衡模型来模拟不同财政导向下环境财税政策间的效果差异，并为政府提供环境财税体系优化配置建议。

7.2.1 模型设定

1. 污染密集行业的生产行为

污染密集行业在生产过程中需要投入资本、劳动和环境资源，同时行业在消耗环境资源的同时会产生污染排放。本章所指的环境资源不仅包括化石能源，也包括土地、水和空气等自然资源，但自然资源不能直接投入生产，需要能源行业的再加工。环境技术由环境技术调整意愿和环境技术研发投入共同决定。如前面所述，受机器设备重置成本限制，污染密集行业环境技术调整意愿呈现U型特征，即在环境规制强度较低时，环境技术调整意愿随着环境规制强度的提升而减弱；在环境规制强度较高时，环境技术调整意愿随着环境规制强度提升而增强。因此，污染密集行业的生产函数表示如下：

$$Y_{1t} = \Phi_{1t} A_{1t} K_{1t}^{\alpha_1} L_{1t}^{\beta_1} E_{1t}^{\gamma_1} \tag{7.1}$$

$$\Phi_{1t} = \Phi(\phi_t, K_{1rd,t}) = (\phi_t - \phi_1)^2 \rho_7 K_{1rd,t}^{\rho_8} + \Phi_{10} \tag{7.2}$$

其中，Φ_{1t}表示污染密集行业的环境技术水平，A_{1t}表示污染密集行业的全要素生产率，K_{1t}、L_{1t}、E_{1t}分别表示污染密集行业在生产过程中使用的资本、劳动和环境资源。Φ_{10}是污染密集行业的初始环境技术水平，$K_{1rd,t}$是污染密集行业的环境技术研发投入，ϕ_t是环境规制强度，ϕ_1是污染密集行业的环境技术调整意愿U型拐点处对应的环境规制水平，$(\phi_t - \phi_1)^2$表示污染密集行业的环境技术调整意愿，当环境规制强度低于ϕ_1，环境技术的调整意愿随着环境规制强度的提升而减弱；当环境规制强度高于ϕ_1时，环境技术的调整意愿随着环境规制强度的提升而增强。

污染密集行业在环境资源使用过程中产生污染排放，其污染排放方程表示如下：

$$EM_{1t} = \Psi(\Phi_{1t}, E_{1,t}) = \frac{\rho_1 E_{1,t}^{\rho_2}}{\Phi_{1t}} \tag{7.3}$$

其中，$\Psi'_{\Phi}(\Phi_{1t}, E_t) < 0$表示环境技术水平越高，在相同环境资源下行业的污染排放量越低；$\Psi'_{E}(\Phi_{1t}, E_t) > 0$表示环境资源使用越多，在相同环境技术下行业的污染排放量越高。

政府对污染排放征收环境税，当环境规制强度高时，企业所需承担的税收成本也越高。污染密集行业需对增加环境资源使用带来的税费成本增量与减少环境资源使用带来的税费成本减量进行权衡。同时，为激发环境规制的技术激励效应，政府会补贴环境技术的研发投入。因此，污染密集行业的利润函数表示如下：

$$\Pi_{1t} = P_{1t} Y_{1t} - r_{1t} K_{1t} - w_t L_{1t} - P_t^e E_{1t} - \tau(\phi_t) EM_{1t} - (r_{1rd,t} - v_0) K_{1rd,t} \tag{7.4}$$

其中，$\tau(\phi_t) = \tau + \kappa_0 \phi_t^{\kappa_1} (\kappa_0 > 0, 0 < \kappa_1 < 1)$表示政府对污染排放征收的环境税率与环境规制强度呈正相关，环境规制强度越高，企业所需承担的税收成本也越高。

通过对污染密集行业利润最大化问题的求解，得出以下一阶条件。

$$\alpha_1 P_{1t} \Phi_{1t} A_{1t} K_{1t}^{\alpha_1 - 1} L_{1t}^{\beta_1} E_{1t}^{\gamma_1} = r_{1t} \tag{7.5}$$

$$\beta_1 P_{1t} \Phi_{1t} A_{1t} K_{1t}^{\alpha_1} L_{1t}^{\beta_1 - 1} E_{1t}^{\gamma_1} = \omega_t \tag{7.6}$$

$$\gamma_1 P_{1t} \Phi_{1t} A_{1t} K_{1t}^{\alpha_1} L_{1t}^{\beta_1} E_{1t}^{\gamma_1 - 1} - P_t^e - \tau(\phi) \frac{\rho_1 \rho_2 E_{1,t}^{\rho_2 - 1}}{\Phi_{1t}} = 0 \tag{7.7}$$

$$P_{1t}(\phi_t-\phi_0)^2\rho_7\rho_8K_{1rd,t}^{\rho_8-1}A_{1t}K_{1t}^{\alpha_1}L_{1t}^{\beta_1}E_{1t}^{\gamma_1}+\tau(\phi)\frac{\rho_1E_{1,t}^{\rho_2}}{\Phi_{1t}^2}(\phi_t-\phi_0)^2\rho_7\rho_8K_{1rd,t}^{\rho_8-1}-(r_{1rd,t}-v_0)=0 \tag{7.8}$$

式（7.5）和式（7.6）分别表示污染密集行业资本、劳动的使用价格等于其边际产出，式（7.7）表示污染密集行业使用环境资源的边际产出等于环境资源的使用价格与增加环境资源带来环境污染增量对应的税收惩罚成本之和。式（7.8）表示污染密集行业环境技术研发投入的资本使用价格等于污染密集行业的环境技术创新带来产出的边际增量、环境技术创新带来的污染排放下降对应税费惩罚成本的减少和政府对污染密集行业的环境技术研发投入补贴之和。

2. 清洁行业的生产行为

清洁行业在生产过程中也需要资本、劳动和环境资源投入来进行生产活动，也在消耗环境资源的同时产生污染排放，其环境技术调整意愿也呈现 U 型特征。但由于清洁行业的综合技术研发能力较强且机器设备重置成本较低，故清洁行业的环境技术调整意愿 U 型曲线拐点处对应的环境规制水平要低于污染密集行业环境技术调整意愿 U 型曲线拐点处对应的环境规制水平。根据波特假说，适当的环境规制政策有助于刺激企业进行技术创新，这里适当的环境规制政策即为超过环境技术调整意愿 U 型曲线拐点处对应的环境规制水平。为激发环境规制的技术激励效应，政府会补贴环境技术研发投入。因此，清洁行业的生产函数表示如下：

$$Y_{2t}=\Phi_{2t}A_{2t}K_{2t}^{\alpha_2}L_{2t}^{\beta_2}E_{2t}^{\gamma_2} \tag{7.9}$$

$$\Phi_{2t}=\Phi(\phi_t,\ K_{2rd,t})=(\phi-\phi_2)^2\rho_3K_{2rd,t}^{\rho_4}+\Phi_{20} \tag{7.10}$$

其中，Φ_{2t}表示清洁行业的环境技术水平，A_{2t}表示清洁行业的全要素生产率，K_{2t}、L_{2t}、E_{2t}分别表示清洁行业在生产过程中使用的资本、劳动和环境资源。$K_{2rd,t}$是清洁行业的环境技术研发投入，ϕ_t 表示环境规制强度，Φ_{20}表示清洁行业的初始环境技术水平，ϕ_2 是清洁行业的环境技术调整意愿 U 型曲线拐点处对应的环境规制水平，$(\phi_t-\phi_2)^2$ 表示清洁行业的环境技术调整意愿，当环境规制强度低于 ϕ_2，环境技术调整意愿随着环境规制强度的提升而减弱；当环境规制强度高于 ϕ_2 时，环境技术调整意愿随着环境规制强度的提升而增强。

清洁行业既可以提高环境技术水平来降低污染排放，也可以通过降低环境资源使用来降低污染排放，故其污染排放方程为：

$$EM_{2t}=\Psi(\Phi_{2t},\ E_{2,t})=\frac{\rho_5E_{2,t}^{\rho_6}}{\Phi_{2t}} \tag{7.11}$$

同样，$\Psi'_{\Phi}(\Phi_{2t},\ E_t)<0$ 表示环境技术水平越高，在相同环境资源下行业的

污染排放量越低；$\Psi'_E(\Phi_{2t},\ E_t)>0$ 表示环境资源使用越多，在相同环境技术水平下行业的污染排放量越高。

故清洁行业的利润函数可表示为：

$$\Pi_{2t}=(P_{2t}+\vartheta)Y_{2t}-r_{2t}K_{2t}-w_tL_{2t}-P_t^eE_{2t}-\tau(\phi_t)EM_{2t}-(r_{2rd,t}-\nu_0)K_{2rd,t} \tag{7.12}$$

其中，ϑ 表示政府对清洁品生产的绿色价格补贴率，ν_0 表示政府对环境技术研发投入的补贴率。

通过对清洁行业利润最大化问题的求解，得出以下一阶条件：

$$\alpha_2(P_{2t}+\vartheta)\Phi(\phi_t,\ K_{2rd,t})A_{2t}K_{2t}^{\alpha_2-1}L_{2t}^{\beta_2}E_{2t}^{\gamma_2}=r_{2t} \tag{7.13}$$

$$\beta_2(P_{2t}+\vartheta)\Phi(\phi_t,\ K_{2rd,t})A_{2t}K_{2t}^{\alpha_2}L_{2t}^{\beta_2-1}E_{2t}^{\gamma_2}=\omega_t \tag{7.14}$$

$$\gamma_2(P_{2t}+\vartheta)\Phi(\phi_t,\ K_{2rd,t})A_{2t}K_{2t}^{\alpha_2}L_{2t}^{\beta_2}E_{2t}^{\gamma_2-1}-P_t^e-\tau(\phi_t)\frac{\rho_5\rho_6E_{2,t}^{\rho_6-1}}{\Phi_{2t}}=0 \tag{7.15}$$

$$(P_{2t}+\vartheta)(\phi_t-\phi_2)^2\rho_3\ \rho_4K_{2rd,t}^{\rho_4-1}A_{2t}K_{2t}^{\alpha_2}L_{2t}^{\beta_2}E_{2t}^{\gamma_2}+\tau(\phi_t)\frac{\rho_5E_{2,t}^{\rho_6}}{\Phi_{2t}^2}(\phi_t-\phi_2)^2$$

$$\rho_3\ \rho_4K_{2rd,t}^{\rho_4-1}-(r_{2rd,t}-v_0)=0 \tag{7.16}$$

式（7.13）和式（7.14）分别表示清洁行业资本、劳动的使用价格等于其边际产出，式（7.15）表示清洁行业环境资源的边际产出等于环境资源价格与增加环境资源使用带来环境污染增量对应的税费惩罚成本之和。式（7.16）表示清洁行业的环境技术研发投入资本使用价格等于清洁行业的环境技术创新带来的产出边际增量、环境技术创新带来的污染排放下降量对应税费惩罚成本的减少和政府对清洁行业的环境技术研发投入补贴之和。

3. 能源行业的生产行为

能源行业通过资本和劳动的投入将自然资源再加工成两类行业所需的环境资源，例如化石原料的开采、水资源的供应和煤炭开采等。能源行业通过市场机制向污染密集行业和清洁行业提供环境资源。因此，能源行业的生产函数表示如下：

$$E_t=A_{3t}K_{3t}^{\alpha_3}L_{3t}^{1-\alpha_3} \tag{7.17}$$

其中，A_{3t}表示能源行业的全要素生产率，K_{3t}、L_{3t}分别表示能源行业在生产过程中使用的资本和劳动。

能源行业的利润函数可表示为：

$$\Pi_{3t}=P_t^eE_t-r_{3t}K_{3t}-w_tL_{3t} \tag{7.18}$$

通过对能源行业利润最大化问题的求解，得出以下一阶条件：

$$\alpha_3 P_t^e A_{3t} K_{3t}^{\alpha_3 - 1} L_{3t}^{1-\alpha_3} = r_{3t} \tag{7.19}$$

$$(1-\alpha_3) P_t^e A_{3t} K_{3t}^{\alpha_3} L_{3t}^{-\alpha_3} = \omega_t \tag{7.20}$$

式（7.19）和式（7.20）分别表示能源行业资本、劳动的使用价格等于其边际产出。

4. 公众的消费选择行为

公众通过在消费和储蓄间、消费污染品和清洁品间进行选择，来实现终生效用最大化。公众的目标函数可表示为：

$$\max \sum_{t=0}^{\infty} \beta^t \left(\frac{C_{1t}^{1-\sigma_1}}{1-\sigma_1} + \zeta \frac{C_{2t}^{1-\sigma_2}}{1-\sigma_2} \right) \tag{7.21}$$

其中，σ_1、σ_2 分别表示公众对两类产品的跨期替代弹性，β 代表贴现率，ζ 刻画了公众对清洁品的关注程度。

公众的预算约束方程表示为：

$$P_{1t}C_{1t} + (P_{2t} - \varpi)C_{2t} + Q_t S_t + \Pi_t G_t \leq r_{1t}K_{1t} + r_{2t}K_{2t} + r_{1rd,t}K_{1rd,t} + r_{2rd,t}K_{2rd,t} + r_{3t}K_{3t} + w_t L_t \tag{7.22}$$

$$S_t = S_{1t}^{\theta_1} S_{2t}^{1-\theta_1} \tag{7.23}$$

$$Q_t = \left(\frac{P_{1t}}{\theta_1} \right)^{\theta_1} \left(\frac{P_{2t}}{1-\theta_1} \right)^{1-\theta_1} \tag{7.24}$$

$$G_t = G_{1t}^{\theta_2} G_{2t}^{1-\theta_2} \tag{7.25}$$

$$\Pi_t = \left(\frac{P_{1t}}{\theta_2} \right)^{\theta_2} \left(\frac{P_{2t}}{1-\theta_2} \right)^{1-\theta_2} \tag{7.26}$$

其中，S_{1t}、S_{2t}分别表示公众对污染品和清洁品的储蓄量，S_t 表示两种商品加总后形成的储蓄量，θ_1 表示两类储蓄品间的替代弹性，Q_t 表示加总储蓄品的价格水平。ϖ表示政府对公众消费清洁品的绿色价格补贴，G_{1t}、G_{2t}分别表示政府对于污染品和清洁品的消费量。G_t 表示两种商品形成的加总政府消费品，θ_2 表示两种政府购买品之间的替代弹性，Π_t 表示加总政府购买品的价格水平。

通过对公众效用最大化问题求解，可得以下一阶条件：

$$C_{1t}^{-\sigma_1} = \lambda_t P_{1t} \tag{7.27}$$

$$\zeta C_{2t}^{-\sigma_2} = \lambda_t (P_{2t} - \varpi) \tag{7.28}$$

$$\beta\lambda_{t+1} r_{1t+1} - \lambda_t Q_t + \beta\lambda_{t+1} Q_{t+1}(1-\delta_1) = 0 \tag{7.29}$$

$$\beta\lambda_{t+1} r_{2t+1} - \lambda_t Q_t + \beta\lambda_{t+1} Q_{t+1}(1-\delta_2) = 0 \tag{7.30}$$

$$\beta\lambda_{t+1} r_{1rd,t+1} - \lambda_t Q_t + \beta\lambda_{t+1} Q_{t+1}(1-\delta_{1rd}) = 0 \tag{7.31}$$

$$\beta\lambda_{t+1} r_{2rd,t+1} - \lambda_t Q_t + \beta\lambda_{t+1} Q_{t+1}(1-\delta_{2rd}) = 0 \tag{7.32}$$

$$\beta\lambda_{t+1}r_{3t+1}-\lambda_t Q_t+\beta\lambda_{t+1}Q_{t+1}(1-\delta_3)=0 \tag{7.33}$$

式（7.27）和式（7.28）表示消费者消费污染品、清洁品所获的边际效用分别等于消费者投资的边际收益，即跨期替代方程。式（7.29）~式（7.33）是欧拉方程，表示企业当期进行资本投资的边际收益与下一期资本投资的边际收益的贴现值相等。

5. 政府预算约束方程

为激发企业环境技术的研发行为，本章假定政府的环境税收收入可用于政府支出、补贴工业企业的环境技术研发投入、消费者绿色价格补贴和生产者的绿色价格补贴。因此，政府预算约束方程为：

$$\tau(\phi_t)(EM_{1t}+EM_{2t})=\nu_0(K_{1rd,t}+K_{2rd,t})+\Pi_t G_t+\varpi C_{2t}+\vartheta Y_2 \tag{7.34}$$

6. 政策目标

本章将从经济收益和生态收益两个目标来分析稳态下不同环境财税政策的效果差异，其中经济收益用实际 GDP 表示，生态收益用污染排放量表示，具体计算公式表示如下：

居民消费价格指数是污染品和清洁品价格的加权之和，具体表示如下：

$$\Lambda=\left(\frac{P_1}{o_1}\right)^{o_1}\left(\frac{P_2}{1-o_1}\right)^{1-o_1}，其中\ o_1=\frac{P_1C_1}{P_1C_1+P_2C_2} \tag{7.35}$$

实际 GDP 是污染品和清洁品产出的名义价值除以居民消费价格指数，具体表示如下：

$$\text{Real GDP}=\frac{P_1Y_1+P_2Y_2}{\Lambda} \tag{7.36}$$

污染的累积方程为：

$$Emission_t=EM_t+(1-\eta)Emission_{t-1} \tag{7.37}$$

其中，$Emission_t$ 表示 t 期污染排放的累积量，EM_t 是 t 期新增污染排放量，η 为污染的自降解能力。

污染排放量稳态值：

$$Emission=\frac{EM_1+EM_2}{1-\eta} \tag{7.38}$$

7. 模型求解

结合上述一阶条件、资本形成方程、政府预算约束方程和市场出清条件，可对理论模型进行求解。模型要解决的最优化问题是将有限资源在 K_{1t}、L_{1t}、E_{1t}、$K_{1rd,t}$、K_{2t}、L_{2t}、E_{2t}、$K_{2rd,t}$、K_{3t}和 L_{3t}之间合理配置，以最大化企业利润并最大化代表性家庭的终生效用。通过求解，本章发现 P_2、P_e、ω、K_{1rd}、K_{2rd}、E_1、E_2 间呈较为复杂的非线性关系，无法求出这7个变量均衡值的显示解。式（7.39）给出了这7个均衡值及其他相关参数之间的隐函数关系，是本章模型均衡解的“稳态方程组”。模型稳态下的工业行业产业结构是本章理论框架下的最优产业结构，因为该产业结构同时实现了企业利润最大化和代表性家庭终身效用最大化，也就是实现社会福利最大化。从稳态方程组（7.39）来看，最优产业结构是由模型中各参数同时决定的，即最优产业结构是环境规制政策的函数，这就表明工业行业产业转型取决于政府的环境规制政策。当环境规制的资源配置扭曲效应强于技术激励效应时，环境规制会抑制工业行业产业转型；当环境规制的技术激励效应强于资源配置扭曲效应时，环境规制会促进工业行业产业转型。但本章无法从稳态方程组中发现环境规制政策对最优产业结构的具体影响，因为在稳态方程组中，不仅存在十几个外生参数，而且各参数与变量间呈现复杂的非线性关系。因此需要借助 Matlab 软件，通过模拟运算的方法来分析环境规制的资源配置扭曲效应和技术激励效应的相对大小。

$$
\begin{cases}
Y_1 = \Phi_1 A_1 K_1^{\alpha_1} L_1^{\beta_1} E_1^{\gamma_1} \\
\dfrac{Y_1 P_1 (\phi - \phi_0)^{\chi_1} \rho_7 \rho_8 K_{1rd}^{\rho_8 - 1}}{(\phi - \phi_0)^{\chi_1} \rho_7 K_{1rd}^{\rho_8} + 1} = -\tau(\phi) \dfrac{\rho_1 E_1^{\rho_2}}{[(\phi - \phi_0)^{\chi_1} \rho_7 K_{1rd}^{\rho_8} + 1]^2} (\phi - \phi_0)^{\chi_1} \rho_7 \rho_8 K_{1rd}^{\rho_8 - 1} + r_{1rd} - v_0 \\
\dfrac{Y_2 (P_2 + \vartheta)(\phi_t - \phi_2)^{\chi_2} \rho_3 \rho_4 K_{2rd}^{\rho_4 - 1}}{(\phi_t - \phi_2)^{\chi_2} \rho_3 K_{2rd}^{\rho_4} + 1} \\
= -\tau(\phi) \dfrac{\rho_5 E_2^{\rho_6}}{[(\phi_t - \phi_2)^{\chi_2} \rho_3 K_{2rd}^{\rho_4} + 1]^2} (\phi_t - \phi_2)^{\chi_2} \rho_3 \rho_4 K_{2rd}^{\rho_4 - 1} + r_{2rd} - v_0 \\
Y_2 = [(\phi_t - \phi_2)^{\chi_2} \rho_3 K_{rd}^{\rho_4} + 1] A_2 K_2^{\alpha_2} L_2^{\beta_2} E_2^{\gamma_2} \\
C_2^{-\sigma_2} = \dfrac{C_1^{-\sigma_1}}{P_1} (P_2 - \varpi) \\
E = A_3 K_3^{\alpha_3} L_3^{1 - \alpha_3} \\
L_1 + L_2 + L_3 = 1
\end{cases}
\tag{7.39}
$$

7.2.2　参数校准

本节在理论研究的基础上，基于中国数据对理论模型中的各参数进行校准，以明确中国绿色财税体系的现实特征，分析环境治理与经济增长间的相互关系，并在此基础上研究如何优化绿色财政支出结构以实现环境治理和经济增长的协调发展。

1. 清洁行业与污染密集行业的划分

工业行业的细分标准参照《中国工业经济统计年鉴》中的行业分类，需要说明的是，由于工艺品及其他制造业、废弃资源和废旧材料回收加工业以及其他采矿业部分年份的数据缺失，本章将这3个子行业予以剔除。此外，由于年鉴中不同年份的工业行业分类标准有所变化，为保持统计口径一致，本章将塑料制品业与橡胶制品业合并为塑料橡胶制品业。经上述调整后，形成了35个工业子行业。参考阿克博斯坦奇等（Akbostanci et al.，2007）、陆旸（2009）的研究，本节以各行业污染排放强度的中位数作为划分依据，将所有的工业行业（35个）划分为清洁行业（17个）和污染行业（18个）。其中，污染排放强度（EMI）的计算方法如下：

（1）计算每个行业的污染物单位产值的污染排放，即 $UE_{ij}=E_{ij}/Y_i$，其中 E_{ij} 为行业 i 的主要污染物 j 的污染排放，Y_i 为各行业的工业总产值；

（2）对各行业的污染物单位产值的污染排放进行标准化处理：$UE'_{ij}=\frac{UE_{ij}-\min(UE_j)}{\max(UE_j)-\min(UE_j)}$，其中 UE_{ij} 为各行业的污染物单位产值的污染排放原始值，$\max(UE_j)$ 和 $\min(UE_j)$ 分别表示主要污染物 j 在所有行业中的最大值和最小值，UE'_{ij} 为各行业的污染物单位产值污染排放的标准化值；

（3）将上述各种污染排放得分等权重加权平均，计算废水、废气和固体废物的平均得分，即可求得各行业的污染排放强度。表7-1为清洁行业和污染密集行业的具体划分。

表7-1 清洁行业和污染密集行业划分

序号	清洁行业（17）	序号	污染密集行业（18）
1	电气机械及器材制造业	1	食品制造业
2	文教体育用品制造业	2	农副食品加工业
3	印刷业和记录媒介的复制	3	纺织业
4	通信设备、计算机及其他电子设备制造业	4	燃气生产和供应业
5	家具制造业	5	饮料制造业
6	纺织服装、鞋、帽制造业	6	石油加工、炼焦及核燃料加工业
7	通用设备制造业	7	水的生产和供应业
8	烟草制品业	8	有色金属冶炼及压延加工业
9	交通运输设备制造业	9	化学原料及化学制品制造业

续表

序号	清洁行业（17）	序号	污染密集行业（18）
10	仪器仪表及文化、办公用机械制造业	10	化学纤维制造业
11	专用设备制造业	11	非金属矿采选业
12	金属制品业	12	黑色金属冶炼及压延加工业
13	皮革、毛皮、羽毛（绒）及其制品业	13	煤炭开采和洗选业
14	石油和天然气开采业	14	非金属矿物制造业
15	木材加工及木、竹、藤、棕、草制品业	15	造纸及纸制品业
16	橡胶塑料制品业	16	电力、热力的生产和供应业
17	医药制造业	17	黑色金属矿采选业
		18	有色金属矿采选业

2. 环境规制强度计算

目前国内外学者主要从6个角度来度量环境规制（张成等，2011）：一是从环境规制政策的角度来考察环境规制强度的高低；二是用治污投资占企业总成本或产值的比重来衡量；三是用治理污染设施的运行费用来衡量；四是将人均收入水平作为衡量内生环境规制强度的指标；五是用环境规制机构对企业排污的检查和监督次数衡量；六是用环境规制下的污染排放量来度量。考虑到各行业省际面板数据的可获得性，本章采用第三种和第六种方法来度量环境规制强度。从治污设施运行费用的角度，本章采用沈能（2012）等的做法，选用各工业行业污染治理运行费用占工业产值的比重（ERI1）作为环境规制强度的代理变量，由于《中国环境统计年报》中各工业行业的固体废物治理运行费用数据并未统计，因而污染治理运行总费用包括各行业工业废水和废气的治理运行费用。基于污染排放量角度，本章借鉴王文普（2013）的做法，指标的计算方法是：先计算SO_2处理率［工业SO_2去除量/(工业SO_2排放量+工业SO_2去除量)］和废水排放达标率（工业废水达标排放量/工业废水排放量）两个子项，然后通过标准化将其转换成0－1值，最后通过求算术平均计算出合成指标（ERI2）作为环境规制强度的测度①。各环境变量的原始数据均来自各年的《中国环境统计年报》，各行业工业产值来自历年的《中国工业经济统计年鉴》。

① 由于多数行业的工业固体废物排放量数据缺失，本章只考虑工业废水和二氧化硫的排放量数据。

3. 污染密集行业和清洁行业的生产函数估算

本章使用中国省际面板数据样本（考虑到西藏数据的缺失，剔除了西藏）来估计清洁行业、污染密集行业和能源行业（考虑到能源行业数据较难获取，本章用煤炭开采业来替代能源产业）的生产函数。同时，将污染密集行业和清洁行业的全要素生产率分解得出技术进步变化，并对两类行业的 R&D 投入进行回归，结果见表 7－2。

表 7－2 生产函数及技术创新回归结果

参数	污染密集行业		清洁行业		能源行业
	生产函数	技术创新	生产函数	技术创新	生产函数
	$\ln Y_{1t}$	$\ln \Phi_{1t}$	$\ln Y_{2t}$	$\ln \Phi_{2t}$	$\ln E_t$
$\ln K_{jt}$	0. 5269 *** (0. 1029)	0. 2396 *** (0. 0768)	0. 5498 *** (0. 0747)	0. 3512 *** (0. 0896)	0. 2060 *** (0. 0416)
$\ln L_{jt}$	0. 0636 * (0. 0365)	—	0. 1898 ** (0. 0754)	—	0. 8022 *** (0. 0632)
$\ln E_{jt}$	0. 4602 *** (0. 1188)	—	0. 2603 ** (0. 0999)	—	—
C	－2. 7246 ** (1. 0437)	0. 9715 *** (0. 2691)	－1. 5689 ** (0. 6292)	1. 2145 *** (0. 3257)	－3. 9289 ** (1. 8849)

注：（1）***、** 分别表示在 1%、5% 和 10% 水平上显著，括号内为标准差；（2）$\ln Y_{jt}$（j＝1，2）分别表示对应行业的产出，$\ln K_{jt}$（j＝1，2，3，1rd，2rd）分别表示对应行业的资本投入或 R&D 研发投入，$\ln L_{jt}$（j＝1，2，3）分别表示对应行业的劳动投入，$\ln E_{jt}$（j＝1，2）分别表示对应行业的能源使用，$\ln \Phi_{jt}$（j＝1，2）分别表示污染密集行业、清洁行业的技术创新。

4. 污染排放函数的估算

考虑到工业废水排放量、工业二氧化硫排放量和工业固体废物排放量中废水和固废数据存在缺失，本章分别使用污染密集行业和清洁行业的工业二氧化硫排放量作为污染排放量的代理变量，将污染密集行业和清洁行业的能源消耗量对污染排放量做回归，结果见表 7－3。

表7-3 污染排放函数回归结果

参数	污染密集行业 $lnEM_{1t}$	清洁行业 $lnEM_{2t}$
$ln\Phi_{jt}$	-0.0102 (0.1160)	-0.0156* (0.0087)
lnE_{jt}	0.7188*** (0.0407)	0.6902*** (0.0421)
C	6.5605*** (0.3397)	6.7641*** (0.3461)

注：（1）***、*分别表示在1%、10%水平上显著，括号内为标准差；（2）$lnEM_{jt}(j=1, 2)$ 分别表示对应行业的污染排放，$lnE_{jt}(j=1, 2)$ 分别表示对应行业的能源使用，$ln\Phi_{jt}(j=1, 2)$ 分别表示对应行业的技术水平。

5. 模型其余参数的设定

由于政府绿色采购、消费者的消费数据难以获得，本章借鉴董直庆等（2014）、阿西莫格鲁等（Acemoglu et al., 2012）及黄茂兴和林寿富（2013）等的文献给出模型其余参数的设定，具体如下：$\beta=0.99$，$\theta_1=6.8$，$\theta_2=0.015$，$\delta_1=0.2$，$\delta_2=0.15$，$\delta_{rd}=0.2$，$\delta_3=0.2$，$\sigma_1=5$，$\sigma_2=4$。

7.3 绿色财政支出的经济效应和环境效应分析

经济增长与环境治理的协调发展是单一环境税收政策无法实现的，那么以环境税为核心的政策优化配置如何才能实现经济增长与环境治理的协调发展？在没有外部性的经济系统中，任何环境规制政策都会带来效率损失，但环境污染负外部性的存在为环境财政政策的实施提供了空间。具体来看，环境税收政策的技术效应可分为资源配置扭曲效应和技术激励效应两方面：资源配置扭曲效应是指工业行业通过增加生产要素投入获取经济产出以抵消环境规制成本的上升，最终引发污染排放增加的效应；技术激励效应是指工业行业通过环境技术研发投入的增加来降低单位产出的污染排放量以规避环境规制成本的提升，最终实现降低污染排放的效应。资源配置扭曲效应和技术激励效应同时存在于污染密集行业和清洁行业中，但两类行业中资源配置扭曲效应和技术激励效应的相对大小取决于两类行业的要素投入结构。基于本章对工业行业的分类，污染密集行业的固定资产投资均值约为清洁行业固定资产投资均值的2.5倍。要素投入结构中固定资产投资比重越高的行业，环境技术调整成本越高，工业行业对环境规制的“容忍水平”越高，通过增加生产要素投入获取经济产出以抵消环境规制成本上升的激励越强，资源配置扭曲效应越强；反之，要素投入结构中固定资产投资比重越低的行业，环境技术调整成本越低，工业行业对环境规制的“容忍水平”越低，工业行业通过增加环境技术研发投入来降低单位产出污染排放量的激励越强，技术激励效应越强。当环境规制的资源配置扭曲效应强于技术激励效应时，工业行业的技术水平下降；反之，当环境规制的技术激励效应强于资源配置扭曲效应时，工业行业的技术水平上升。

然而，资源配置效应和技术激励效应的相对大小将直接决定环境税的经济效应和环境效应，而绿色财政支出（不同类型的绿色补贴）施加在不同的市场主体上会在不同程度上影响资源配置扭曲效应和技术激励效应的变化幅度。本节在上述理论模型的基础上，模拟不同类型绿色财税政策的经济效应和环境效应。具体来看，本节将分别模拟环境税 + 绿色技术研发补贴、环境税 + 生产者绿色价格补贴和环境税 + 消费者绿色价格补贴这三类绿色财政支出的经济效应和环境效应。此外，为保证三类绿色财政支出政策效果的可比性，本节假设环境税收实现专款专用原则，即在每一种情形下环境税都全部用于绿色财政支出。

7.3.1　以绿色技术研发补贴为导向的环境税的经济效应和环境效应分析

1. 以绿色技术研发补贴为导向的环境税的技术效应分析

图 7 - 1 为以绿色研发补贴为导向的环境税收政策的技术效应分析。如图 7 - 1 所示，环境税收政策对污染密集行业技术水平的影响呈现 J 型特征，而环境税收政策对清洁行业技术水平的影响呈现边际影响严格递增的特征，即为 J 型特征的右半段。

对于污染密集行业来说，当环境税较低时，污染密集行业受制于要素投入结构差异引发的环境技术调整成本，所以选择增加生产要素投入来挤占环境技术研发投入，从而带来工业行业技术水平的降低；当环境税进一步提升时，污染密集行业增加要素投入获得的经济产出难以抵消环境税收成本的提高，同时环境技术的研发投入补贴对污染密集行业环境技术研发的激励效应增强，污染密集行业会增加环境技术研发投入提升技术水平，降低单位产出的污染排放，规避环境税收成本的提升。而就清洁行业而言，要素投入结构中固定资产投入比重较低，环境技术调整成本较低，环境技术调整意愿较强，当环境税提升时，清洁行业会增加环境技术的研发投入提升技术水平，降低污染排放，规避环境税收成本的提升。同时，随着环境税的提升，环境技术研发投入的技术激励效应加速增强，环境税收政策对清洁行业技术水平的影响呈现边际影响严格递增的特征，即为J型特征的右半段。

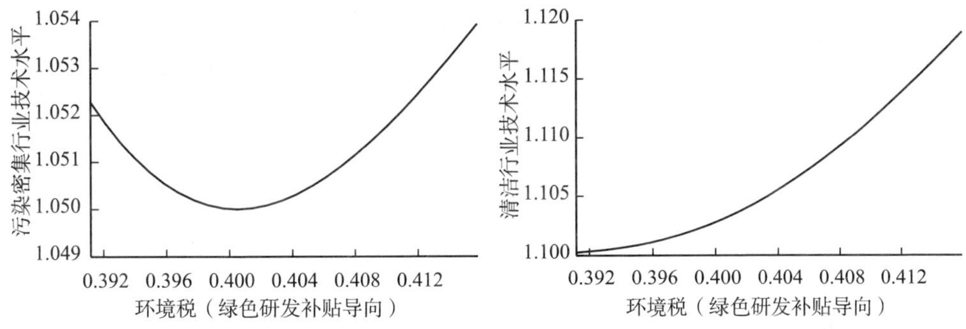

图7-1　以绿色研发补贴为导向的环境税收政策的技术效应分析

2. 以绿色技术研发补贴为导向的环境税的经济效应和环境效应分析

当环境税率提高时，环境规制成本必然上升，短期内环境税的扭曲效应必然导致经济产出的下降，但经济产出的下降量取决于环境规制的资源配置扭曲效应和技术激励效应的相对大小。长期来看，如果工业行业进行技术创新，其经济产出可能提高。当资源配置扭曲效应强于技术激励效应时，工业行业技术水平下降，其经济产出必将下降。当技术激励效应强于资源配置扭曲效应时，工业行业会增加环境技术的研发投入进而提升技术水平，降低污染排放并规避环境税收成本。但在技术激励效应占优之初，环境技术研发投入的增加以挤占生产要素投入为代价，经济产出必然下降，直至工业行业技术水平上升带来经济产出的增加量要多于环境技术研发投入量时，随着生产要素投入增加，经济产出才得以提升。因此，环境税收对任一工业行业经济产出的影响也呈现J型特征，但J型最低点处对应的环境税收水平要高于环境税收对工业行业技术水平影响的J型曲线底部对应的环境税收水平。

图7-2给出了以绿色研发补贴为导向的环境税收政策的经济效应和环境效应。如前文所述，环境税率提高，环境规制成本必然上升。从经济效应来看，当环境规制成本上升时，短期内环境税的扭曲效应必然导致经济产出的下降，但经济产出的下降量取决于环境规制的资源配置扭曲效应和技术激励效应的相对大小。长期来看，如果工业行业进行技术创新，其经济产出可能提高。当资源配置

扭曲效应强于技术激励效应时，工业行业技术水平下降，其经济产出必将下降。当技术激励效应强于资源配置扭曲效应时，工业行业会增加环境技术的研发投入进而提升技术水平，降低污染排放和规避环境税收成本。但在技术激励效应占优之初，环境技术研发投入的增加以挤占生产要素投入为代价，经济产出必然下降，直至工业行业技术水平上升带来经济产出的增加量要多于环境技术研发投入量时，随着生产要素投入增加，经济产出才得以提升。因此，环境规制对工业行业经济产出的影响也呈现J型特征，但J型最低点处对应的环境税率水平要高于环境税收对工业行业技术水平影响的J型曲线底部对应的环境税率水平。

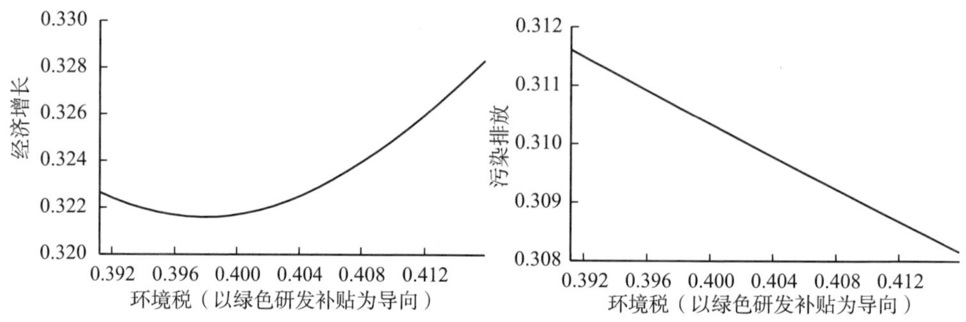

图7－2 以绿色研发补贴为导向的环境税收政策的经济效应和环境效应分析

就污染密集行业而言，当环境税率较低时，环境税收政策的资源配置扭曲效应强于其技术激励效应；当环境税率高于J型曲线拐点对应的环境税率时，环境税收政策的技术激励效应强于资源配置扭曲效应。就清洁行业而言，环境规制政策的技术激励效应始终强于其资源配置扭曲效应。因此，环境规制政策对污染密集行业、清洁行业经济产出的影响均呈现J型特征，且污染密集行业J型曲线底部对应的环境税率水平要高于清洁行业J型曲线底部对应的环境税率水平。以绿色研发补贴为导向的环境税收政策的经济效应实则需要分析环境税收政策对污染密集行业和清洁行业的经济产出影响的相对大小。这是因为，当两类行业的经济产出均下降时，经济总产出必然下降；当两类行业的经济产出均上升时，经济总产出必然上升；当两类行业的经济产出出现一升一降时，则需分析两类行业经济产出变化的相对大小。

在环境税对污染密集行业技术水平影响的J型曲线下降前半段，污染密集行业的经济产出必然下降，而此时清洁行业正处于技术激励效应占优的初期，清洁行业经济产出同样下降，整体工业行业的经济产出也必然下降。在环境税对污染密集行业技术水平影响的J型曲线下降后半段，污染密集行业的经济产出依然下降，而此时清洁行业正处于技术激励效应占优的中后期，清洁行业的经济产出开始上升，整体工业行业的经济产出呈现先下降后上升的过程。在环境税对污染密集行业技术水平影响的J型曲线上升阶段，污染密集行业的经济产出呈现先下降后上升的趋势，而此时清洁行业的经济产出开始加速上升，整体工业行业的经济产出也必然上升。因此，如图7-2（左图）所示，以绿色研发补贴为导向的环境税收政策对工业行业经济产出的影响呈现J型，且该J型曲线的拐点处对应的环境税率要低于环境税对污染密集行业技术水平影响的J型曲线拐点处水平。

从环境效应来看，在环境税收政策对工业行业经济产出J型影响的下降阶段，工业行业的能源使用量下降，污染排放量也将减少。在环境税收政策对工业行业经济产出J型影响的上升阶段，受绿色技术研发补贴的影响，工业行业的环境技术水平已得到较大提升，单位能耗的污染排放量大幅下降，尽管经济产出增加带来的能源使用量开始上升，但污染排放量依然下降。

综上可知，以绿色研发补贴为导向的环境税收政策对工业行业经济产出的影响呈现J型，但会带来环境质量的持续改善。这表明以绿色研发补贴为导向的环境税收政策实施存在“增长陷阱”，即在环境税率较低时，以绿色研发补贴为导向的环境税收政策的实施会抑制经济增长；只有当环境税率高于一定水平，以绿色研发补贴为导向的环境税收政策实施才能实现经济增长和环境治理的协调发展。

7.3.2　以生产者绿色价格补贴为导向的环境税的经济效应和环境效应分析

1. 以生产者绿色价格补贴为导向的环境税的技术效应分析

图7-3为以生产者绿色价格补贴为导向的环境税收政策的技术效应分析。如图7-3所示，与以绿色研发补贴为导向的环境税收政策的技术效应类似，环境税收政策对污染密集行业技术水平的影响呈现J型特征，而环境税收政策对清洁行业技术水平的影响呈现边际影响严格递增的特征，即为J型特征的右半段。但以生产者绿色价格补贴为导向的环境税对污染密集行业技术水平影响的J型曲线拐点处对应的环境税率要高于以绿色研发补贴为导向的J型曲线拐点处的环境税率。

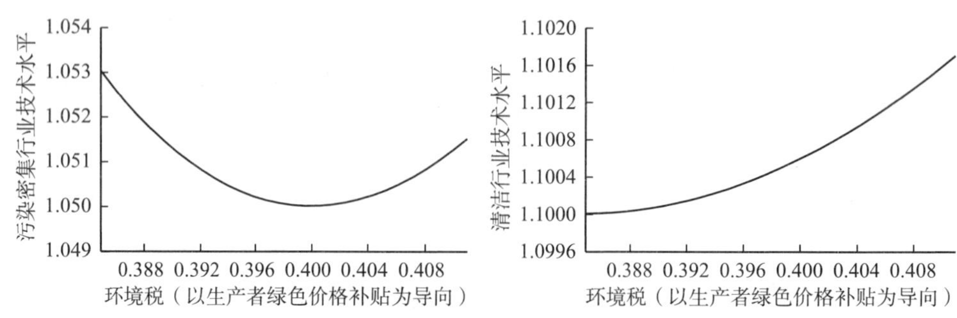

图7-3 以生产者绿色价格补贴为导向的环境税收政策的技术效应分析

如前所述，要素投入结构的差异决定工业行业对环境规制的“容忍水平”，污染密集行业的固定资产投资比重较高，环境技术调整成本较高，通过增加生产要素投入获取经济产出以抵消环境规制成本上升的激励越强，资源配置扭曲效应越强，污染密集型行业进行技术创新所需的环境税率越高。因此，当环境税率较低时，污染密集行业的资源配置扭曲效应强于技术激励效应，此时会选择减少环境技术研发投入来增加生产要素投入，其技术水平会下降；当环境税率较高时，污染密集行业的技术激励效应强于资源配置扭曲效应，此时会选择增加环境技术研发投入，其技术水平会上升。同时，清洁行业的技术激励效应始终强于资源配置扭曲效应，会持续增加环境技术研发投入，技术水平持续上升。

然而，对污染密集行业来说，以生产者绿色价格补贴为导向的环境税J型曲线拐点对应的环境税率要高于以绿色研发补贴为导向的环境税J型曲线拐点对应的环境税率水平，其根源在于绿色研发补贴会直接刺激技术激励效应，而生产者绿色价格补贴会直接刺激资源配置扭曲效应。

2. 以生产者绿色价格补贴为导向的环境税的经济效应和环境效应分析

从经济效应来看，环境税率上升，环境规制成本必然上升，短期内环境税的扭曲性将带来经济产出的下降，而经济产出的下降量取决于环境规制的资源配置扭曲效应和技术激励效应的相对大小。同时，生产者绿色价格补贴的外部性将带来经济产出的上升，因为生产者绿色价格补贴上升会直接刺激生产者的绿色生产行为，激励生产者加大资本投入、劳动投入和环境技术研发投入，提高清洁行业产出水平。同时，受财富效应影响，消费者也会增加对污染品的消费，继而激励污染密集行业增加资本投入，提高污染密集行业的产出水平，经济总产出提升。因此，以生产者绿色价格补贴为导向的环境税的经济效应实则是环境税的扭曲性和生产者绿色价格补贴的外部性的相互博弈。当环境税的扭曲性强于生产者绿色价格补贴的外部性时，以生产者绿色价格补贴为导向的环境税率上升会抑制经济增长；当生产者绿色价格补贴的外部性强于环境税的扭曲性时，以生产者绿色价格补贴为导向的环境税率上升会促进经济增长。

如图7－4（左图）所示，以生产者绿色价格补贴为导向的环境税对经济增长的影响呈现J型关系，在环境税率较低时，以生产者绿色价格补贴为导向的环境税收政策会略微抑制经济增长，随着环境税率的上升，以生产者绿色价格补贴为导向的环境税收政策对经济增长的促进作用逐渐增强。这是因为在环境税率较低时，环境税对污染密集行业的扭曲性受生产者绿色价格补贴的外部性抵消而减弱，污染密集行业的经济产出下降较小；而环境税对清洁行业的影响是技术激励效应占优，受生产者绿色价格补贴的外部性刺激，清洁行业的经济产出提升，工业行业经济总产出略有下降。当环境税率提高时，污染密集行业和清洁行业的技术激励效应均占优，加之生产者绿色价格补贴的外部性刺激，两类行业的经济产出均上升，继而工业行业的经济总产出上升。

从环境效应来看，生产者绿色价格补贴是对清洁行业生产行为的事后补贴，不会直接影响清洁行业环境技术研发投入的边际效应，环境技术研发的激励效应不足，技术水平变化不大。同时，生产者绿色价格补贴会抵消环境税的污染治理效应，并直接刺激企业的生产行为，带来能源要素投入的增加，继而导致污染排放量增加。当经济增长到一定程度时，企业有足够的资金进行技术研发，环境技术水平上升，污染排放量开始下降。如图7－4（右图）所示，以生产者绿色价格补贴为导向的环境税对污染排放的影响呈现倒U型关系。

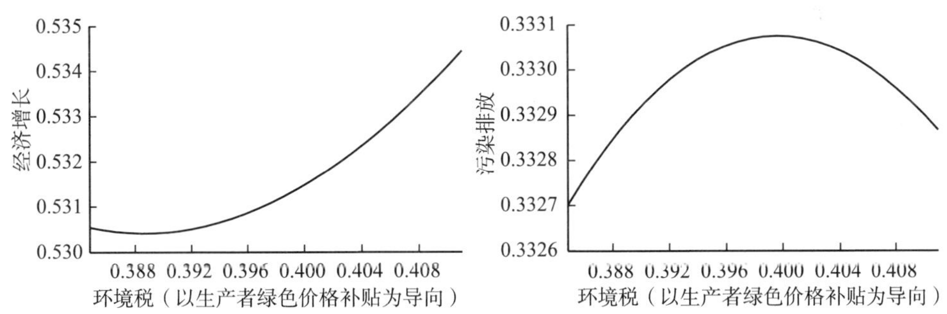

图7－4　以生产者绿色价格补贴为导向的环境税收政策的经济效应和环境效应分析

综上可知，以生产者绿色价格补贴为导向的环境税对工业行业经济产出的影响呈现J型关系，但对污染排放的影响呈现倒U型关系，即对环境质量的影响呈现U型关系。这表明以生产者绿色价格补贴为导向的环境税收政策的实施存在“污染陷阱”，即在环境税率较低时，以生产者绿色价格补贴为导向的环境税收政策的实施会提高污染排放；只有当环境税率高于一定水平时，实施以生产者绿色价格补贴为导向的环境税收政策才能实现经济增长和环境治理的协调发展。

7.3.3 以消费者绿色价格补贴为导向的环境税的经济效应和环境效应分析

1. 以消费者绿色价格补贴为导向的环境税的技术效应分析

图7－5为以消费者绿色价格补贴为导向的环境税收政策的技术效应分析。如图7－5所示，与以绿色研发补贴为导向、以生产者绿色价格补贴为导向的环境税收政策的技术效应类似，环境税收政策对污染密集行业技术水平的影响呈现J型特征，而环境税收政策对清洁行业技术水平的影响呈现边际影响严格递增的特征，即为J型特征的右半段。但对比图7－1、图7－3和图7－5后，不难发现，在以消费者绿色价格补贴为导向的环境税收政策下，污染密集行业和清洁行业的技术水平更低，上升趋势更缓，且以消费者绿色价格补贴为导向的环境税收政策对污染密集行业技术水平影响的J型曲线拐点处对应的环境税率要高于前两种导向下的J型曲线拐点处的环境税率。

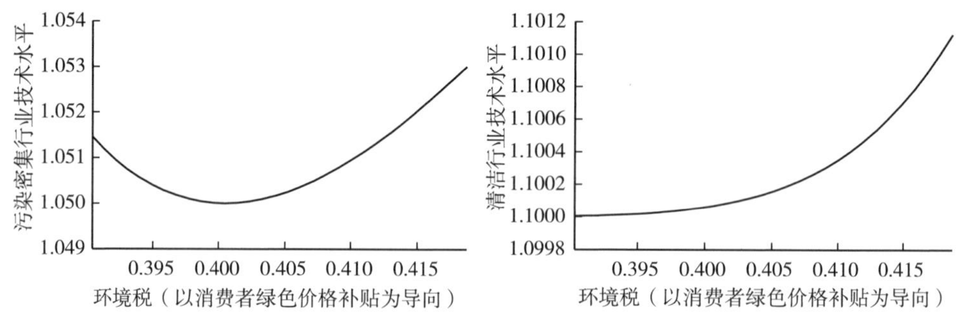

图7－5 以消费者绿色价格补贴为导向的环境税收政策的技术效应分析

造成上述现象的根源在于消费者绿色价格补贴是作用在消费者身上，旨在通过消费者需求引导清洁行业的生产行为，而不是直接作用在清洁行业的生产行为中。与前两种倾向的环境税收政策对比来看，绿色研发补贴、生产者绿色价格补贴会直接影响清洁行业的生产行为，激励清洁行业的技术创新。消费者绿色价格补贴在某种程度上会抵消清洁行业的技术研发激励效应，因为清洁品的价格补贴会降低消费者在清洁品上的支出，财富效应会激发其在污染品上的花费。因此，在以消费者绿色价格补贴为导向的环境税收政策下，污染密集行业和清洁行业的技术水平更低，上升趋势更缓，拐点处的环境税率更高。

2. 以消费者绿色价格补贴为导向的环境税的经济效应和环境效应分析

图7－6是以消费者绿色价格补贴为导向的环境税收政策的经济效应和环境效应分析，如图所示，以消费者绿色价格补贴为导向的环境税收政策对经济增长的影响呈现U型特征，对污染排放的影响呈现严格递减的特征。

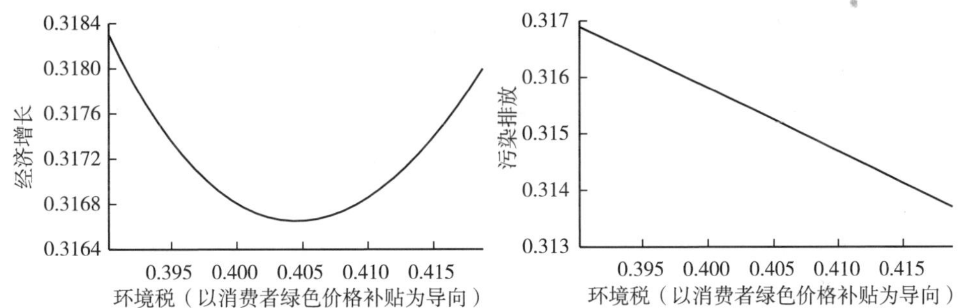

图7－6　以消费者绿色价格补贴为导向的环境税收政策的经济效应和环境效应分析

从经济效应来看，以消费者绿色价格补贴为导向的环境税的经济效应是环境税的扭曲性和消费者绿色价格补贴的外部性相互博弈的结果。短期内实施环境税必然带来经济产出的下降，其下降量取决于技术激励效应和资源配置扭曲效应的相对大小。消费者绿色价格补贴外部性体现为通过引导消费者的绿色需求来激励清洁行业的生产行为，从而带来清洁品经济产出的上升，而通过财富效应会带来污染品经济产出的上升，最后带来总的经济产出的上升。然而，消费者绿色价格补贴的外部性是一种间接效应，对经济产出的提升量相对有限。在环境税率较低时，资源配置扭曲效应强于技术激励效应，环境税的扭曲性较强，经济产出下降量较大，而此时消费者绿色价格补贴的外部性也较弱，以消费者绿色价格补贴为导向的环境税会抑制经济增长。在环境税率较高时，技术激励效应强于资源配置扭曲效应，环境税的扭曲性较弱，经济产出由降转升，消费者绿色价格补贴的外部性逐渐增强，此时以消费者绿色价格补贴为导向的环境税会抑制经济增长。但由于消费者绿色价格补贴的外部性要弱于绿色研发补贴和生产者绿色价格补贴的外部性，经济产出的总体水平要低于前两种补贴下的经济产出水平。因此，以消费者绿色价格补贴为导向的环境税收政策对经济增长的影响呈现U型特征，但经济产出水平要低于以绿色研发补贴为导向、以生产者绿色价格补贴为导向的环境税收政策下的经济产出水平。

从环境效应来看，消费者绿色价格补贴是对清洁行业生产行为的事后补贴，不会直接影响清洁行业环境技术研发投入的边际效应，环境技术研发的激励效应不足，技术水平变化不大。但当消费者绿色价格补贴对企业生产行为的激励效应较弱，环境税率较低时，企业的能源要素投入是下降的，继而污染排放量是下降的。随着环境税率的提升，消费者绿色价格补贴的外部性较弱，企业的环境技术水平上升，尽管经济产出开始上升，但污染排放量依然下降。因此，如图 7 - 6（右图）所示，以消费者绿色价格补贴为导向的环境税对污染排放的边际影响严格递减。

综上所述，以消费者绿色价格补贴为导向的环境税对工业行业经济产出的影响呈现 U 型关系，但对污染排放的影响呈现严格递减形态。这表明以消费者绿色价格补贴为导向的环境税收政策的实施存在“增长陷阱”，即在环境税率较低时，以消费者绿色价格补贴为导向的环境税收政策的实施会降低经济产出；只有当环境税率高于一定水平时，实施以消费者绿色价格补贴为导向的环境税收政策才能实现经济增长和环境治理的协调发展。

7.3.4 三类绿色财政支出政策的经济效应和环境效应对比分析

通过上述三部分研究，不难发现以绿色研发补贴为导向的环境税收政策对工业行业经济产出的影响呈现 J 型关系，但会带来环境质量的持续改善；以生产者绿色价格补贴为导向的环境税对工业行业经济产出的影响呈现 J 型关系，但对污染排放的影响呈现倒 U 型关系；以消费者绿色价格补贴为导向的环境税对工业行业经济产出的影响呈现 U 型关系，但对污染排放的影响呈现严格递减形态。这表明以绿色研发补贴为导向、以生产者绿色价格补贴为导向、以消费者绿色价格补贴为导向的环境税收政策依次存在“增长陷阱”“污染陷阱”“增长陷阱”。如果希望以单一政策补贴为导向的环境税收政策能够实现经济增长和环境治理的协调发展，则政府需要制定较高的环境税率，而这一环境税率在现实经济中难以实现。换而言之，以单一政策补贴为导向的环境税收政策的制定面临着环境税率高低的掣肘，即环境税率较低时，经济增长和环境治理难以协调发展；环境税率较高时，经济社会难以承受，会损害社会福利。

如何优化环境税收政策设计以消除经济增长和环境治理协调发展下的环境税率高低的掣肘问题显得十分重要。如前所述，以绿色研发补贴为导向和以消费者绿色价格补贴为导向的环境税收政策不存在“污染陷阱”，以生产者绿色价格补贴为导向的环境税收政策不存在“增长陷阱”。这就意味着支持经济增长和环境治理协调发展的绿色财税政策空间是存在的，即合理地优化绿色财政支出结构有助于实现经济增长和环境治理的协调发展。本章以下部分将试图从绿色财政支出结构的优化组合入手，来研究政府环境税收政策的优化设计。

7.4 绿色财政支出结构的优化组合分析

上述研究发现，低税率水平下以绿色研发补贴为导向、以生产者绿色价格补贴为导向、以消费者绿色价格补贴为导向的环境税收政策依次存在“增长陷阱”“污染陷阱”“增长陷阱”，即单一绿色财政支出为导向的环境税收政策要求较高的环境税率。较低环境税率下同时避免“污染陷阱”和“增长陷阱”的绿色财政支出政策组合是本节的主要研究对象，通过对7.3节各项绿色财政支出的政策效果分析，笔者认为满足双重红利需要的绿色财政支出结构可能产生在绿色研发补贴和生产者绿色价格补贴、生产者绿色价格补贴和消费者绿色价格补贴之间，而绿色研发补贴和消费者绿色价格补贴的组合必然带来增长陷阱。因此，本节将重点讨论以绿色研发补贴+生产者绿色价格补贴为导向的环境税收政策和以消费者绿色价格补贴+生产者绿色价格补贴为导向的环境税收政策的经济效应和环境效应，以期寻找出绿色财政支出结构的优化组合。为了简便起见，以下称以绿色研发补贴+生产者绿色价格补贴为导向的环境税收政策为绿色财政支出组合Ⅰ，称以消费者绿色价格补贴+生产者绿色价格补贴为导向的环境税收政策为绿色财政支出组合Ⅱ。需要说明的是，本节以下部分关注的重点放在了较低环境税率水平下绿色财政支出组合的经济效果与环境效果，即本节选取以绿色研发补贴为导向、以生产者绿色价格补贴为导向、以消费者绿色价格补贴为导向的环境税收政策的“增长陷阱”“污染陷阱”“增长陷阱”对应环境税率的最低水平以下范围作为研究的目标域。

7.4.1 绿色财政支出组合Ⅰ的经济效应和环境效应分析

征收环境税会造成经济增长的下滑，在低环境税率情况下，绿色研发补贴难以促进经济增长的提升，政府只能通过生产者绿色价格补贴来提高经济增长水平。但是，随着生产者绿色价格补贴的提高，由于规模效应，环境污染排放量也提高了，环境税所要实现的环境治理改善作用消失。因此，政府需要通过绿色技术研发补贴的增加来迅速矫正由生产者绿色价格补贴造成的环境污染排放量上升。在本部分，笔者将致力于研究何种绿色财政支出结构能有效规避在低环境税率情形下环境税收政策的“增长陷阱”“污染陷阱”。此处绿色财政支出结构是用绿色财政支出组合Ⅰ中的生产者绿色价格补贴所占比重表示。

如图7－7所示，在低环境税率情形下，当绿色财政支出结构处于0.2～0.4时，即绿色财政支出组合Ⅰ中的生产者绿色价格补贴所占比重在20%至40%之间时，环境税率的提升会在提升经济增长水平的同时，降低环境污染。换言之，绿色财政支出结构处于0.2～0.4时，环境税收政策的“增长陷阱”“污染陷阱”同时消失，这表明支持经济增长和环境治理协调发展的绿色财税政策空间是存在的，即合理的优化绿色财政支出结构有助于实现经济增长和环境治理的协调发展。

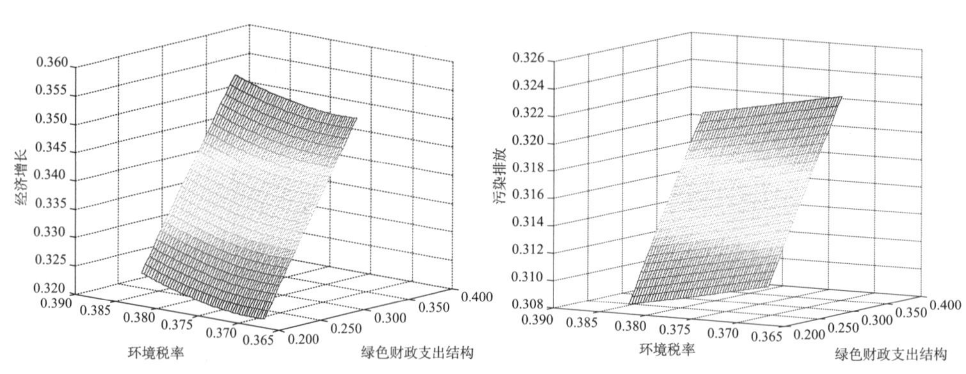

图7－7 低环境税率情况下绿色财政支出组合Ⅰ的经济效应（左）和环境效应（右）分析

7.4.2 绿色财政支出组合Ⅱ的经济效应和环境效应分析

如前面所述，征收环境税后，经济增长水平和环境污染排放量均下降，政府同样可以通过生产者绿色价格补贴来激励清洁型企业加大生产以提高经济增长水平，但环境污染排放量会略有上升。因此政府需要通过消费者绿色价格补贴的增加来迅速矫正由生产者绿色价格补贴造成的环境污染排放量的上升。类似地，本节进一步考察了“生产者绿色价格补贴＋消费者绿色价格补贴”构成的绿色财政支出组合Ⅱ的经济效应和环境效应。图7－8是绿色财政支出组合Ⅱ的经济效应（左）和环境效应（右）分析，如图所示，在低环境税率情形下，当绿色财政支出结构在0.2～0.4时，环境税率的上升会带来污染排放的下降，即环境税收政策的“污染陷阱”消失，但环境税率对经济增长的影响仍然呈现较平缓的U型特征，即环境税收政策的“增长陷阱”依然存在。这表明，绿色财政支出组合Ⅱ

并不能同时克服“增长陷阱”和“污染陷阱”，即支持经济增长和环境治理协调发展的绿色财政支出政策组合在“生产者绿色价格补贴+消费者绿色价格补贴”间的政策空间是不存在的。

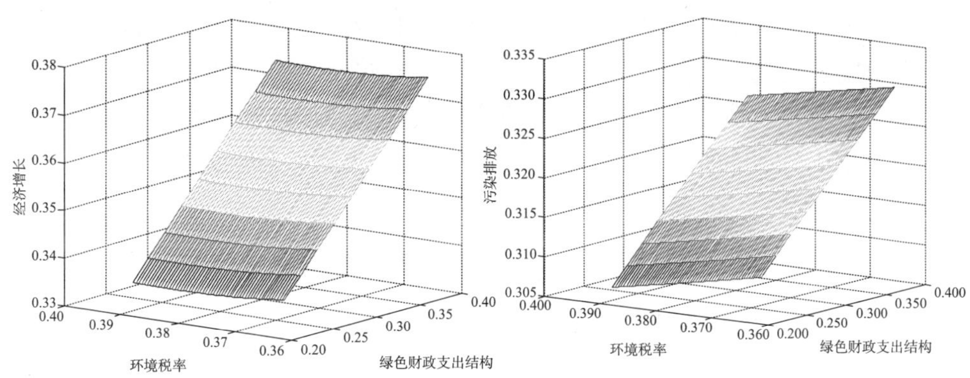

图7-8　绿色财政支出组合Ⅱ的经济效应（左）和环境效应（右）分析

7.4.3　两类绿色财政支出组合的经济效应和环境效应对比分析

以“绿色技术研发补贴+生产者绿色价格补贴”为导向的环境财税政策可以同时消除“增长陷阱”和“污染陷阱”，而以“消费者绿色价格补贴+生产者绿色价格补贴”为导向的环境财税政策可以消除“污染陷阱”，但不能消除“增长陷阱”。因此，实现经济增长和环境治理协调发展的组合政策空间存在于“绿色技术研发补贴+生产者绿色价格补贴”的绿色财政支出组合中。造成这一现象的原因在于，从实现经济增长目标出发，补贴生产端优于补贴消费端，过程补贴优于事后补贴，而消费者绿色价格补贴是针对消费者的事后补贴，难以抵消环境税的扭曲效应。从实现环境治理目标出发，补贴生产要素的直接激励行为要优于补贴消费端的间接引导行为。绿色技术研发补贴是直接激励工业行业的技术研发支出要素，而消费者绿色价格补贴是通过引导消费者需求来改进工业行业的污染排放行为，故尽管两类绿色财政支出组合均能消除污染陷阱，但绿色财政支出组合Ⅰ对污染排放的减少量更多。

此外，笔者发现，在低环境税率情形下，当绿色财政支出结构处于0.2~0.4时，环境税收政策对经济增长和环境治理协调发展的促进作用最强，即绿色财政支出组合Ⅰ中的生产者绿色价格补贴所占比重在20%~40%时，环境税率的提升会在提升经济增长水平的同时，降低环境污染。基于此，不难发现只要绿色财政支出政策组合合适，实现环境治理完全可以在不降低经济发展或者福利水平的情况下实现。需要特别注意的是，该结论建立在环境税收专款专用的基础上，即通过征收环境税，以支付政府的各项财政补贴政策。

然而，上述模型是经济体活动的高度抽象，在现实经济中，由于污染密集行业和清洁行业分别属于不同地区、不同群体的利益者，会存在地区利益保护、破坏既得利益者的收益，从而使得理论政策难以实施。准确识别当前中国环境规制政策的经济效益和环境效益对设计符合中国实际的环境规制政策则显得尤为重要，并有助于将理论研究结果应用于中国未来环境规制政策的设计。

7.5 中国环境规制政策的经济效应和环境效应的实证检验

基于上述理论分析，本节将通过中国省际工业行业数据，实证检验环境规制对工业行业经济增长和污染排放的影响及变动情况，以进一步明确中国环境规制政策的变革方向。

7.5.1 计量经济模型设定

1. 环境规制的技术效应分析

本节构建面板数据模型来检验环境规制的技术效应，污染密集行业（PTFP）和清洁行业（CTFP）的全要素生产率为被解释变量，环境规制强度（ERI）为解释变量。为了考察环境规制对工业行业技术水平影响的非线性特征，本章将环境规制强度的平方项纳入模型。在考虑其他控制变量的基础上，本章设定的实证模型为：

$$CTFP_{it} = \beta_0 + \beta_1 ERI_{it} + \beta_2 ERI_{it}^2 + \alpha X_{it} + V_i + \varepsilon_{it} \tag{7.40}$$

$$PTFP_{it} = \gamma_0 + \gamma_1 ERI_{it} + \gamma_2 ERI_{it}^2 + \alpha X_{it} + V_i + \varepsilon_{it} \tag{7.41}$$

其中，i 表示中国 30 个省份（西藏除外），i = 1，2，…，30；t 表示各个年份，t = 2002，2003，…，2012；$CTFP_{it}$是清洁行业的全要素生产率变化；$PTFP_{it}$是污染密集行业的全要素生产率变化；ERI_{it}是环境规制强度。X_{it}是控制变量，包括财政支出占比（Gov_{it}）、所有制结构（Nat_{it}）、城镇化率（$City_{it}$）和外贸依存度变量（$Trad_{it}$）；V_i 为个体效应；ε_{it}是随机扰动项。

2. 环境规制的经济效应和环境效应分析

本节通过构建面板数据模型来检验环境规制的经济效应和环境效应。工业行业总产值和污染排放量分别为被解释变量，环境规制强度为解释变量。为了考察环境规制对经济增长和污染排放影响的非线性特征，本章将环境规制强度的平方项纳入模型。在考虑其他控制变量的基础上，本章设定的实证模型为：

$$RGDP_{it} = \theta_0 + \theta_1 ERI_{it} + \theta_2 ERI_{it}^2 + \eta X_{it} + V_i + \varepsilon_{it} \quad (7.42)$$

$$EMI_{it} = \phi_0 + \phi_1 ERI_{it} + \phi_2 ERI_{it}^2 + \eta X_{it} + V_i + \varepsilon_{it} \quad (7.43)$$

其中，i 表示中国 30 个省份（西藏除外），i = 1，2，…，30；t 表示各个年份，t = 2002，2003，…，2012；$RGDP_{it}$是工业行业经济增长水平；EMI_{it}是工业行业污染排放水平；ERI_{it}是环境规制强度。X_{it}是控制变量，包括财政支出占比（Gov_{it}）、所有制结构（Nat_{it}）、城镇化率（$City_{it}$）和外贸依存度变量（$Trad_{it}$）；V_i 为个体效应；ε_{it}是随机扰动项。

7.5.2　数据来源与变量说明

1. 数据来源

本章以中国省际工业行业为研究对象，使用 2002 ~ 2012 年中国 30 个省份的面板数据（考虑到西藏数据的缺失，剔除了西藏）进行实证分析，样本量为 330。样本数据来源于《中国科技统计年鉴》《中国环境统计年报》《中国工业经济统计年鉴》《中国统计年鉴（2003 ~ 2013 年）》《新中国 60 年统计资料汇编》和中经网统计数据库。

2. 变量计算与说明

（1）经济增长（RGDP）和污染排放（EMI）。

由于环境规制政策是通过环境税费的惩罚约束工业行业的污染排放行为，因此本章研究重点放在工业行业间，经济增长变量采用工业行业总产值进行度量，污染排放采用工业行业的三废排放量进行度量。

（2）环境规制强度（ERI）。

目前国内外学者主要从六个角度来度量环境规制（张成等，2011）：一是从环境规制政策的角度来考察环境规制强度的高低；二是用治污投资占企业总成本或产值的比重来衡量；三是用治理污染设施的运行费用来衡量；四是将人均收入水平作为衡量内生环境规制强度的指标；五是用环境规制机构对企业排污的检查和监督次数衡量；六是用环境规制下的污染排放量来度量。考虑到各行业省际面板数据的可获得性，本章采用第三种方法来度量环境规制强度。从治污设施运行费用的角度，本章采用沈能（2012）等的做法，选用各工业行业污染治理运行费用占工业产值的比重（ERI1）作为环境规制强度的代理变量，由于《中国环境统计年报》中各工业行业的固体废物治理运行费用数据并未统计，因而污染治理运行总费用包括各行业工业废水和废气的治理运行费用。

（3）污染密集行业（PTFP）和清洁行业（CTFP）的全要素生产率。

本章将分别使用清洁行业和污染密集行业的投入产出数据（2002～2012年中国30个省份的面板数据样本）来计算各产业的全要素生产率，计算公式由参数校准部分的估算结果导出，计算方法如下。

污染密集行业的全要素生产率为：

$$PTFP = \ln Y_{1t} + 2.7246 - 0.5269\ln K_{1t} - 0.0636\ln L_{1t} - 0.4602\ln E_{1t} \quad (7.44)$$

清洁行业的全要素生产率为：

$$CTFP = \ln Y_{2t} + 1.5689 - 0.7714\ln K_{2t} - 0.2663\ln L_{2t} - 0.3652\ln E_{2t} \quad (7.45)$$

（4）控制变量。

财政支出占比（Gov）是指财政支出占GDP的比重，数据来源于《新中国60年统计资料汇编》以及“中经网统计数据库”。所有制结构（Nat）对产业结构转型的影响在理论上存在争议，但它仍是最为广泛讨论的因素之一。本章使用国有及国有控股企业总产值和规模以上企业工业总产值的比重来度量各省份的工业企业国有化程度，即所有制结构，数据来源于历年的《中国工业经济统计年鉴》。城市化率（City）是城镇人口占总人口的比例，数据来源于“中经网统计数据库”。外贸依存度（Trad）是进出口总额占GDP比重，数据来源于《新中国60年统计资料汇编》以及“中经网统计数据库”。各指标变量的描述性统计如表7－4所示。

表7－4 变量的描述性统计

变量	含义	样本量	均值	标准差	最小值	最大值
Str	产业结构	330	0.7159	0.7666	0.0489	11.7349
CTFP	清洁行业全要素生产率	330	2.0138	0.9194	－3.1682	4.5983
PTFP	污染行业全要素生产率	330	1.7738	0.7873	－1.9923	3.7402
ERI1	环境规制强度1	330	0.3547	0.2095	0.0826	1.6622
ERI2	环境规制强度2	330	0.7017	0.1677	0.0000	0.9204
Gov	财政支出占比	330	0.1767	0.0749	0.0772	0.5792
Nat	国有经济占比	330	0.4752	0.2009	0.1073	0.8712

续表

变量	含义	样本量	均值	标准差	最小值	最大值
City	城镇化率	330	0.42815	0.1736	0.0000	0.8930
Trad	外贸依存度	330	0.3351	0.4206	0.0357	1.7215

注：财政支出占比、国有经济占比、城镇化率、外贸依存度均为百分比数据。

7.5.3 实证结果及分析

在计量模型中，区分内生变量和外生变量是实证分析的关键。在各解释变量中，环境规制强度是用各行业污染治理运行费用占工业产值的比重来衡量的，而各行业污染治理运行费用与各行业全要素生产率及产业结构间可能存在双向因果关系，即环境规制强度变量属于内生性变量，如果采用一般的面板数据模型回归，所得到的回归结果可能是有偏的。因此，本章参考白重恩等（2008，2009）的方法，采用阿雷亚诺和博韦尔（1995）提出的系统广义矩法（System GMM）对上述模型进行估计，用解释变量的滞后项作为工具变量来解决模型中存在的内生性问题。系统 GMM 方法能够解决被解释变量的滞后项与模型中随机扰动项的相关性问题，同时缓解内生性问题，因而成为估计面板数据模型的有效方法。在实证分析中，系统 GMM 方法估计需要通过两个检验：一是 Arellano - Bond 提出的对差分方程随机扰动项进行的二阶序列相关检验；二是对工具变量的有效性进行的 Hansen 过度识别约束检验。此外，鉴于中国各地区工业行业发展的差异性特征，本节将分别对全国、东部地区、中部地区和西部地区①的面板数据样本进行实证分析，以期研究环境规制政策经济效应和环境效应的地区性差异。

1. 技术效应分析

本章采用系统 GMM 方法对式（7.42）和式（7.43）进行估计，结果见表 7 - 5 和表 7 - 6。如表 7 - 5 和表 7 - 6 所示，二阶序列相关检验结果表明所有地区至少在5%的显著性水平下，AR（1）显著而 AR（2）不显著，或 AR（1）和 AR（2）均不显著，说明模型至多存在一阶自相关，但不存在二阶自相关，系统 GMM 方法是适用的。Sargan 检验和 Hansen 检验结果表明，模型的总体矩条件成

① 参照《中国科技统计年鉴》分组方式，本章将 30 个省份分成东部、中部和西部三个组，东部地区包括北京、天津、河北、辽宁、上海、江苏、浙江、福建、山东、广东和海南 11 个省份，中部地区包括山西、吉林、黑龙江、安徽、江西、河南、湖北和湖南 8 个省份，西部地区包括内蒙古、广西、重庆、四川、贵州、云南、陕西、甘肃、青海、宁夏和新疆 11 个省份。

立，工具变量的选择整体上也是有效的。表 7 – 5 是 GMM – SYS 估计所得的污染密集行业环境规制的技术效应分析结果。

表 7 –5　污染密集行业环境规制的技术效应分析：GMM – SYS 估计

变量名称	全国	东部地区	中部地区	西部地区
ERI1	– 8. 7429 ** (4. 0251)	– 17. 1454 *** (6. 5664)	– 68. 5459 ** (34. 8314)	– 12. 6573 *** (4. 1067)
$ERI1^2$	7. 5888 ** (3. 7758)	24. 1534 ** (11. 1398)	39. 2405 ** (19. 5344)	7. 0627 *** (2. 1439)
Nat	– 3. 8879 *** (1. 3418)	– 0. 9124 (0. 7531)	13. 6399 * (7. 5849)	– 3. 6113 *** (0. 8975)
Gov	3. 6195 *** (1. 2412)	2. 0307 (6. 7849)	19. 7300 *** (7. 5625)	6. 9156 ** (3. 2976)
City	1. 4516 ** (0. 6436)	1. 2893 * (0. 7426)	– 4. 6803 ** (2. 3499)	– 9. 1506 *** (3. 1735)
Trad	– 1. 8599 ** (0. 8810)	– 0. 9753 *** (0. 3610)	– 6. 9894 (6. 4590)	4. 4587 ** (1. 8604)
Constant	4. 8179 *** (1. 4296)	4. 3948 *** (1. 2045)	12. 5045 ** (5. 4624)	9. 0690 *** (1. 7592)
拐点	0. 5760	0. 3549	0. 8734	0. 8961
地区变量	有	有	无	有
年份变量	有	有	有	无
样本容量	330	121	88	121
Sargan 检验	6. 49 (0. 371)	18. 59 (0. 017)	23. 90 (0. 158)	5. 00 (0. 544)
Hansen 检验	9. 49 (0. 148)	8. 63 (0. 375)	0. 73 (1. 000)	8. 03 (0. 236)
AR（1）检验	– 1. 53 (0. 125)	– 2. 62 (0. 009)	– 1. 52 (0. 128)	– 2. 69 (0. 007)
AR（2）检验	– 0. 27 (0. 789)	– 1. 30 (0. 195)	0. 73 (0. 466)	– 1. 30 (0. 194)

注：Sargan 检验、AR（1）检验、AR（2）检验括号内报告的是概率 p 值，其余变量括号内报告的是标准差；*** 、** 和 * 分别表示在 1% 、5% 和 10% 水平上显著。

表7-6　清洁行业环境规制的技术效应分析：GMM-SYS估计

变量名称	全国	东部地区	中部地区	西部地区
ERI1	-9.3316*** (1.0355)	-18.8236** (7.4400)	-6.0085** (2.9353)	-4.406*** (1.5362)
$ERI1^2$	9.3338*** (1.2228)	43.8061** (17.5555)	5.8722** (2.8942)	4.8460*** (1.7637)
Nat	-3.5321*** (0.3313)	1.4279 (1.1848)	-4.1056*** (1.5204)	-2.715*** (0.4395)
Gov	2.8237*** (1.0636)	-20.3556* (10.5020)	-43.7015** (21.5522)	0.5173 (1.7616)
City	0.9157** (0.4348)	4.3726*** (1.4946)	2.2722** (1.1233)	2.1695*** (0.6261)
Trad	-0.8476** (0.3971)	0.5493* (0.3241)	27.6121** (13.7253)	2.3558** (0.9733)
Constant	4.8465*** (0.3073)	3.2668*** (0.7690)	8.2684*** (2.9119)	2.9440*** (0.5984)
拐点	0.4999	0.2149	0.5116	0.4546
地区变量	有	有	有	有
年份变量	有	有	有	有
样本容量	330	121	88	121
Sargan检验	6.92 (0.437)	13.21 (0.510)	18.46 (0.048)	10.92 (0.364)
Hansen检验	4.65 (0.703)	2.38 (1.000)	0.45 (1.000)	7.99 (0.630)
AR（1）检验	-1.81 (0.071)	-2.37 (0.018)	-1.10 (0.271)	-1.80 (0.072)
AR（2）检验	-1.43 (0.154)	-1.59 (0.113)	-1.79 (0.073)	-1.15 (0.249)

注：Sargan检验、AR（1）检验、AR（2）检验括号内报告的是概率p值，其余变量括号内报告的是标准差；***、**和*分别表示在1%、5%和10%水平上显著。

如表7-5所示，无论是污染密集行业还是清洁行业，至少在5%显著性水平下，全国、东部地区、中部地区和西部地区环境规制强度系数显著为负，环境规制强度二次项系数显著为正，这表明环境规制政策对技术水平的影响呈现J型特征，即在环境规制程度较低时，环境规制政策会抑制技术创新；在环境规制程度较高时，环境规制政策会促进技术创新。

原因在于当环境规制强度较弱时，企业往往从短期利润考虑，挤占技术研发投入进行污染治理或增加生产要素投资，继而降低企业短期技术水平；当环境规制强度较高时，企业的被动治理污染长期成本过高且效果较差，企业只能提高环境技术创新投入来降低单位产出的污染成本。同时，随着政府环境规制强度的提高，受规制行业的企业数量在减少，市场集中度提高，剩余企业的市场竞争力变强，开始更加重视技术创新，技术水平加速提升，因此当环境规制强度超过拐点后，技术水平的提升呈现边际影响递增的形态。

对于污染密集行业而言，全国环境规制政策对技术创新影响的J型曲线拐点处对应的环境规制强度水平为0.5760，而东部地区、中部地区和西部地区环境规制政策对技术创新影响的J型曲线拐点处对应的环境规制强度水平依次为0.3549、0.8734和0.8961；对于清洁行业而言，全国环境规制政策对技术创新影响的J型曲线拐点处对应的环境规制强度水平为0.4999，而东部地区、中部地区和西部地区环境规制政策对技术创新影响的J型曲线拐点处对应的环境规制强度水平依次为0.2149、0.5116和0.4546。这同样表明不同地区污染密集行业和清洁行业对环境规制强度的“容忍水平”不同，东部地区清洁行业对环境规制强度的“容忍水平”最低，中部、西部地区清洁行业对环境规制强度的“容忍水平”较高。造成这一现象的原因在于不同地区处于不同的发展阶段，产业结构差异较大，中部、西部地区多处于工业化初、中期，对经济发展需求远远强于环境质量，继而对环境规制强度的“容忍水平”较高。然而，东部地区多处于工业化后期，对环境治理的需求更强，对环境规制强度的“容忍水平”较低。

此外，清洁行业环境规制政策对技术创新影响的J型曲线拐点处对应的环境规制强度水平远低于污染密集行业，这是由两类行业的要素投入结构差异所致，数据显示全国、东部地区、中部地区和西部地区的污染密集行业固定资产投资均值约为清洁行业的2.5倍，这表明污染密集行业的技术调整成本较高，环境规制的资源配置扭曲效应更强，对环境规制的“容忍水平”较高，而清洁行业的技术调整成本低，环境规制的技术效应更强，能较为及时地提高技术水平。

2. 经济效应和环境效应分析

表7-7和表7-8分别是环境规制的经济效应和环境效应分析。从经济效应

来看，环境规制对全国、东部地区、中部地区和西部地区经济增长的影响呈现 U 型关系，即当环境规制强度较低时，环境规制会抑制经济增长；当环境规制强度较高时，环境规制会促进经济增长。同时，环境规制对经济增长影响的 U 型拐点处的环境规制强度由小到大依次是东部地区、中部地区、全国，而西部地区环境规制对经济增长影响的 U 型拐点尚未出现。换言之，在东部地区，环境规制对经济增长的影响已处于 U 型的上升段，而其余地区环境规制对经济增长的影响仍处于 U 型下降段。

表 7-7　环境规制的经济效应分析：GMM-SYS 估计

变量名称	全国	东部地区	中部地区	西部地区
ERI1	-11.4358*** (4.1794)	-20.4273*** (6.0949)	-44.4094** (21.4345)	4.7654 (3.9697)
$ERI1^2$	4.8574** (2.1766)	29.2422*** (8.5985)	25.5614** (12.2896)	-4.9775* (2.6232)
Nat	0.4508 (1.0609)	0.6424 (0.4823)	-1.0949 (0.8756)	1.4857 (0.9289)
Gov	3.8009** (1.8767)	-4.9898*** (1.7599)	-7.4244** (2.9877)	-1.5529 (2.1479)
City	-1.1598** (0.5371)	-0.6676** (0.3076)	-9.0974 (6.8489)	-2.9975*** (1.0119)
Trad	-1.3426** (0.5091)	-0.3692 (0.5159)	10.2763** (4.4136)	2.8699* (1.4953)
Constant	3.5348*** (0.9256)	4.2665*** (1.0797)	1.6620** (0.7598)	-2.8194** (1.1377)
拐点	1.1772	0.3493	0.8687	—
地区变量	有	有	有	有
年份变量	有	有	有	有
样本容量	330	121	88	121
Sargan 检验	4.83 (0.471)	16.72 (0.081)	15.51 (0.115)	4.62 (0.544)

续表

变量名称	全国	东部地区	中部地区	西部地区
Hansen 检验	17.81 (0.165)	4.38 (0.929)	0.61 (1.000)	5.58 (0.986)
AR（1）检验	-1.56 (0.119)	-1.36 (0.175)	-1.97 (0.049)	-1.15 (0.249)
AR（2）检验	-1.49 (0.137)	-1.27 (0.205)	0.73 (0.466)	-1.15 (0.250)

注：Sargan 检验、AR（1）检验、AR（2）检验括号内报告的是概率 p 值，其余变量括号内报告的是标准差；*** 、** 和 * 分别表示在 1% 、5% 和 10% 水平上显著。

表 7-8 环境规制的环境效应分析：GMM-SYS 估计

变量名称	全国	东部地区	中部地区	西部地区
ERI1	1.2078** (0.2106)	1.9503** (0.9344)	2.8911*** (0.7296)	0.3516 (0.2425)
$ERI1^2$	-0.7681** (0.1742)	-2.9587** (1.3248)	-1.7672*** (0.5041)	0.3578** (0.1709)
Nat	-0.7156*** (0.1057)	-0.8339*** (0.1419)	-1.5326*** (0.3214)	-0.9523*** (0.1155)
Gov	-1.4902*** (0.2095)	-2.3010*** (0.6093)	-4.4269** (2.1475)	-1.1620*** (0.1857)
City	0.1898* (0.2095)	-0.0064 (0.1189)	0.2752* (0.1474)	-0.5541*** (0.1079)
Trad	-0.3356*** (0.1287)	0.0899*** (0.0452)	0.6077 (1.7897)	-3.0827*** (1.1857)
Constant	0.5815*** (0.1165)	0.5144*** (0.1892)	0.8163** (0.1565)	1.5749*** (0.1927)
拐点	0.7862	0.3296	0.8179	——
地区变量	有	有	有	有
年份变量	有	有	有	有
样本容量	330	121	88	121

续表

变量名称	全国	东部地区	中部地区	西部地区
Sargan 检验	3.10 (0.571)	9.59 (0.213)	20.24 (0.158)	15.21 (0.125)
Hansen 检验	8.37 (0.182)	7.99 (0.334)	4.66 (0.913)	4.59 (0.917)
AR（1）检验	-2.07 (0.038)	-0.70 (0.483)	-2.12 (0.034)	-1.55 (0.121)
AR（2）检验	0.72 (0.474)	-0.37 (0.715)	1.30 (0.4192)	0.02 (0.917)

注：Sargan 检验、AR（1）检验、AR（2）检验括号内报告的是概率 p 值，其余变量括号内报告的是标准差；***、** 和 * 分别表示在 1%、5% 和 10% 水平上显著。

从环境效应来看，环境规制对全国、东部地区、中部地区和西部地区污染排放的影响呈现倒 U 型关系，即当环境规制强度较低时，环境规制会促进污染排放；当环境规制强度较高时，环境规制会抑制污染排放。同时，环境规制对污染排放影响的倒 U 型拐点处的环境规制强度由小到大依次是东部地区、中部地区、全国，而西部地区环境规制对污染排放影响的倒 U 型拐点尚未出现。换言之，在东部地区，环境规制对污染排放的影响已处于倒 U 型的下降段，而其余地区环境规制对污染排放的影响仍处于倒 U 型上升段。

综上来看，不难发现环境规制对经济增长的影响呈现 U 型关系，而对污染排放的影响呈现倒 U 型关系，这就说明中国环境规制政策实施过程中“增长陷阱”和“污染陷阱”的存在，继而印证了上一节理论模拟的结果。具体来看，东部地区的环境规制政策已突破“增长陷阱”和“污染陷阱”，能够实现经济增长与环境治理的协调发展，而中部和西部地区环境规制政策的“增长陷阱”和“污染陷阱”依然存在。造成这一现象的原因可能包含以下两点：第一，东部地区的环境规制强度较高，已自然突破规制陷阱；第二，东部地区的各项绿色补贴较多。但这也恰恰说明当前绿色财政支出结构的优化配置不足，尚难以实现低环境税率情况下，尚难实现经济增长与环境治理的协调发展。结合本章研究结果可知，绿色财政支出结构的优化配置对当前中国环境治理和环境规制政策的设计至关重要，尤其是对中部和西部地区。

7.6 本章小结

环境财税政策是政府约束企业污染排放行为的重要手段，也是激励企业技术研发行为的重要途径。环境税的生态效益明显，但其扭曲性会抑制经济活力，政府的政策目标实现需绿色财政支出政策的配套。现实经济中，由于对环境规制政策制定中的政策配套研究不足，从而导致类似于“增长陷阱”和“污染陷阱”的规制陷阱出现。准确分析不同类型绿色财政支出政策的作用机理，优化配置绿色财政支出结构是本章研究的重点所在。

首先，本章从工业行业的异质性角度出发，考虑要素投入结构差异对异质性工业行业间环境规制政策效果的影响，构建环境财税政策对经济增长和环境治理影响的理论模型，通过数理模型推导和数值模拟发现，以绿色研发补贴为导向、以生产者绿色价格补贴为导向、以消费者绿色价格补贴为导向的环境税收政策依次存在“增长陷阱”“污染陷阱”和“增长陷阱”。如果希望以单一政策补贴为导向的环境税收政策能够实现经济增长和环境治理的协调发展，则政府需要制定较高的环境税率，而这一环境税率在现实经济中难以实现。换言之，以单一政策补贴为导向的环境税收政策的制定面临着环境税率高低的掣肘，即环境税率较低时，经济增长和环境治理难以协调发展；环境税率较高时，经济社会难以承受，从而损害社会福利。

然后，本章对绿色财政支出政策组合效果展开数值模拟，发现生产者绿色价格补贴与绿色技术研发补贴的环境财税政策组合可以同时消除“增长陷阱”和“污染陷阱”，而其他环境财税政策组合无法同时消除“增长陷阱”和“污染陷阱”。需要注意的是，环境保护税的税率高低是环境税收政策对经济增长和环境治理协调发展影响的关键因素。在低环境税率情形下，环境税收政策仅在特定政策组合下才能实现经济增长与环境治理的协调发展，当绿色财政支出结构处于0.2～0.4时，即生产者绿色价格补贴所占比重在20%～40%时，环境税收政策组合的促进作用最强。

最后，本章基于2002～2012年中国30个省份的工业行业面板数据，实证检验了中国环境规制政策的经济效应和环境效应，发现环境规制对经济增长的影响呈现正U型关系，而其对污染排放的影响呈现倒U型关系，这说明在环境规制水平较弱时，实施环境规制政策会造成经济增长的下滑和污染排放的增长，即环境规制政策实施过程中存在“增长陷阱”和“污染陷阱”。另外，东部、中部、西部三个地区环境规制政策对经济增长和污染排放影响所处的 U 型阶段存在差异。其中，东部地区的环境规制政策已经突破“增长陷阱”和“污染陷阱”，而中部、西部地区的“增长陷阱”和“污染陷阱”依然存在。需要注意的是，东部地区“规制陷阱”的突破主要依赖于较高的环境规制强度，因此，绿色财政支出结构的优化配置对中部、西部地区的环境治理和环境规制政策设计至关重要。

第 8 章　中国公共财政支出结构优化的政策启示

8.1　中国公共财政支出结构优化研究结论

公共财政支出结构是财政支出中各项支出的占比关系，反映了特定时期政府的政策偏好。通过对中国公共财政支出结构的历史变迁和当前现状进行分析，并结合发达国家公共财政支出结构变迁的历史经验和演进规律，本书指出了中国现行公共财政支出结构中存在的几个主要问题：经济建设支出占比过高、部分补贴行业的产能过剩严重、公共消费支出占比不足和绿色财政支出体系缺乏。针对经济建设支出占比过高问题，本书构建了经济发展进程与基础设施投资结构变迁的理论模型，在对理论模型进行稳态均衡求解的基础上，从增长路径上研究基础设施投资结构变迁对经济增长和自主创新的动态影响机理，分析了占比较高的一般性基础设施投资的历史贡献。随着经济发展水平的提升，一般性基础设施投资占比过高会产生过度投资的问题，对经济增长和自主创新的正向影响就会逐步下降，随之一般性基础设施投资占比应顺势下降，而科技型基础设施投资占比应逐步提升；针对部分政策引导行业的产能过剩问题，本书构建了政策性补贴与经济增长间动态关系的理论模型，研究发现，政策性补贴与稳态经济增长之间呈倒 U 型关系，但不同类型政策性补贴效果存在明显差异性；稳态上最优政策性补贴组合的效果优于单一补贴政策，但稳态上最优政策性补贴组合并非经济增长路径上最优的补贴结构；及时优化政策性补贴结构有助于释放经济增长潜力，而转变时机取决于经济增长的长短期目标权衡；针对公共消费占比不足问题，本书从收入不平等演进历程的角度出发，将静态不平等与动态不平等的动态演绎关系内生在理论模型中，通过构建公共消费支出结构与收入不平等演化进程的 OLG 模型，研究经济增长与收入不平等间的动态演进关系，并且在不同公共消费支出结构变迁下分析经济发展进程中静态不平等与动态不平等间的动态演绎关系，结果发现公共教育支出占比提升有助于降低动态不平等，实现收入不平等与经济增长间的库兹涅兹关系；针对缺乏绿色财政支出体系的问题，本书从以环境税为核心的政策优化配置实现经济增长与环境治理协调发展为研究目标，以要素投入结构差异为切入点，来分析污染密集行业和清洁行业的环境规制响应行为，综合资源配置扭曲效应和技术激励效应来分析绿色财政支出结构的优化配置，研究发现在缺乏绿色财政支出体系的情况下，环境税收政策实施过程中存在“增长陷阱”和“污染陷阱”，并指出绿色财政支出结构处于0.2～0.4时，环境税收政策对经济增长和环境治理协调发展的促进作用最强。

本书主要章节的研究结论总结如下。

1. 经济发展进程中的基础设施投资结构变迁

基础设施投资结构变迁是合理配置有限资金、提高资金的投资效率、实现经济增长动力转变的重要途径。本书构建了经济发展进程与基础设施投资结构变迁的理论模型，在对理论模型进行稳态均衡求解的基础上，从增长路径上研究了经济发展进程不同阶段下的基础设施投资结构与经济增长和自主创新间的动态关系。理论研究表明，在经济增长水平较低时，一般性基础设施投资比重的上升更有利于经济增长，但对自主创新演变的影响较弱；随着经济增长水平的提高，科技型基础设施投资比重的上升对经济增长的促进作用更强，且加速了自主创新演变。政府在制定基础设施投资结构变迁政策时需同时兼顾自主创新目标和经济增长目标，依据两类基础设施投资边际产出效应的相对大小来恰当地实施基础设施投资结构变迁，最大限度地实现经济增长潜力，反之，过早或过晚地实施基础设施投资结构变迁会抑制经济增长潜力。同时，在追求基础设施投资短期逆周期效果激励下，政府通过消减科技型基础设施投资来增加一般性基础设施投资，会抑制经济增长和自主创新；在追求长期经济可持续发展的激励下，政府通过消减一般性基础设施投资来增加科技型基础设施投资，会促进经济增长和自主创新。

在理论分析的基础上，本书研究了经济发展进程不同阶段下的基础设施投资结构变迁对经济增长和自主创新影响效果的差异，并从中国经验数据中得到了实证检验。通过对中国省际面板数据分析发现，基础设施投资可以促进经济增长和自主创新，但受影响程度随着经济发展进程阶段的不同而不同，这与本章的理论分析是一致的。在经济发展水平较低时，政府加大一般性基础设施投资，一方面有利于完善投资环境，减少要素流动时的摩擦力，进而促进全要素生产率的提高；另一方面有利于降低交易成本，提高交易效率，通过扩大分工经济的空间来促进分工演进和经济增长。随着经济发展水平的提高，科技型基础设施对技术创新的外部性增强，全要素生产率显著提高，科技型基础设施投资对经济增长影响程度增强。同时，基础设施投资对经济增长的影响程度在不同增长阶段下存在差异，一般性基础设施投资对经济增长影响的边际效应在1998～2005年要高于科技型基础设施投资，而科技型基础设施投资对经济增长影响的边际效应在2006～2013年要高于一般性基础设施投资。但是对自主创新目标而言，科技型基础设施投资的激励效应始终强于一般性基础设施投资。

2. 创新激励目标下的政策性补贴结构优化

政策性补贴是矫正研发投入外部性、缓解融资约束、实现经济增长动力向创新驱动转变的重要产业政策。本书构建了政策性补贴与经济增长的理论模型，从增长路径上研究政策性补贴结构与经济增长的动态关系，并从补贴政策结构的优化和变迁时机选择两方面探讨政策性补贴的设计。理论研究表明，低（高）技术密度政策性补贴与稳态经济增长水平之间呈倒U型的关系，政策性补贴能够促进经济增长，但当政策性补贴的强度超过一定阈值后，过度的政策性补贴反而会抑制经济增长。在经济发展初期，过度补贴有利于提高短期经济增长水平，但随着经济的不断发展，政府应及时转变补贴政策，选择合理的补贴结构以促进经济的平衡发展，避免过度补贴带来的负面影响。因此，政府应结合经济发展水平来制定合理的补贴政策，并根据长、短期政策性目标设定来优化补贴结构，以最大化发挥政策性补贴的经济刺激和创新激励作用。

在理论分析的基础上，本书利用中国省际面板数据实证检验了政策性补贴与经济增长的关系。实证结果表明，低、高技术密度政策性补贴与经济增长水平之间存在倒U型关系，并且低技术密度补贴与高技术密度补贴的影响具有差异性。进一步分区域研究发现，经济较为发达的东部地区需调整低、高技术密度政策性补贴的结构，而中部和西部地区则应适当向高技术密度创新部门倾斜，从而加快创新驱动经济增长的进程。

3. 收入不平等演化进程中的公共消费支出结构变迁

收入不平等的持续扩大及其对经济增长的抑制作用已引发社会各界的广泛关注，本书从静态不平等与动态不平等间的动态演绎关系出发，将静态不平等、动态不平等与经济增长同时内生在模型中，通过构建公共消费支出结构与收入不平等演化进程的OLG模型，研究经济增长与收入不平等间的动态演进关系，并且在不同公共消费支出结构变迁下分析经济发展进程中静态不平等与动态不平等间的动态演绎关系，结果发现在不存在政策干预的情况下，受动态不平等的影响，静态不平等呈现严格单调递增的状态，且其对经济增长的影响呈现倒U型关系，而扭转静态不平等对经济增长的抑制作用的根源在于改善动态不平等程度。在公共消费支出中，增加公共教育支出与增加社会保障支出对经济增长和收入不平等的影响存在明显差异，即在增加社会保障支出情形下，静态不平等单调递增，动态不平等呈现J型，经济增长呈现倒U型关系；在增加公共教育支出情形下，静态不平等和动态不平等均呈现倒U型关系，经济增长呈现单调递增型。

对比来看，政府实施不同的公共消费政策对静态不平等与经济增长的动态演进关系影响差异较大。实施增加社会保障支出政策时，虽然静态不平等与经济增长间的“反库兹涅茨”事实依然存在，但经济增长初期的静态不平等水平相对较低。而实施增加公共教育支出政策时，虽然静态不平等与经济增长间的库兹涅茨关系呈现，但经济增长初期的静态不平等水平相对较高。因此，政府在制定公共财政政策结构变迁时，需在效率与公平间进行权衡。在经济增长初期，静态不平等程度在不断恶化，公共财政政策可以多偏向社会保障支出，在促进经济增长的同时保持较低的静态不平等；当经济增长到一定阶段，公共财政政策应及时转向公共教育支出，通过改善社会流动性来降低动态不平等，在实现维持经济高增长的同时，降低静态不平等。最后，通过将静态不平等、动态不平等和经济增长同时内生在理论模型中，本书解决了许多发展中国家有关库兹涅茨曲线和“反库兹涅茨”事实相悖的长期争论，即社会流动性不足带来的动态不平等加剧是收入不平等持续上升的根源，而政府实施的公共教育支出政策是改善社会流动性、带来动态不平等下降的一条途径，这为发展中国家尽快达到库兹涅茨曲线拐点提供了一条可实施的政策选择。

在理论分析的基础上，为检验公共消费支出对收入不平等与经济增长关系的调节效应，本书构建了经济增长、劳动力受教育水平、静态不平等、动态不平等和公共消费支出的联立方程组模型。实证结果显示，公共教育支出和社会保障支出通过不同的机制调节收入不平等与经济增长之间的关系。静态不平等和动态不平等之间相互作用，不断推高收入不平等的扩大，降低劳动力平均受教育水平，继而影响经济增长水平；公共教育支出通过缓解动态不平等、社会保障支出通过降低静态不平等，避免了收入不平等的扩大，对收入不平等与经济增长的关系具有显著调节效应。然而，由于经济发展水平的不同，公共消费支出对静态、动态不平等的调节作用存在区域性差异。从分区域的回归结果来看，东部地区需要同时利用社会保障支出和公共教育支出，双管齐下，降低动态和静态不平等；中部、西部地区则需要优先增加公共教育支出，控制并降低社会的动态和静态不平等，从而实现经济的快速增长以及社会公平的不断提高。为检验联立方程组模型估计结果的稳健性，本书以城乡收入比值作为静态不平等的代理变量，模型估计结果与前文一致，再次验证了理论模型中关于公共消费支出对收入不平等与经济增长关系存在调节作用的推论。

4. 污染累积路径上的绿色财政支出结构优化

环境税是约束企业污染排放行为的重要手段，但在短期内可能抑制经济活力，继而产生环境税制陷阱，绿色财政支出可以有效引导生产者和消费者的社会经济活动，有助于熨平环境税制陷阱。本书依据行业间要素投入结构的差异来刻画异质性行业在面对环境规制时环境技术调整意愿的差异，并将不同类型的绿色财税政策纳入理论模型，通过构建动态一般均衡模型来模拟不同财政导向下环境财税政策间的效果差异。

理论研究发现，第一，以绿色研发补贴为导向的环境税收政策对工业行业经济产出的影响呈现J型关系，但会带来环境质量的持续改善。这表明以绿色研发补贴为导向的环境税收政策实施存在“增长陷阱”，即在环境税率较低时，以绿色研发补贴为导向的环境税收政策的实施会抑制经济增长；只有当环境税率高于一定水平，以绿色研发补贴为导向的环境税收政策实施才能实现经济增长和环境治理的协调发展。第二，以生产者绿色价格补贴为导向的环境税对工业行业经济产出的影响呈现J型关系，但对污染排放的影响呈现倒U型关系，即对环境质量的影响呈现U型关系。这表明以生产者绿色价格补贴为导向的环境税收政策的实施存在“污染陷阱”，即在环境税率较低时，以生产者绿色价格补贴为导向的环境税收政策的实施会提高污染排放；只有当环境税率高于一定水平，以生产者绿色价格补贴为导向的环境税收政策实施才能实现经济增长和环境治理的协调发展。第三，以消费者绿色价格补贴为导向的环境税对工业行业经济产出的影响呈现U型关系，但对污染排放的影响呈现严格递减形态。这表明以消费者绿色价格补贴为导向的环境税收政策的实施存在“增长陷阱”，即在环境税率较低时，实施以消费者绿色价格补贴为导向的环境税收政策会降低经济产出；只有当环境税率高于一定水平时，实施以消费者绿色价格补贴为导向的环境税收政策才能实现经济增长和环境治理的协调发展。第四，在低环境税率情形下，当绿色财政支出结构处于0.2～0.4时，环境税收政策对经济增长和环境治理协调发展的促进作用最强，即绿色财政支出组合Ⅰ中的生产者绿色价格补贴所占比重在20%～40%时，环境税率的提升会在提升经济增长水平的同时，降低环境污染。这表明，只要绿色财政支出政策组合合适，实现环境治理完全可以在不降低经济发展或福利水平的情况下实现。

在理论分析的基础上，本书还实证检验了环境规制的经济效应和环境效应，发现中国环境规制政策实施过程中的“增长陷阱”和“污染陷阱”是明确存在的。东部地区在粗放式经济增长后不断增强环境规制强度，目前已经突破了“增长陷阱”和“污染陷阱”，但中部、西部地区的环境规制强度仍然较弱，且尚未突破“增长陷阱”和“污染陷阱”。因此，中部、西部地区应重点使用绿色财政支出结构的优化配置结构来优化现行环境规制政策的设计。

8.2　中国公共财政支出结构优化的政策启示

针对中国公共财政支出结构的优化配置提出以下几点政策启示：

第一，在“新常态”下，随着市场化进程的不断完善，资本边际回报率的逐渐下降，政府应关注基础设施投资的功能性目标，及时变迁基础设施投资结构，提升基础设施投资效率。基于本书研究，无论是对于基础设施已经过剩的西部地区，还是仍存在投资空间的东中部地区，在2008年金融危机后，政府进行的大规模一般性基础设施投资恶化了中国资本间的配置效率，加大了地方财政风险，阻碍了中国经济的长期增长。相对而言，科技型基础设施投资相对匮乏，科技型基础设施投资的边际产出效应要高于一般性基础设施投资的边际产出效应，在当前中国经济增长动力转换期间，创新驱动作为实现中国经济增长跨越的重要途径，政府应加大科技型基础设施投资比重，发挥其对创新驱动战略的刺激作用。

第二，基础设施的投融资主体需要多元化，不能单纯以地方政府为主导，需多引入市场力量以拓宽投资渠道。美、英等国对科研基础设施投资是以政府为主导并吸引企业、公众的多元化投资格局，但中国科研基础设施投入主要依靠中央政府的科技计划或项目，投入规模小、项目周期短，不利于科学研究。科研基础设施的战略性、公益性和基础性决定了其投资需要财政上的长期稳定支持，并在此基础上积极引导社会资本参与，将企业内的科研基础设施纳入共享，积极探索利益分配机制，形成国家、地方和社会共同投入并运营科技型基础设施的新局面。

第三，在经济增长动力转换过程中，中国应尝试多种管理模式的探索，发挥基础设施的功能性作用。目前中国大多数科技型基础设施实行单一管理模式，由依托单位管理，难以吸引高水平的专业技术人才来管理并运营科技型基础设施，从而降低了科技型基础设施的共享服务能力。因此，政府应从不同类型基础设施的特点出发，建设高水平的管理队伍，探索多种管理模式，提高科技型基础设施的共享服务质量，从而提高科技资源的利用效率。

第四，随着经济水平的不断提高，低技术密度创新部门的资本回报率逐渐下降，高技术密度创新部门对经济增长的推动作用更为凸显，政府应及时调整政策性补贴结构，优化政策变迁时机选择。然而，对低技术密度创新部门的过度补贴会导致要素市场扭曲和产能过剩等一系列问题，相对而言，对高技术密度创新部门的补贴仍稍显不足。在中国经济转轨的关键时期，创新驱动成为中国经济发展的重要动力，因此政府应加大对高技术密度创新部门的补贴力度，提高企业研发积极性和研发效率，从而实现创新发展。

第五，政策性补贴的实施需要建立科学的事前设计、监督实施和事后评估的流程体系。首先，政策性补贴的实际效果受地区发展阶段和行业发展特点等一系列复杂因素的影响，充分的事前设计能够明确适用对象和补贴力度等关键因素，从而避免过度补贴或补贴流向生产效率较低的部门；然后，研发创新活动存在信息不对称，易引发道德风险等问题，为避免企业通过策略性创新等手段不当获取补贴，政府应当监督补贴资金的流向和使用，保证补贴资金得到有效利用；最后，由于产业的发展演进和经济形势的变化，政策性补贴实施效果需要及时评估，分析补贴政策对创新和经济增长的促进作用以及实施过程中的不足，不断提高政策性补贴的作用，为设计相关配套政策提供经验借鉴。

第六，实施差异化的地区性环境规制政策。环境规制对工业行业产业转型的影响存在地区差异性，东部地区的环境规制政策已突破“增长陷阱”和“污染陷阱”，能够实现经济增长与环境治理的协调发展，而中部和西部地区环境规制政策的“增长陷阱”和“污染陷阱”依然存在。“增长陷阱”和“污染陷阱”的存在意味着环境规制的扭曲性（资源配置扭曲效应）大于外部性（技术效应），因此，中部和西部地区的环境规制强度应进一步加强，多采取命令型的环境规制政策以约束工业行业的生产行为，并加大对地方政府的财政转移支付力度。处在J型曲线的右侧意味着环境规制的外部性大于扭曲性，因此，东部地区应重点采用市场激励型环境规制政策，通过排污费、排污许可证交易等市场机制发挥环境规制的外部性效应，以及加大对工业行业的专项技术补贴力度，进一步激发环境规制的技术效应，促进工业行业产业转型。此外，中国很多“一刀切”的环境政策未能合理地反映不同地区的环境治理需求，需尽早转变。

第七，改善投融资机制，弱化资源配置扭曲效应，激发技术效应。技术效应有助于促进工业行业产业转型，但清洁行业的技术效应受其融资环境的制约。清洁行业与污染密集行业间的成本差异使得环境规制下的清洁行业具有技术优势，但也造成了清洁行业的融资难度。清洁行业的固定资产比重低，不利于清洁行业融资，可用于环境技术研发投入的资金不足，难以形成技术效应，其限制了清洁行业的发展，不利于工业行业产业转型。因此，政府应改善投融资机制，拓宽清洁行业的融资渠道，加快环境金融改革的进程，引入PPP模式，吸引更多的民间资本进入清洁行业，实现技术效应，促进工业行业产业升级。

第八，选择不同行业环境治理的合适时机。对于污染密集行业和清洁行业来说，环境规制对技术创新影响的J型曲线拐点对应的环境规制水平不同，反映了两类行业环境技术调整意愿的差异。考虑到异质性行业的要素投入结构差异，政府应有针对性地选择环境治理的合适时机，使用不同规制手段的优化组合影响企业环境治理行为。例如，对污染密集行业来说，政府应倾向于预防控制，通过设立恰当的环境准入标准来引导污染行业的环境治理行为，实现源头治理；而对清洁行业来说，政府应倾向于事中控制，通过命令控制型环境规制与市场激励型环境规制的有效结合引导清洁行业进行环境治理，提升环境规制的有效性。

第九，成立环保专项基金，优化绿色财政支出结构。环境税收可以作为政府环境治理专项补贴的主要资金来源，通过专款专用的方式实施环境财政政策，从环境污染排放处罚和环境技术研发激励两方面约束企业生产行为，实现经济增长和环境治理的协调发展。因此，在中国环境税出台后，政府可借鉴PPP模式，通过投入母基金形式，引入社会资本，设置环保专项基金，实现专款专用，保证财权和事权的对等。同时，优化配置绿色财政支出结构，通过对绿色技术研发补贴和生产者绿色价格补贴间的合理配置实现经济增长和环境治理的协调发展。在低环境税率情形下，绿色财政支出组合中的生产者绿色价格补贴所占比重在20%～40%时，环境税率的提升会同时促进经济增长水平、抑制环境污染。不同地区的政府应依据自身政策目标调整绿色财政支出结构中生产者绿色价格补贴的比重，即东部地区适当降低其比重、中西部地区适当提升其比重。

总的来看，公共财政支出结构的优化配置和现代财政支出体系的完善是中国政府进一步完善国家治理、缓和社会矛盾、优化经济结构、培育经济新增长点的重要手段和途径之一。

参考文献

[1] 安体富、高培勇：《社会主义市场经济体制与公共财政的构建》，载《财贸经济》1993 年第 4 期。

[2] 白雪梅：《教育与收入不平等：中国的经验研究》，载《管理世界》2004 年第 6 期。

[3] 白重恩、杜颖娟、陶志刚等：《地方保护主义及产业地区集中度的决定因素和变动趋势》，载《经济研究》2004 年第 4 期。

[4] 白重恩、钱震杰、武康平：《中国工业部门要素分配份额决定因素研究》，载《经济研究》2008 年第 8 期。

[5] 白重恩、钱震杰：《谁在挤占居民的收入——中国国民收入分配格局分析》，载《中国社会科学》2009 年第 5 期。

[6] 包群：《自主创新与技术模仿：一个无规模效应的内生增长模型》，载《数量经济技术经济研究》2007 年第 10 期。

[7] 蔡洪滨：《最可怕的不平等是什么》，载《中国企业家》2011 年第 3 期。

[8] 蔡跃洲：《财政再分配失灵与财政制度安排——基于不同分配环节的实证分析》，载《财经研究》2010 年第 1 期。

[9] 钞小静、沈坤荣：《城乡收入差距、劳动力质量与中国经济增长》，载《经济研究》2014 年第 6 期。

[10] 陈斌开、林毅夫：《发展战略、城市化与中国城乡收入差距》，载《中国社会科学》2013 年第 4 期。

[11] 陈飞翔、黎开颜、刘佳：《锁定效应与中国地区发展不平衡》，载《管理世界》2007 年第 12 期。

[12] 陈昆亭、龚六堂、邹恒甫：《基本 RBC 方法模拟中国经济的数值试验》，载《世界经济文汇》2004 年第 2 期。

[13] 陈亮、李杰伟、徐长生：《信息基础设施与经济增长——基于中国省际数据分析》，载《管理科学》2011 年第 1 期。

[14] 陈琳、袁志刚：《中国代际收入流动性的趋势与内在传递机制》，载《世界经济》2012 年第 6 期。

[15] 陈诗一、张军：《中国地方政府财政支出效率研究：1978—2005》，载《中国社会科学》2008 年第 4 期。

[16] 陈长石、刘和骏、刘晨晖：《金融市场化与地区发展不平衡：规模主导还是效率主导》，载《财贸经济》2015 年第 11 期。

[17] 成德宁：《城市化与经济发展》，科学出版社 2004 年版。

[18] 程俊杰：《中国转型时期产业政策与产能过剩——基于制造业面板数据的实证研究》，载《财经研究》2015 年第 8 期。

[19] 程开明、李金昌：《城市偏向、城市化与城乡收入差距的作用机制及动态分析》，载《数量经济技术经济研究》2007 年第 7 期。

[20] 戴晨、刘怡：《税收优惠与财政补贴对企业 R&D 影响的比较分析》，载《经济科学》2008 年第 3 期。

[21] 董直庆、蔡啸、王林辉：《技术进步方向、城市用地规模和环境质量》，载《经济研究》2014 年第 10 期。

[22] 樊纲、王小鲁、马光荣：《中国市场化进程对经济增长的贡献》，载《经济研究》2011 年第 9 期。

[23] 范红忠：《有效需求规模假说、研发投入与国家自主创新能力》，载《经济研究》2007 年第 3 期。

[24] 范庆泉、周县华、张同斌：《动态环境税外部性、污染累积路径与长期经济增长——兼论环境税的开征时点选择问题》，载《经济研究》2016 年第 8 期。

[25] 范子英、张军：《财政分权、转移支付与国内市场整合》，载《经济研究》2010 年第 3 期。

[26] 方红生、张军：《财政集权的激励效应再评估：攫取之手还是援助之手?》，载《管理世界》2014 年第 2 期。

[27] 方明月：《先天优势还是后天努力——国企级别对全要素生产率影响的实证研究》，载《财贸经济》2014 年第 11 期。

[28] 付明卫、叶静怡、孟俣希等：《国产化率保护对自主创新的影响——来自中国风电制造业的证据》，载《经济研究》2015 年第 2 期。

[29] 付文林、沈坤荣：《均等化转移支付与地方财政支出结构》，载《经济研究》2012 年第 5 期。

[30] 傅勇、张晏：《中国式分权与财政支出结构偏向：为增长而竞争的代

价》，载《管理世界》2007 年第 3 期。

［31］傅勇：《财政分权，政府治理与非经济性公共物品供给》，载《经济研究》2010 年第 8 期。

［32］高彦彦、苏炜、郑江淮：《政府规模与经济发展——基于世界面板数据的实证分析》，载《经济评论》2011 年第 2 期。

［33］耿强、江飞涛、傅坦：《政策性补贴、产能过剩与中国的经济波动——引入产能利用率 RBC 模型的实证检验》，载《中国工业经济》2011 年第 5 期。

［34］龚锋、卢洪友：《公共支出结构、偏好匹配与财政分权》，载《管理世界》2009 年第 1 期。

［35］顾元媛、沈坤荣：《地方政府行为与企业研发投入——基于中国省际面板数据的实证分析》，载《中国工业经济》2012 年第 10 期。

［36］郭劲光、高静美：《我国基础设施建设投资的减贫效果研究：1987—2006》，载《农业经济问题》2009 年第 9 期。

［37］郭凯明、龚六堂：《社会保障、家庭养老与经济增长》，载《金融研究》2012 年第 1 期。

［38］郭凯明、张全升、龚六堂：《公共政策、经济增长与不平等演化》，载《经济研究》2011 年第 s2 期。

［39］郭庆旺、贾俊雪：《地方政府间策略互动行为、财政支出竞争与地区经济增长》，载《管理世界》2009 年第 10 期。

［40］郭庆旺、贾俊雪：《中国全要素生产率的估算：1979—2004》，载《经济研究》2005 年第 6 期。

［41］韩超、胡浩然：《清洁生产标准规制如何动态影响全要素生产率——剔除其他政策干扰的准自然实验分析》，载《中国工业经济》2015 年第 5 期。

［42］韩剑、郑秋玲：《政府干预如何导致地区资源错配——基于行业内和行业间错配的分解》，载《中国工业经济》2014 年第 11 期。

［43］何锦义：《对外技术依存度若干问题研究》，载《统计研究》2010 年第 11 期。

［44］何其春：《税收、收入不平等和内生经济增长》，载《经济研究》2012 年第 2 期。

［45］何小钢：《绿色技术创新的最优规制结构研究》，载《经济管理》2014 年第 11 期。

[46] 何振一、阎坤：《中国财政支出结构改革》，社会科学文献出版社2000年版。

[47] 何仲、吴梓栋、陈霞等：《宽带对我国国民经济增长的影响》，载《北京邮电大学学报：社会科学版》2013年第1期。

[48] 洪兴建：《中国地区差距、极化与流动性》，载《经济研究》2010年第12期。

[49] 胡李鹏、樊纲、徐建国：《中国基础设施存量的再测算》，载《经济研究》2016年第8期。

[50] 胡永刚、刘方：《劳动调整成本、流动性约束与中国经济波动》，载《经济研究》2007年第10期。

[51] 胡永泰：《中国全要素生产率：来自农业部门劳动力再配置的首要作用》，载《经济研究》1998年第3期。

[52] 黄茂兴、林寿富：《污染损害，环境管理与经济可持续增长——基于五部门内生经济增长模型的分析》，载《经济研究》2013年第12期。

[53] 黄先海、宋学印、诸竹君：《中国产业政策的最优实施空间界定——补贴效应、竞争兼容与过剩破解》，载《中国工业经济》2015年第4期。

[54] 江飞涛、耿强、吕大国等：《地区竞争、体制扭曲与产能过剩的形成机理》，载《中国工业经济》2012年第6期。

[55] 解维敏、唐清泉、陆姗姗：《政府R&D资助，企业R&D支出与自主创新——来自中国上市公司的经验证据》，载《金融研究》2009年第6期。

[56] 荆林波、马源、冯永晟等：《ICT基础设施：投资方式与最优政策工具》，载《经济研究》2013年第5期。

[57] 孔东民、刘莎莎、王亚男：《市场竞争、产权与政府补贴》，载《经济研究》2013年第2期。

[58] 匡小平、肖建华：《我国自主创新能力培育的税收优惠政策整合——高新技术企业税收优惠分析》，载《当代财经》2008年第1期。

[59] 雷根强、蔡翔：《初次分配扭曲、财政支出城市偏向与城乡收入差距——来自中国省级面板数据的经验证据》，载《数量经济技术经济研究》2012年第3期。

[60] 李泊溪、刘德顺：《中国基础设施水平与经济增长的区域比较分析》，载《管理世界》1995年第2期。

[61] 李稻葵、刘霖林、王红领：《GDP中劳动份额演变的U型规律（英

文)》，载《Social Sciences in China》2009 年第 4 期。

[62] 李稻葵、徐欣、江红平：《中国经济国民投资率的福利经济学分析》，载《经济研究》2012 年第 9 期。

[63] 李力行、周广肃：《家庭借贷约束、公共教育支出与社会流动性》，载《经济学：季刊》2014 年第 4 期。

[64] 李玲、陶锋：《中国制造业最优环境规制强度的选择——基于绿色全要素生产率的视角》，载《中国工业经济》2012 年第 5 期。

[65] 李尚骜、龚六堂：《非一致性偏好、内生偏好结构与经济结构变迁》，载《经济研究》2012 年第 7 期。

[66] 李涛、周业安：《财政分权视角下的支出竞争和中国经济增长：基于中国省级面板数据的经验研究》，载《世界经济》2008 年第 11 期。

[67] 李婉：《政府间纵向财政分配与地方财政努力——基于中国省级面板数据的研究》，载《山西财经大学学报》2007 年第 10 期。

[68] 李亚玲、汪戎：《人力资本分布结构与区域经济差距——一项基于中国各地区人力资本基尼系数的实证研究》，载《管理世界》2006 年第 12 期。

[69] 李永友、沈坤荣：《辖区间竞争，策略性财政政策与 FDI 增长绩效的区域特征》，载《经济研究》2008 年第 5 期。

[70] 李永友：《多级政府体制下财政支出政策的调控效果：理论与实证》，载《数量经济技术经济研究》2009 年第 1 期。

[71] 李永友：《我国财政支出结构演进及其效率》，载《经济学：季刊》2010 年第 1 期。

[72] 廖信林、王立勇、陈娜：《收入差距对经济增长的影响轨迹呈倒 U 型曲线吗——来自转型国家的经验证据》，载《财贸经济》2012 年第 9 期。

[73] 林毅夫、刘志强：《中国的财政分权与经济增长》，载《北京大学学报(哲学社会科学版)》2000 年第 4 期。

[74] 林毅夫、苏剑：《新结构经济学：反思经济发展与政策的理论框架》，北京大学出版社 2012 年版。

[75] 刘秉镰、武鹏、刘玉海：《交通基础设施与中国全要素生产率增长——基于省域数据的空间面板计量分析》，载《中国工业经济》2010 年第 3 期。

[76] 刘生龙、胡鞍钢：《基础设施的外部性在中国的检验：1988 ~ 2007》，载《经济研究》2010 年第 3 期。

[77] 刘永平、陆铭：《从家庭养老角度看老龄化的中国经济能否持续增

长》，载《世界经济》2008 年第 1 期。

［78］卢洪友、龚锋：《政府竞争、攀比效应与预算支出受益外溢》，载《管理世界》2007 年第 8 期。

［79］卢宁、李国平、刘光岭：《中国自主创新与区域经济增长——基于 1998 ~ 2007 年省际面板数据的实证研究》，载《数量经济技术经济研究》2010 年第 1 期。

［80］陆旸：《环境规制影响了污染密集型商品的贸易比较优势吗?》，载《经济研究》2009 年第 4 期。

［81］陆铭、陈钊、万广华：《因患寡，而患不均——中国的收入差距，投资，教育和增长的相互影响》，载《经济研究》2005 年第 12 期。

［82］陆铭、陈钊：《城市化、城市倾向的经济政策与城乡收入差距》，载《经济研究》2004 年第 6 期。

［83］逯元堂、吴舜泽、苏明等：《中国环境保护财税政策分析》，载《环境保护》2008 年第 15 期。

［84］逯元堂、吴舜泽、薛鹏丽等：《经济环境形势综合诊断研究》，载《中国人口资源与环境》2008 年第 6 期。

［85］罗雨泽、芮明杰、罗来军等：《中国电信投资经济效应的实证研究》，载《经济研究》2008 年第 6 期。

［86］吕炜：《市场机制下的增长不经济问题》，载《财经科学》2003 年第 5 期。

［87］马光荣、周广肃：《新型农村养老保险对家庭储蓄的影响：基于 CFPS 数据的研究》，载《经济研究》2014 年第 11 期。

［88］毛捷、汪德华、白重恩：《民族地区转移支付、公共支出差异与经济发展差距》，载《经济研究》2011 年第 S2 期。

［89］梅冬州、王子健、雷文妮：《党代会召开、监察力度变化与中国经济波动》，载《经济研究》2014 年第 3 期。

［90］米增渝、刘霞辉、刘穷志：《经济增长与收入不平等：财政均衡激励政策研究》，载《经济研究》2012 年第 12 期。

［91］聂海峰、岳希明：《对垄断行业高收入合理性问题的再讨论——基于企业—职工匹配数据的分析》，载《财贸经济》2016 年第 5 期。

［92］聂普焱、黄利：《环境规制对全要素能源生产率的影响是否存在产业异质性?》，载《产业经济研究》2013 年第 4 期。

[93] 平新乔、白洁：《中国财政分权与地方公共品的供给》，载《财贸经济》2006 年第 2 期。

[94] 乔宝云、范剑勇、冯兴元：《中国的财政分权与小学义务教育》，载《中国社会科学》2005 年第 6 期。

[95] 邵敏、包群：《地方政府补贴企业行为分析：扶持强者还是保护弱者?》，载《世界经济文汇》2011 年第 1 期。

[96] 申香华：《银行风险识别、政府财政补贴与企业债务融资成本——基于沪深两市 2007 ~2012 年公司数据的实证检验》，载《财贸经济》2014 年第 9 期。

[97] 沈国兵、张鑫：《开放程度和经济增长对中国省级工业污染排放的影响》，载《世界经济》2015 年第 4 期。

[98] 沈凌、田国强：《贫富差别，城市化与经济增长》，载《经济研究》2009 年第 1 期。

[99] 沈能：《环境规制对区域技术创新影响的门槛效应》，载《中国人口资源与环境》2012 年第 6 期。

[100] 沈能：《环境效率，行业异质性与最优规制强度——中国工业行业面板数据的非线性检验》，载《中国工业经济》2012 年第 3 期。

[101] 覃成林、张华、张技辉：《中国区域发展不平衡的新趋势及成因——基于人口加权变异系数的测度及其空间和产业二重分解》，载《中国工业经济》2011 年第 10 期。

[102] 唐未兵、傅元海、王展祥：《技术创新，技术引进与经济增长方式转变》，载《经济研究》2014 年第 7 期。

[103] 陶然、刘明兴：《中国城乡收入差距，地方政府开支及财政自主》，载《世界经济文汇》2007 年第 2 期。

[104] 童健、刘伟、薛景：《环境规制，要素投入结构与工业行业转型升级》，载《经济研究》2016 年第 7 期。

[105] 汪伟、郭新强、艾春荣：《融资约束、劳动收入份额下降与中国低消费》，载《经济研究》2013 年第 11 期。

[106] 王红领、李稻葵、冯俊新：《FDI 与自主研发：基于行业数据的经验研究》，载《经济研究》2006 年第 2 期。

[107] 王美今、林建浩、余壮雄：《中国地方政府财政竞争行为特性识别：兄弟竞争与父子争议是否并存?》，载《管理世界》2010 年第 3 期。

[108] 王敏、黄滢：《中国的环境污染与经济增长》，载《经济学季刊》

2015 年第 1 期。

［109］王然、燕波、邓伟根：《FDI 对我国工业自主创新能力的影响及机制——基于产业关联的视角》，载《中国工业经济》2010 年第 11 期。

［110］王少平、欧阳志刚：《我国城乡收入差距的度量及其对经济增长的效应》，载《经济研究》2007 年第 10 期。

［111］王少平、欧阳志刚：《我国城乡收入差距对实际经济增长的阈值效应》，载《中国社会科学》2008 年第 3 期。

［112］王文普：《环境规制、空间溢出与地区产业竞争力》，载《中国人口资源与环境》2013 年第 8 期。

［113］王小利、张永正：《Gibbs 抽样条件下瓦格纳法则的中国有效性研究》，载《统计研究》2009 年第 1 期。

［114］王小鲁、樊纲：《中国收入差距的走势和影响因素分析》，载《经济研究》2005 年第 10 期。

［115］王小鲁：《中国经济增长的可持续性与制度变革》，载《经济研究》2000 年第 7 期。

［116］王永钦、张晏、章元等：《十字路口的中国经济：基于经济学文献的分析》，载《世界经济》2006 年第 10 期。

［117］王永钦、张晏、章元等：《中国的大国发展道路——论分权式改革的得失》，载《经济研究》2007 年第 1 期。

［118］韦倩、王安、王杰、刘涛雄：《中国沿海地区的崛起：市场的力量》，载《经济研究》2014 年第 8 期。

［119］王洋、吴斌珍：《基础交通建设能否促进当地经济的发展？——以青藏铁路为例》，载《经济学报》2014 年第 1 期。

［120］魏玮、何旭波：《节能减排，研发补贴与可持续增长》，载《经济管理》2013 年第 11 期。

［121］温军、冯根福、刘志勇：《异质债务、企业规模与 R&D 投入》，载《金融研究》2011 年第 1 期。

［122］文雁兵：《政府规模的扩张偏向与福利效应——理论新假说与实证再检验》，载《中国工业经济》2014 年第 5 期。

［123］巫强、刘蓓：《政府研发补贴方式对战略性新兴产业创新的影响机制研究》，载《产业经济研究》2014 年第 6 期。

［124］吴丰华、刘瑞明：《产业升级与自主创新能力构建——基于中国省际

面板数据的实证研究》，载《中国工业经济》2013 年第 5 期。

［125］吴俊培：《现代财政理论与实践》，经济科学出版社 2005 年版。

［126］武康平、童健：《环境税收政策抉择机制优化研究——从激发企业内生性环境治理动机视角出发》，载《经济学报》2015 年第 3 期。

［127］谢家智、刘思亚、李后建：《政治关联、融资约束与企业研发投入》，载《财经研究》2014 年第 8 期。

［128］徐敏燕、左和平：《集聚效应下环境规制与产业竞争力关系研究——基于波特假说的再检验》，载《中国工业经济》2013 年第 3 期。

［129］严成樑、龚六堂：《财政支出、税收与长期经济增长》，载《经济研究》2009 年第 6 期。

［130］严成樑、龚六堂：《资本积累与创新相互作用框架下的财政政策与经济增长》，载《世界经济》2009 年第 1 期。

［131］阳义南、连玉君：《中国社会代际流动性的动态解析——CGSS 与 CLDS 混合横截面数据的经验证据》，载《管理世界》2015 年第 4 期。

［132］杨俊、李雪松：《教育不平等、人力资本积累与经济增长：基于中国的实证研究》，载《数量经济技术经济研究》2007 年第 2 期。

［133］杨友才、赖敏晖：《我国最优政府财政支出规模——基于门槛回归的分析》，载《经济科学》2009 年第 2 期。

［134］杨子晖：《政府规模、政府支出增长与经济增长关系的非线性研究》，载《数量经济技术经济研究》2011 年第 6 期。

［135］姚昕、蒋竺均、刘江华：《改革化石能源补贴可以支持清洁能源发展》，载《金融研究》2011 年第 3 期。

［136］叶振鹏：《适应社会主义市场经济的要求重构财政职能》，载《财政研究》1993 年第 3 期。

［137］易先忠、张亚斌、刘智勇：《自主创新、国外模仿与后发国知识产权保护》，载《世界经济》2007 年第 3 期。

［138］尹恒、龚六堂、邹恒甫：《收入分配不平等与经济增长：回到库兹涅茨假说》，载《经济研究》2005 年第 4 期。

［139］尹恒、朱虹：《县级财政生产性支出偏向研究》，载《中国社会科学》2011 年第 1 期。

［140］余东华、吕逸楠：《政府不当干预与战略性新兴产业产能过剩——以中国光伏产业为例》，载《中国工业经济》2015 年第 10 期。

[141] 张成、陆旸、郭路等:《环境规制强度和生产技术进步》,载《经济研究》2011 年第 2 期。

[142] 张赤东、郭铁成:《基于全球化视角的对外技术依存度测算方法及预测》,载《统计研究》2012 年第 4 期。

[143] 张春安、唐杰:《不平等对经济增长影响的经验分析》,载《世界经济》2004 年第 6 期。

[144] 张光南、宋冉:《中国交通对中国制造的要素投入影响研究》,载《经济研究》2013 年第 7 期。

[145] 张恒龙、陈宪:《政府间转移支付对地方财政努力与财政均等的影响》,载《经济科学》2007 年第 1 期。

[146] 张红凤、周峰、杨慧等:《环境保护与经济发展双赢的规制绩效实证分析》,载《经济研究》2009 年第 3 期。

[147] 张军、高远、傅勇等:《中国为什么拥有了良好的基础设施?》,载《经济研究》2007 年第 3 期。

[148] 张军、章元:《对中国资本存量 K 的再估计》,载《经济研究》2003 年第 7 期。

[149] 张军:《分权与增长:中国的故事》,载《经济学季刊》2007 年第 7 期。

[150] 张晏、龚六堂:《分税制改革、财政分权与中国经济增长》,载《经济学:季刊》2005 年第 4 期。

[151] 章元、刘时菁、刘亮:《城乡收入差距,民工失业与中国犯罪率的上升》,载《经济研究》2011 年第 2 期。

[152] 郑磊:《财政分权,政府竞争与公共支出结构——政府教育支出比重的影响因素分析》,载《经济科学》2008 年第 1 期。

[153] 周波、苏佳:《财政教育支出与代际收入流动性》,载《世界经济》2012 年第 12 期。

[154] 周浩、郑筱婷:《交通基础设施质量与经济增长:来自中国铁路提速的证据》,载《世界经济》2012 年第 1 期。

[155] 周亚虹、贺小丹、沈瑶:《中国工业企业自主创新的影响因素和产出绩效研究》,载《经济研究》2012 年第 5 期。

[156] 朱红琼:《税收增长与经济增长相关性的实证研究》,载《生产力研究》2007 年第 19 期。

[157] Acemoglu, D., Aghion, P., Bursztyn, L. and Hemous, D., The Environment and Directed Technical Change. *American Economic Review*, Vol. 102, No. 1, 2012, pp. 131 – 166.

[158] Acemoglu, D., Akcigit, U., Hanley, D. and Kerr, W. R., Transition to Clean Technology. *Journal of Political Economy*, Vol. 124, No. 1, 2016, pp. 52 – 104.

[159] Acemoglu, D., Johnson, S. and Robinson, J. A., The Colonial Origins of Comparative Development: An Empirical Investigation: Reply. *American Economic Review*, Vol. 102, No. 6, 2012, pp. 3077 – 3110.

[160] Agénor, P. R., Alpaslan, B., Infrastructure and Industrial Development with Endogenous Skill Acquisition. *Centre for Growth and Business Cycle Research Discussion Paper*, No. 4, 2014, pp. 561 – 562.

[161] Agénor, P. R., Dinh, H. T., Public Policy and Industrial Transformation in the Process of Development. *Policy Research Working Paper*, No. 6405, 2013.

[162] Agenor, P. R., Moreno – Dodson, B., Public Infrastructure and Growth: New Channels and Policy Implications. *Policy Research Working Paper*, No. 59, 2006, pp. 1 – 59.

[163] Aghion, P., van Reenen, J. and Zingales, L., Innovation and Institutional Ownership. *American Economic Review*, Vol. 103, No. 1, 2013, pp. 277 – 304.

[164] Ahluwalia, M. S., Inequality, Poverty and Development. *Journal of Development Economics*, Vol. 3, No. 4, 1976, pp. 307 – 342.

[165] Akbostanci, E., Tunc, G. I. and Turut – Asik, S., Pollution Haven Hypothesis and the Role of Dirty Industries in Turkey's Exports. *Environment and Development Economics*, Vol. 12, 2007, pp. 297 – 322.

[166] Alesina, A., Rodrik, D., Distributive Politics and Economic Growth. *Quarterly Journal of Economics*, Vol. 109, No. 2, 1994, pp. 465 – 490.

[167] Arellano, Manuel and Bover, O., Another Look at the Instrumental Variables Estimation of Error Components Models. *Journal of Econometrics*, Vol. 68, No. 1, 1995, pp. 29 – 51.

[168] Arrken, B. J., Harrison, A. E., Do Domestic Firms Benefit from Foreign Direct Investment? Evidence from Venezuela. *American Economic Review*, Vol. 89, No. 3, 1999, pp. 605 – 618.

[169] Aschauer, D. A., Is Public Expenditure Productive?, *Journal of Monetary Economics*, Vol. 2, No. 23, 1989, pp. 177 -200.

[170] Bailey, S. J., Local Government Economics: Principles and Practice. *Palgrave Macmillan*, 1999.

[171] Barro, R. J., Inequality and Growth in a Panel of Countries. *Journal of economic growth*, Vol. 5, No. 1, 2000, pp. 5 -32.

[172] Bayındır - Upmann, T., Raith, M. G., Should High-tax Countries Pursue Revenue-neutral Ecological Tax Reforms? *European Economic Review*, Vol. 47, No. 1, 2003, pp. 41 -60.

[173] Becker, G. S., Murphy, K. M., A Theory of Rational Addiction. *Journal of Political Economy*, 1988, pp. 675 -700.

[174] Becker, G. S., Tomes, N., An Equilibrium Theory of the Distribution of Income and Intergenerational Mobility. *Journal of Political Economy*, 1979, pp. 1153 -1189.

[175] Becker, W., Greene, W. and Rose n, S., Research on High School Economic Education. Journal of Economic Education, Vol. 21, No. 3, 1990, pp. 231 - 245.

[176] Benhabib, J., Rustichini, A., Social Conflict and Growth. *Journal of Economic Growth*, Vol. 1, No. 1, 1996, pp. 125 -142.

[177] Benhabib, J., Spiegel, M., Chapter 13 Human Capital and Technology Diffusion. *Handbook of Economic Growth*, *Elsevier*, 2005, pp. 935 -966.

[178] Blanchard, O., Shleifer, A., Federalism with and without Political Centralization: China Versus Russia. *IMF Economic Review*, Vol. 48, No. 1, 2001, pp. 171 -179.

[179] Bleaney, M., Greenaway, D., The Impact of Terms of Trade and Real Exchange Rate Volatility on Investment and Growth in Sub - Saharan Africa. *Journal of Development Economics*, Vol. 65, No. 2, 2001, pp. 491 -500.

[180] Borck, R., Pflüger, M., Agglomeration and Tax Competition. *European Economic Review*, Vol. 50, No. 3, 2006, pp. 647 -668.

[181] Brenneman, A., Kerf, M., Infrastructure and Poverty Linkages: A Literature Review, Mimeograph, Washington, D. C, World Bank, 2002.

[182] Busom, I., An Empirical Evaluation of the Effects of R&D Subsi-

dies. *Economics of Innovation and New Technology*, Vol. 9, No. 2, 2000, pp. 111 - 148.

[183] Cardona, M., Kretschmer, T. and Strobel, T., ICT and Productivity: Conclusions from the Empirical Literature. *Information Economics and Policy*, Vol. 25, 2013, pp. 109 - 125.

[184] Castiglione, C., ICT Investments and Technical Efficiency in Italian Manufacturing Firms: The Productivity Paradox Revised, TEP Working Paper. No. 0408, 2008.

[185] Chen, X., Michael F., The Dynamics of Catch-up and Skill and Technology Upgrading in China. *Journal of Macroeconomics*, Vol. 38, 2013, pp. 465 - 480.

[186] Coe, D., Helpman, E., International R&D Spillovers. *European Economic Review*, Vol. 39, No. 5, 1995, pp. 123 - 146.

[187] Conte, M. A., Darrat, A. F., Economic Growth and the Expanding Public Sector: A Reexamination. *The Review of Economics and Statistics*, 1988, pp. 322 - 330.

[188] Crain, W. M., Lee, K. J., Economic Growth Regressions for the American States: A Sensitivity Analysis. *Economic Inquiry*, Vol. 37, No. 2, 1999, pp. 242 - 257.

[189] Czernich, N., Oliver F., Kretschmer, T. and Woessmann, L., Broadband Infrastructure and Economic Growth. *Economic Journal*, Vol. 12, 2011, pp. 505 - 532.

[190] Dabla - Norris, E., Brumby, J., Kyobe, A., Mills, Z. and Papageorgiou, C., Investing in Public Investment: An Index of Public Investment Efficiency. *Journal of Economic Growth*, Vol. 17, 2012, pp. 235 - 266.

[191] Dale, W. J., Mun, S. H. and Kevin, J. S., A Retrospective Look at the U. S. Productivity Growth Resurgence, Federal Reserve Bank of New York, 2007.

[192] David, P., O'Brien, J. P. and Yoshikawa, T., The Implications of Debt Heterogeneity for R&D Investment and Firm Performance. *Academy of Management Journal*, Vol. 51, No. 1, 2008, pp. 165 - 181.

[193] De La Croix, D., Doepke, M., Inequality and Growth: Why Differential Fertility Matters. *American Economic Review*, Vol. 93, No. 4, 2003, pp. 1091 - 1113.

[194] Demetriades, P. O., Mamuneas, T. P., Intertemporal Output and Employment Effects of Public Infrastructure Capital: Evidence from 12 OECD Economies. *Economic Journal*, Vol. 110, No. 465, 2000, pp. 687 - 712.

[195] Devarajan, S., Swaroop, V. and Zou, H. F., The Composition of Public Expenditure and Economic Growth. *Journal of Monetary Economics*, Vol. 37, No. 2, 1996, pp. 313 - 344.

[196] Ding, L., Haynes, K., The Role of Telecommunications Infrastructure in Regional Economic Growth in China. *Australasian Journal of Regional Studies*, 12, 2006, pp. 281 - 302.

[197] Egger, P., Winner, H., Economic Freedom and Taxation: Is There a Trade-off in the Locational Competition between Countries? *Public Choice*, Vol. 118, No. 3_ 4, 2004, pp. 271 - 288.

[198] Ehrlich, I., Lui, F. T., Intergenerational Trade, Longevity, and Economic Growth. *Journal of Political Economy*, 1991, pp. 1029 - 1059.

[199] Engen, E. M., Skinner, J., Fiscal Policy and Economic Growth National Bureau of Economic Research, No. w4223, 1992.

[200] Evans, P., The Eclipse of the State? Reflections on Stateness in An Era of Globalization. *World Politics*, Vol. 50, No. 1, 1997, pp. 62 - 87.

[201] Fan, Y., Yi, J. and Zhang, J., The Great Gatsby Curve in China: Cross - Sectional Inequality and Intergenerational Mobility, 2015.

[202] Fischer, C., Greaker, M. and Rosendahl, K. E., Robust policies against emission leakage: the case for upstream subsidies, 2014.

[203] Fishman, A., Simhon, A., The Division of Labor, Inequality and Growth. *Journal of Economic Growth*, Vol. 7, No. 2, 2002, pp. 117 - 136.

[204] Forbes, K. J., A Reassessment of the Relationship between Inequality and Growth. *American Economic Review*, 2000, pp. 869 - 887.

[205] Furman J. L., Michael E., Porter and ScottStern., The Determinants of National Innovative Capacity. *Research Policy*, Vol. 31, 2002, pp. 899 - 933.

[206] Galor, O., Moav, O., From Physical to Human Capital Accumulation: Inequality and the Process of Development. *The Review of Economic Studies*, Vol. 71, No. 4, 2004, pp. 1001 - 1026.

[207] Gemmell, N., International Comparisons of the Effects of Nonmarket-sec-

tor Growth. *Journal of Comparative Economics*, Vol. 7, No. 4, 1983, pp. 368 – 381.

[208] Glomm, G., Ravikumar, B., Public Versus Private Investment in Human Capital: Endogenous Growth and Income Inequality. *Journal of Political Economy*, 1992, pp. 818 – 834.

[209] Glomm, G., Kaganovich, M., Social Security, Public Education and the Growth – Inequality Relationship. *European Economic Review*, Vol. 52, No. 6, 2008, pp. 1009 – 1034.

[210] Glomm, G., Kawaguchi, D. and Sepulveda, F., Green Taxes and Double Dividends in a Dynamic Economy. *Journal of Policy Modeling*, Vol. 30, No. 1, 2008, pp. 19 – 32.

[211] Gramlich E. M., Infrastructure Investment: A Review Essay. *Journal of Economic Literature*, Vol. 32, 1994, pp. 1176 – 1196.

[212] Greaker, M., Rosendahl, K. E., Environmental Policy with Upstream Pollution Abatement Technology Firms. *Journal of Environmental Economics and Management*, Vol. 56, No. 3, 2008, pp. 246 – 259.

[213] Greenstone, M., A Reexamination of Resource Allocation Responses to the 65 – MPH Speed Limit. *Economic Inquiry*, Vol. 40, No. 2, 2002, pp. 271 – 278.

[214] Greenstone, M., The Impacts of Environmental Regulation on Industrial Activity: Evidence from the 1970 and 1977 Clean Air Act Amendments and the Census of Manufactures. *Journal of Political Economy*, Vol. 110, No. 6, 2002, pp. 1175 – 1219.

[215] Grier, K. B., Tullock, G., An Empirical Analysis of Cross-national Economic Growth, 1951 – 1980. *Journal of Monetary Economics*, Vol. 24, No. 2, 1989, pp. 259 – 276.

[216] Grossman, P. J., Government and Economic Growth: A Non-linear Relationship. *Public Choice*, Vol. 56, No. 2, 1988, pp. 193 – 200.

[217] Guellec, D., Van B. P., The Impact of Public R&D Expenditure on Business R&D. *Economics of Innovation and New Technology*, Vol. 12, No. 3, 2000, pp. 225 – 243.

[218] Hall, B. H., The Financing of Research and Development. *Oxford Review of Economic Policy*, Vol. 18, No. 1, 2002, pp. 35 – 51.

[219] Hausmann, R., Rodrik, D., Economic Development as Self-discovery.

Journal of Development Economics, Vol. 72, No. 2, 2003, pp. 603 -633.

[220] Helpman, E., *The Mystery of Economic Growth.* Harvard University Press, 2004.

[221] Hoff, K., Bayesian Learning in An Infant Industry Model. *Journal of International Economics*, Vol. 43, No. 3, 1997, pp. 409 -436.

[222] Hulten C., Bennathan E. and Srinivasan, S., Infrastructure, Externalities and Economic Development: A Study of the Indian Manufacturing Industry. *World Bank Economic Review*, Vol. 20, No. 2, 2006, pp. 291 -308.

[223] Hulten C. R., Infrastructure Capital and Economic Growth: How Well you Use it May Be more Important than How Much you Have, NBER Working Paper, No. 5847, 1996.

[224] Iyigun, M. F., Public Education and Intergenerational Economic Mobility. *International Economic Review*, Vol. 40, No. 3, 1999, pp. 697 -710.

[225] Jorgenson, D. W., Wilcoxen, P. J., Reducing US Carbon Dioxide Emissions: An Assessment of Different Instruments. *Journal of Policy Modeling*, Vol. 15, No. 5, 1993, pp. 491 -520.

[226] Jung, C., Krutilla, K. and Boyd, R., Incentives for Advanced Pollution Abatement Technology at the Industry Level: An Evaluation of Policy Alternatives. *Journal of Environmental Economics and Management*, Vol. 30, No. 1, 1996, pp. 95 -111.

[227] Kalaitzidakis P., Kalyvitis, S., On the Macroeconomic Implications of Maintenance in Public Capita. *Journal of Public Economics*, No. 88, 2004, pp. 695 -712.

[228] Keen, M., Marchand, M., Fiscal Competition and the Pattern of Public Spending. *Journal of Public Economics*, Vol. 66, No. 1, 1997, pp. 33 -53.

[229] Kemmerling, A., Stephan, A., The Contribution of Local Public Infrastructure to Private Productivity and Its Political Economy: Evidence from a Panel of Large German Cities. *Public Choice*, Vol. 113 -114, 2002, pp. 403 -424.

[230] Kormendi, R. C., Meguire, P. G., Macroeconomic Determinants of Growth: Cross-country Evidence. *Journal of Monetary economics*, Vol. 16, No. 2, 1985, pp. 141 -163.

[231] Koskela, E., Schöb, R., Alleviating Unemployment: The Case for

Green Tax Reforms. *European Economic Review*, Vol. 43, No. 9, 1999, pp. 1723 - 1746.

[232] Kuznets, S., Economic Growth and Income Inequality. *American Economic Review*, Vol. 45, No. 1, 1955, pp. 1 - 28.

[233] Landau, D., Government Expenditure and Economic Growth: A Cross-country Study. *Southern Economic Journal*, No. 1, 1983, pp. 783 - 792.

[234] Landau, D., Government Expenditure and Economic Growth in the Developed Countries: 1952 - 76. *Public Choice*, Vol. 47, No. 3, 1985, pp. 459 - 477.

[235] Landau, D., Government and Economic Growth in the Less Developed Countries: An Empirical Study for 1960 - 1980. *Economic Development and Cultural Change*, Vol. 35, No. 1, 1986, pp. 35 - 75.

[236] Laplante, B., Rilstone, P., Environmental Inspections and Emissions of the Pulp and Paper Industry in Quebec. *Journal of Environmental Economics and Management*, Vol. 31, No. 1, 1996, pp. 19 - 36.

[237] Lee, E. Y., Cin, B. C., The Effect of Risk-sharing Government Subsidy on Corporate R&D Investment: Empirical Evidence from Korea. *Technological Forecasting and Social Change*, Vol. 77, No. 6, 2010, pp. 881 - 890.

[238] Leipziger, D., Fay, M., Wodon, Q. and Yepes, T., Achieving the Millennium Development Goals: The Role of Infrastructure. Working paper, World Bank, No. 3163, 2003.

[239] Lerner, J., When bureaucrats meet entrepreneurs: the design of effective "public venture capital" programmes. *The Economic Journal*, Vol. 112, No. 477, 2002, P. 73.

[240] Lewis, J. I., Wiser, R. H., Fostering A Renewable Energy Technology Industry: An International Comparison of Wind Industry Policy Support Mechanisms. *Energy Policy*, Vol. 35, No. 3, 2007, pp. 1844 - 1857.

[241] Li, H., Zou, H. F., Income Inequality is not Harmful for Growth: Theory and Evidence. *Review of Development Economics*, Vol. 2, No. 3, 1998, pp. 318 - 334.

[242] Li, H., Zhou, L. A., Political turnover and economic performance: the incentive role of personnel control in China. *Journal of public economics*, Vol. 89, No. 9, 2005, pp. 1743 - 1762.

[243] Lorenczik, Christian and Monique N. , Imitation and Innovation Driven Development under Imperfect Intellectual Property Rights. *European Economic Review*, Vol. 56, 2012, pp. 1361 - 1375.

[244] Magat, W. A. , Viscusi, W. K. , Effectiveness of the EPA's regulatory enforcement: The case of industrial effluent standards. *The Journal of Law and Economics*, Vol. 33, No. 2, 1990, pp. 331 - 360.

[245] Matsumoto, M. , A note on the composition of public expenditure under capital tax competition. *International Tax and Public Finance*, Vol. 7, No. 6, 2000, pp. 691 - 697.

[246] Mattina, T. D. , Gunnarsson, V. , Budget rigidity and expenditure efficiency in slovenia. *Social Science Electronic Publishing*, Vol. 7, No. 131, 2007.

[247] Mayer, S. E. , Lopoo, L. M. , Government spending and intergenerational mobility. *Journal of Public Economics*, Vol. 92, No. 1, 2008, pp. 139 - 158.

[248] Melitz, M. J. , When and how should infant industries be protected? . *Scholarly Articles*, Vol. 66, No. 1, 2005, pp. 177 - 196.

[249] Miller, S. M. , Russek, F. S. , Fiscal structures and economic growth: international evidence. *Economic Inquiry*, Vol. 35, No. 3, 1997, P. 603.

[250] Milliman, S. R. , Prince, R. , Firm incentives to promote technological change in pollution control. *Journal of Environmental Economics and Management*, Vol. 17, No. 3, 1989, pp. 247 - 265.

[251] Moreno, R. , Lpez - Bazo E. and Arts M. , On the Effectiveness of Private and Public Capital. *Applied Economics*, Vol. 35, 2003, pp. 727 - 740.

[252] Musgrave, R. A. , Cost-benefit analysis and the theory of public finance. *Journal of Economic Literature*, Vol. 7, No. 7, 1969, pp. 797 - 806.

[253] Nemet, G. F. , Baker, E. , Demand subsidies versus R&D: comparing the uncertain impacts of policy on a pre-commercial low-carbon energy technology. *The Energy Journal*, 2009, pp. 49 - 80.

[254] Oueslati, W. , Environmental tax reform: Short-term versus long-term macroeconomic effects. *Journal of Macroeconomics*, Vol. 40, 2014, pp. 190 - 201.

[255] Oulton, N. , Long Term Implications of the ICT Revolution: Applying the Lessons of Growth Theory and Growth Accounting. *Economic Modelling*, Vol. 29, 2012, pp. 1722 - 1736.

[256] Panayotou, T., Demystifying the environmental Kuznets curve: turning a black box into a policy tool. *Environment and development economics*, Vol. 2, No. 4, 1997, pp. 465 -484.

[257] Panizza, U., Income inequality and economic growth: evidence from American data. *Journal of Economic Growth*, Vol. 7, No. 1, 2002, pp. 25 -41.

[258] Paukert, F., Income distribution at different levels of economic development: a survey of evidence. *International Labour Review*, Vol. 108, No. 2, 1973, pp. 97.

[259] Peden, E. A., Productivity in the United States and its relationship to government activity: An analysis of 57 years, 1929 - 1986. *Public Choice*, Vol. 69, No. 2, 1991, pp. 153 -173.

[260] Perotti, R., Growth, income distribution, and democracy: what the data say. *Journal of Economic growth*, Vol. 1, No. 2, 1996, pp. 149 -187.

[261] Persson, T., Tabellini, G., Is inequality harmful for growth? . *American Economic Review*, 1994, pp. 600 -621.

[262] Petrakis, E., Poyago -Theotoky, J., R&D subsidies versus R&D cooperation in a duopoly with spillovers and pollution. *Australian Economic Papers*, Vol. 41, No. 1, 2002, pp. 37 -52.

[263] Porter M. E., Van L. C., Toward a New Conception of the Environment-competitiveness Relationship. *The Journal of Economic Perspectives*, Vol. 9, No. 4, 1995, pp. 97 -118.

[264] Porter, M. E., *The Competitive Advantage of Nations.* New York: Free Press, 1990.

[265] Poyago -Theotoky, J. A., The organization of R&D and environmental policy. *Journal of Economic Behavior and Organization*, Vol. 62, No. 1, 2007, pp. 63 -75.

[266] Ram, R., Government size and economic growth: A new framework and some evidence from cross-section and time-series data. *American Economic Review*, Vol. 76, No. 1, 1986, pp. 191 -203.

[267] Reinikka, R., Svensson, J., Coping with poor public capital. *Journal of Development Economics*, Vol. 69, No. 1, 2002, pp. 51 -69.

[268] Robinson, J. P., Changes in Americas' Use of Time, 1965 - 1975: A

Progress Report. Communication Research Center, Cleveland State University, 1977.

[269] Roland, G., *Transition and economics: Politics, markets, and firms*. MIT press, 2000.

[270] Roland, G., The political economy of transition. *Journal of Economic Perspectives*, Vol. 16, No. 1, 2002, pp. 29 - 50.

[271] Romer P. M., Endogenous Technological Change. *Journal of Political Economy*, Vol. 98, No. 5, 1990, pp. 71 - 102.

[272] Romp, W., Haan, D. J., Public Capital and Economic Growth: A Critical Survey. *Perspektiven der Wirtschaftspolitik*, Vol. 8, No. S1, 2007, pp. 6 - 52.

[273] Roodman, D., How to Do xtabond: An Introduction to Difference and System GMM. Center for Global Development Working Paper, No. 103, 2007.

[274] Rostow, W. W., The beginnings of modern growth in europe: an essay in synthesis. *Journal of Economic History*, Vol. 33, No. 3, 1973, pp. 547 - 580.

[275] Saghir, J., Energy and Poverty: Myths, Links, and Policy Issues. Energy Working Paper, Washington D. C., World Bank, No. 4, 2005.

[276] Sheehey, E. J., The effect of government size on economic growth. *Eastern Economic Journal*, Vol. 19, No. 3, 1993, pp. 321 - 328.

[277] Shi H., Huang, S. Q., How Much Infrastructure Is Too Much? A New Approach and Evidencc from China. *World Development*, Vol. 56, 2014, pp. 272 - 286.

[278] Slemrod, J., Income creation or income shifting? Behavioral responses to the Tax Reform Act of 1986. *The American Economic Review*, Vol. 85, No. 2, 1995, pp. 75 - 180.

[279] Solon, G., A model of intergenerational mobility variation over time and place. *Generational income mobility in North America and Europe*, Vol. 3, 2004, pp. 38 - 47.

[280] Stiroh, K. J., Information Technology and the U. S. Productivity Revival: What Do the Industry Data Say? . *American Economic Review*, 92, 2002, pp. 1559 - 1576.

[281] Suphi S., Corporate governance, environmental regulations, and technological change. *European Economic Review*. Vol. 80, No. 10, 2015, pp. 36 - 61.

[282] Takalo, T., Tanayama, T., Adverse selection and financing of innovation: is there a need for R&D subsidies? *The Journal of Technology Transfer*, Vol. 35,

No. 1, 2010, pp. 16 -41.

[283] Tassey, G., Policy issues for R&D investment in a knowledge-based economy. *The Journal of Technology Transfer*, Vol. 29, No. 2, 2004, pp. 153 -185.

[284] Tsui, Kaiyuen, Wang and Youqiang, Between separate stoves and a single menu: fiscal decentralization in China. *China Quarterly*, Vol. 177, No. 177, 2004, pp. 71 -90.

[285] Ulph, A., Environmental policy and international trade when governments and producers act strategically. *Journal of environmental economics and management*, Vol. 30, No. 3, 1996, pp. 265 -281.

[286] West, L. A., Wong, C. P., Fiscal decentralization and growing regional disparities in rural China: some evidence in the provision of social services. *Oxford Review of Economic Policy*, Vol. 11, No. 4, 1995, pp. 70 -84.

[287] World Bank, *World Development Report* 1994: *Infrastructure for Development.* Oxford University Press, 1994.

[288] Yong, Z., Yu, Y. and Bai, Z., Analyzing public awareness and acceptance of alternative fuel vehicles in China: the case of EV. Energy Policy, Vol. 39, No. 11, 2011, pp. 7015 -7024.